공부의 맥을 알려면

지금부터
어휘 대장

> 공부의 맥을 알려면 <

지금부터
어휘 대장

개정판 1쇄 발행 2023년 4월 14일

지은이 권승호

펴낸이 강기원
펴낸곳 도서출판 이비컴

디자인 김수미
편 집 김광택
삽 화 김동관
마케팅 박선왜

주 소 (02635) 서울 동대문구 천호대로81길 23, 201호
전 화 02)2254-0658 **팩스** 02)2254-0634
등록번호 제6-0596호(2002.4.9)
전자우편 bookbee@naver.com
I S B N 978-89-6245-208-2 (03700)

> 공부의 맥을 알려면 <

지금부터 어휘 대장

공부의 기본기를 잡아주는 교과 어휘 공략법

권승호 지음

이비락 樂

기본은 무슨 일에서든 어떤 경우에서든 매우 중요하다. 기본을 갖추지 않으면 시루에 물 붓는 것처럼 쌓이는 것이 없기 때문이고 모래 위에 집짓는 것처럼 쉽게 무너지기 때문이다. 구구단을 모른다고 해서 수학을 할 수 없는 것은 아니지만 계산에 많은 시간과 에너지가 소모되는 것처럼 한자를 모른다고 해서 학습과 생활에 지장이 있는 것은 아니지만 한자를 모르면 공부의 흥미와 효율성이 크게 떨어진다. 구구단을 외워야 하는 것처럼 한자도 반드시 익혀야 하는 이유다. 한자를 알고 있다면 글에 대한 이해가 빨라지고 깨달음이 많아지고 즐거움이 생겨 오랫동안 기억할 수 있다.

한자가 익히기 어려운 문자인 것은 맞다. 한글에 비해 천 배 이상 어려운 문자인 것 인정한다. 하지만 한글에 비해 상대적으로 어려운 것이지 다른 문자에 비하면 그다지 어려운 문자가 아니다. 우리 선조들 중 정규 교육을 받지 않은 사람도 2천 자 정도는 능히 알았다고 하지 않던가? 지금도 중국 일본의 중고생들은 3천 자 정도는 알고 있다고 하지 않는가? 한자와 영어를 함께 공부해 본 사람이라면 영어 단어 3천 개 암기하는 노력의 10%만 투자해도 3천 자의 한자를 익힐 수 있다는 사실을 인정할 수 있을 것이다.

그렇다면 우리나라 학생들은 왜 한자를 어렵다고 이야기하는가? 시간을 투자하지 않았기 때문이고 한자 공부의 중요성을 인식하지 못하기 때문이며 정성 들여 공부하지 않기 때문이다. 어떤 일에서든 처음은 어려운 것이라는 사실을 알지 못하기 때문이고 처음의 어려움에 무릎 꿇기 때문이다. '에듀 푸어(Edu Poor, 교육비를 대느라 빚을 내다가 빈곤층으로 전락하는 사람들)'라는 말이 생겨날 정도로 지금 대한민국은 너나없이 공부 때문에 힘들어한다. 그런데 이상하게도 아이들의 실력은 보잘것없다. 공부에 투자하는 시간과 돈이 엄청남에도 실력은 오히려 뒷걸음치고 있다. 한자 교육의 소홀 때문이다. 실생활에 쓰이는 언어의 70% 이상, 공부에 쓰이는 언어의 90% 이상이 한자임에도 학생들은 한자 공부에 힘을 쏟지 않기 때문이다. 한자가 공부의 구구단이라는 사실을 모르기 때문이고 한자의 중요성을 강조하는 사람이 없기 때문이다. 몰라도 문제없을 것이라 생각하기 때문이고 한자를 알면 공부가 쉽고도 재미있다는 사실을 모르기 때문이다.

한자의 음과 뜻을 결정짓는 '부수 한자'는 214자인데 그중 150자의 음과 뜻만 암기하면 한자 공부의 어려운 과정은 끝났다고 할 수 있다. 모든 언어가 그렇듯이 한자 역시 이 150자 정도를 조합해서 만든 글자다. 150자를 암기하기는 어렵지만 150자만 암기해 놓으면 2천 자 암기하기는 어려운 일 아니다. 150자 암기하는 데 100시간이 걸린다면 1,850자를 암기하는 데에도 100시간 정도밖에 걸리지 않는다. 2천 자의 한자를 알게 되면 어휘력은 크게 신장할 것이고 그 어휘력을 바탕으로 공부하면 국어 공부는 물론 어떤 교과목이든 쉽고 재미있고 빠르게 실력을 향상할 수 있다.

공부를 해본 사람들은 이구동성으로 기본 개념을 익히는 것이 가장 중요하고, 기본 개념을 정확하게 안다면 공부가 쉽고 재미있다고 이야기한다. 기본 개념을 익히기 위해 가장 필요하고도 중요한 것이 한자다. 한자가 중요한 이유이고 한자를 공부해야 하는 이유다. 공부도 마찬가지다. 글을 읽기는 하되 의미를 모른 채 읽는다면 읽는 것이 아니다. 고등학생에게 결코 어렵지 않은 단어의 의미를 물으면 상당수가 대답을 못 한다. 교과서나 신문에 나오는 단어는 말할 것도 없고 실생활에서 만나는 어휘의 의미조차 제대로 아는 경우가 극히 드물다. 국어사전을 찾지 않기 때문이고 한자를 알지 못하기 때문이다. 영어 선생님, 사회탐구 선생님, 과학 선생님 등 동료 선생님들로부터 자주 듣는 이야기가 있다. "요즘 학생들 왜 그렇게 어휘력이 부족하지요?"라는 말이다.

이 책은 중·고교 교과에 등장하는 주요 어휘를 표제어로 해서 실생활에서 자주 만나는 단어와 연결하여 설명하고 있다. 아는 단어도 있을 것이고 모르는 단어도 있을 테지만 대다수는 아는 것 같긴 한데 사실은 정확하게 알지 못하는 단어가 많을 것이다. 가벼운 마음으로 읽으면서 '아하! 그렇구나.'를 외쳐주기만 한다면 그것으로 충분하다. 이 책을 통해서 생각하는 힘을 기르고 이 책에 나오지 않은 단어까지 유추해서 스스로 의미를 알아내려는 욕심을 가질 수만 있다면 저자로서 더 이상 바랄 것이 없겠다.

공부는 익히고 질문하는 일이라는 사실을 강조하고 싶다. 힘들고 짜증 나더라도 익히고 질문하는 일은 공부에서 피할 수 없는 과정이다. 그런데 요즘 학생들은 익히려 하기보다 배우려고만 하고 질문하는 것을 무척 꺼린다. 질문이 배움의 시작임을 알지 못하고 그냥 알려달라고만 보채고 생각 없이 듣기만 한다. 부모와 교사 역시 시간 부족을 이유로 질문을 던지지 않는다.

부모와 교사들이 이 책에서 힌트를 얻어 질문을 할 수 있다면 좋겠다. 우리의 청소년들이 이 책을 읽으면서 '내가 왜 진즉 이런 질문을 생각하지 못했지?'라고 중얼거려주면 좋겠다. 아울러 이 책을 통해 공부도 재미있는 작업이라는 사실을 깨달을 수 있으면 좋겠다. 쓰는 능력까지는 필요 없다는 점을 분명히 밝혀둔다. 쓰는 능력까지 갖추려 욕심부리다가 한자 공부를 포기하게 될까 염려스럽기 때문이다. 쓰는 능력은 크게 중요하지 않기 때문이기도 하다.

나의 작은 이야기에 귀 기울여주고 따뜻한 미소를 건네주었던 전주영생고 제자들에게 감사의 뜻을 전하고 싶다.

2023년 3월

권 승 호

차 례

1장　국어 교과에 나오는 중요 어휘

2장　영어&수학 실력을 높이는 개념 어휘

3장 사회 탐구의 이해를 돕는 어휘

4장 과학의 원리를 깨치는 어휘

5장 시사 상식을 높이는 어휘

6장 교양 지식을 쌓는 사자성어

* 이 책은 공부의 기본기 한자 어휘력(2017년)의 개정판입니다

1장

국어 교과에
나오는 중요 어휘

막 여 독 서
莫 如 讀 書

莫 · 없을 **막**

如 · 같을 **여**

讀 · 읽을 **독**

書 · 책 **서**

세상에 즐거운 일이 많은데, 책을 통해 새로운 사실을 깨달아 가는 것도 즐거운 작업 중 하나이다. 독서의 즐거움에 대한 말 중에 '지락막여독서(至樂莫如讀書)'라는 말이 있다. 이는 '지극할 지(至)' '즐거울 락(樂)' '없을 막(莫)' '같을 여(如)' '읽을 독(讀)' '책 서(書)'로 지극한 즐거움은 책을 읽는 것만 같음이 없다는 의미이다. 이와 대구(對句)를 이루는 말에 지극히 필요한 것에 자식을 가르치는 것과 같은 것이 없다는 '지요막여교자(至要莫如敎子)'가 있다.

지(至)는 '다다르다'는 의미로도 쓰이지만 대부분 '지극하다'는 의미로 많이 쓰인다. 매우 급하다는 '급할 급(急)'의 지급(至急), 더할 수 없이 존귀하다는 의미로 임금을 존경하여 이르는 말인 '존귀할 존(尊)'의 지존(至尊), 지극히 천하다는 그러니까 너무 많아서 귀한 것이 없는 상태라는 '천할 천(賤)'의 지천(至賤), 사리에 지극히 맞다는 '맞을 당(當)'의 지당(至當), 정성이 지극하면 하늘도 감동한다는 '정성 성(誠)' '감동할 감(感)'의 지성

관련 어휘

• 지락막여독서
• 지요막여교자

• 지급)
• 지존
• 지천
• 지당
• 지성감천

갑천(至誠感天), 더할 나위 없이 높고 순수하다는 '높을 고(高)' '순수할 순(純)'의 지고지순(至高至純) 등이 그것이다. 처음부터 끝까지의 과정이라는 '~부터 자(自)' '처음 초(初)' '끝날 종(終)'의 자초지종(自初至終)이나 겨울이 왔다는 '겨울 동(冬)'의 동지(冬至)에서는 '다다르다'는 의미이다.

『채근담』에 '독서불견성현위연참용(讀書不見聖賢爲鉛槧傭) 거관불애자민위의관도(居官不愛子民爲衣冠盜)'라는 말이 있다. 책을 읽어 성현을 보지(알지) 못하는 것은 한낱 인쇄공이 되는 것이요, 벼슬자리에 앉아 백성을 사랑하지 않으면 다만 의관(衣冠)의 도둑이 되는 것이라는 뜻이다. 그 외 '책은 이중의 혜택이다. 웃음을 자아내주고 충언(忠言)으로써 현명한 자에게 사는 방법을 가르쳐 준다.'는 말이 있고, '책은 위대한 천재(天才)가 인류에게 남겨준 유산(遺産)이며 그것은 아직 태어나지 않은 자손에게 주는 선물로서 한 세대에서 다른 세대로 전달된다.'는 말도 있으며, '책은 인생의 험준한 바다를 항해하는 데 도움이 되게끔 남들이 마련해 준 나침반이요, 망원경이요, 도표이다.'는 말도 있다. 시간이 없다 말하지 말자. 시간은 자신의 의지로 만들 수 있는 것이기 때문이다. 스스로 만든 시간에 행복을 만들어주는 책을 읽도록 하자. 학생들에게도 학과 공부에만 전념하게 하지 말고 독서할 수 있는 시간을 마련해 주면 좋겠다. 독서보다 중요하고 즐거운 일은 없기 때문이다.

▲ 청말 화가 임예의 <교자도>
 (1899년 作)

심 사 숙 고
深 思 熟 考

深 · 깊을 **심**

思 · 생각 **사**

熟 · 익을 **숙**

考 · 헤아릴 **고**

깊이 잘 생각함을 '심사숙고(深思熟考)' '심사숙려(深思熟慮)'라 한다. '심사'는 '마음 속으로 생각하는 일'이라는 '마음 심(心)' '일 사(事)'의 '심사(心事)', '마음' 또는 '남을 해치려는 심술궂은 마음'이라는 '생각 사(思)'의 심사(心思), '자세히 살펴 조사하여 가려내거나 정한다'는 '살필 심(審)' '조사할 사(査)'의 심사(審査)도 있지만, '심사숙고(深思熟考)'에서는 '깊을 심(深)' '생각 사(思)'로 '깊이 생각하고 무르익도록 헤아려 생각한다'는 의미이다.

심(深)은 '깊이' '깊게 하다'는 의미이다. '강이나 바다 등의 물의 깊이'를 '수심(水深)'이라 하고, '이론이나 견해 등의 깊이가 깊고 오묘함'을 '속 오(奥)'자를 써서 '심오(深奧)'라 하며, '깊은 밤' '한밤중'을 '심야(深夜)'라 한다. '심조자득(深造自得)'이라는 말이 있다. '만들 조(造)' '얻을 득(得)'으로 학문을 깊이 연구하여 무엇인가를 만들어 놓으면 스스로 얻는 것이 있다는 의미이다.

🏠 **관련어휘**

• 심사숙려
• 심사
• 심사

• 수심
• 심오
• 심야
• 심조자득

'누구, 무엇 숙(孰)'에 '불 화(灬=火)'자가 더해져서 '무엇이든 불에 가까이 대면 익게 된다'로 해석할 수 있는 **익을 숙(熟)**은 '불에 익는 것'뿐만 아니라 '열매가 익다' '낯익다' '익숙하다' '충분하다'는 의미로도 쓰인다. 익숙하고 통달함을 숙달(熟達)이라 하고, 능숙하도록 익힘을 '단련할 련(練)'을 써서 숙련(熟練)이라 하며, 깊이 잠드는 것을 '잠잘 면(眠)'을 써서 숙면(熟眠)이라 한다. 과일이나 음식이 반쯤 익은 것은 '반절 반(半)'의 '반숙(半熟)'이고, 완전하게 익은 것은 '완전할 완(完)'의 완숙(完熟)이며, 충분히 익은 것을 숙성(熟成)이다. 결혼(結婚)한 부부의 협의이혼 신청 시 성급한 이혼을 막기 위해 일정한 기간이 지난 뒤 이혼을 허가해주는 제도를 '이혼숙려기간제도(離婚熟慮期間制度)'라 하는데 이혼에 대해 충분히 생각해본 다음에 결정하게 하는 제도를 일컫는다.

시세(時世)에 따라 적당히 살아가는 것이 좋다고 가르치는 말에 '심즉려천즉게(深則厲淺則揭)'가 있다. '곧 즉(則)' '옷자락 걷고 물 건널 려(厲)' '추어올릴 게(揭)'로 강을 건널 때 물이 깊은즉 가슴까지 옷자락을 걷은 후에 건너가고, 얕은즉 옷을 추어올리고 건너가라는 의미이다. '심모원려 행군용병지도(深謀遠慮 行軍用兵之道)'라는 말도 있다. 깊이 모의(謀議)하고 멀게 생각함은 군대를 다스리고 병사를 거느릴 때의 중요한 방법이라는 의미이다.

1-3

이 하 동 문
以 下 同 文

以 · 써 이

下 · 아래 하

同 · 같을 동

文 · 글월 문

상장(賞狀)이나 증서(證書)를 주면서 두 번째 사람부터는 이름만 부르고서 '이하동문'이라 한다. '써 이(以)' '아래 하(下)' '같을 동(同)' '글월 문(文)'의 '이하동문(以下同文)'은 '아래로부터는 같은 글'이라는 의미이다. 상장에 쓰여 있는 내용이 수상자(受賞者)의 이름만 다르고 이름 아래에 있는 글의 내용은 앞에 상장 받은 사람의 상장에 쓰여 있는 내용과 같다는 말인 것이다. 시간 절약을 위해 읽는 일을 생략하겠노라는 의미이다.

이(以)는 '~로써', '~가지고' 등의 뜻으로 목적 이유 수단 원인 등을 지시하여 말할 때 쓴다. 소이(所以)에서의 '이(以)'는 '까닭'이라는 의미이다. 이하(以下) 이상(以上)에서의 '이(以)'는 어떤 시점이나 표준에서 출발하여 거기서부터 구분됨을 나타낸다. 열을 열로 다스린다는 뜻으로 힘에는 힘으로 물리침을 '다스릴 치(治)' '열 열(熱)'을 써서 이열치열(以熱治熱)이라 하고, 사실을 바른 대로 말함을 '실제 실(實)' '곧 직(直)' '알릴 고(告)'를 써서 이실직고(以實直告)라 한다. 옛날부터 내려옴을 '~부터 자(自)' '옛 고(古)' '올 래(來)'를 써서 자고이래(自古以

관련어휘

• 소이
• 이하
• 이상
• 이열치열
• 이실직고
• 자고이래
• 일이관지

18

來)라 하고, 하나의 이치로써 모든 것을 꿰뚫어 이야기 함을 '꿰뚫을 관(貫)'을 써서 일이관지(一以貫之)라 한다.

『명심보감』에 '이책인지심책기(以責人之心責己) 이서기 지심서인(以恕己之心恕人)'이라는 말이 있다. '책망할 책 (責)' '다른 사람 인(人)' '자기 기(己)' '용서할 서(恕)'로 다른 사람을 책망하는 마음으로써 자기를 책망하고, 자 기를 용서하는 마음으로써 다른 사람을 용서하라는 말 이다. '문 문(門)'을 쓴 '동문(同門)'은 같은 학교나 스승 밑에서 배운 사람을 일컫고, 동녘 동(東)을 쓴 '동문(東 門)'은 동쪽에 있는 문을 가리킨다. 물음과는 딴판인 엉 뚱한 대답을 '동문서답(東問西答)'이라 하는데 동쪽을 물 으니 서쪽을 대답한다는 의미이다.

시간을 절약하기 위하여 '이하동문(以下同文)'이라고 하 는 것은 이해할 수 있지만 상장을 준 사람이 직접 읽지 않고 사회자로 하여금 읽게 하는 것은 이해되지 않는 다. 아마도 권위의식에서 나왔다는 생각 때문이다.

계 간
季 刊

季 · 철 **계**

刊 · 간행할 **간**

관련어휘

• 일간
• 주간
• 월간
• 연간
• 주보

• 계절
• 하계
• 동계
• 계추
• 계수
• 계씨
• 계절풍
• 계절적 실업

날마다 발간하는 신문이나 잡지를 '날 일(日)' '간행할 간(刊)'자를 써서 일간(日刊)이라 하고, 일주일마다 발간하는 신문이나 잡지를 주간(週刊)이라 하며, 한 달마다 발간하는 신문이나 잡지를 월간(月刊)이라 한다. 또 계절마다, 그러니까 일 년에 네 번 발간하는 것은 '철 계(季)'를 써서 계간(季刊)이라 하고, 일 년마다 발간하는 것은 연간(年刊)이라 한다. 교회에서 예배 전에 나누어주는 안내서를 주보(週報)라 하는데 '일요일 주(週)' '알릴 보(報)'로 일요일에 알려주는 소식, 한 주일마다 알리는 보고(報告)나 보도(報道)라는 의미이다.

계(季)가 계절(季節), 하계(夏季), 동계(冬季)에서는 '계절'이라는 의미이지만, 늦가을을 일컫는 계추(季秋), 아우의 아내를 일컫는 계수(季嫂), 상대방을 높이어 그의 아우를 이르는 말인 계씨(季氏)에서는 '끝' '막내'라는 의미이다. 철을 따라서 방향이 바뀌는 바람을 계절풍(季節風)이라 하고, 제빙업(製氷業)처럼 계절에 따라 상품의 생산이나 수요가 한정된 산업에서 생기는 실업(失業)을 계절적 실업(季節的 失業)이라 한다.

아버지의 막내 아우를 계부(季父)라 하고, 늦가을을 계추(季秋)라 한다.

간(刊)은 원래 '자르다' '깎다' '새기다'는 의미였는데 요즘은 '출판하다'는 의미로 더 많이 쓰인다. 신문(新聞) 잡지(雜誌) 등의 정기간행물(定期刊行物)의 첫 번째 호(號)를 간행하는 일인 '비롯할 창(創)'의 창간(創刊), 내지 않고 있던 간행물을 다시 간행하는 일인 '이을 속(續)'의 속간(續刊), 정기 간행물에 있어서 그 간행을 한동안 쉰다는 '쉴 휴(休)'의 휴간(休刊), 정기간행물의 간행을 폐지한다는 '그만둘 폐(廢)'의 폐간(廢刊) 등이 그것이다. 조선 후기에 민간의 출판업자가 출판한 책을 '동네 방(坊)'자를 써서 방간본(坊刊本)이라 하였다.

논어(論語)에 '계손지우부재전유이재소장지내야(季孫之憂不在顓臾而在蕭牆之內也)'라는 말이 나온다. 계손(季孫=사람 이름)의 근심은 전유(顓臾=사람 이름)에 있는 것이 아니고 그의 담장 안에 있는 듯하다'는 의미로 재앙의 근원은 밖에 있는 것이 아니라 내부(內部)에 있다는 이야기이다.

▲ 대표적인 방간본 <고사촬요>
우리나라에서 가장 오래된 백과사전류의 책. 출처: 국립중앙도서관

백 일 장
白 日 場

白 · 흰 (말할) **백**

日 · 하루 **일**

場 · 시험장 **장**

문단에서 활동하지 않는 아마추어 문인들의 문예 활동을 장려하거나 문학 인구의 저변을 확산하려는 목적에서 행하여지고 있는 글쓰기 대회를 백일장(白日場)이라 하는데 '흰 백(白)' '하루 일(日)' '시험장 장(場)'으로 '낮에 하루 동안 실시하는 글쓰기 시험'이라 해석할 수도 있고, '말할 백(白)'으로 '하루에 치르는 말하기 (글쓰기) 대회'로 해석할 수도 있다. 과거가 관(官) 주도로 치러지며 관리임용의 기회가 주어지는 데 반하여 백일장은 주로 민간적 차원에서 주도되며 문학적 명예만이 주어진다는 차이도 있다.

백(白)은 일반적으로는 '희다' '깨끗하다' '밝다' '비다'는 의미로 쓰인다. 고기나 생선 따위를 양념하지 않고 맹물에 푹 삶아 익힌 음식을 백숙(白熟), 살이 다 썩어 흰 뼈만 남을 때까지 은혜를 잊을 수 없음을 백골난망(白骨難忘), 글만 읽어 세상일에는 조금도 경험이 없는 사람을 백면서생(白面書生)이라 하는 것이 그 예이다. 텅

관련어휘

• 백숙
• 백골난망
• 백면서생

22

비어서 아무 것도 없음을 공백(空白)이라 하고, 검은빛과 흰빛 또는 잘잘못이나 옳고 그름을 흑백(黑白)이라 하며, 숨긴 일이나 마음속의 생각하는 바를 모두 털어 놓고 말함을 고백(告白)이라 한다.

백(白)은 '말하다'의 의미로도 많이 쓰인다. 위험한 장소의 푯말에 쓰인 '○○경찰서장 백(白)', 연극 용어인 독백(獨白)이나 방백(傍白), 그리고 스스로의 죄를 고백(告白)하는 일인 자백(自白) 등에서의 '백(白)'은 모두 '말하다'는 의미로 쓰인 것이다.

장(場)은 한바탕 봄의 꿈이라는 의미로, 헛된 영화(榮華)나 덧없는 일을 비유하는 말인 일장춘몽(一場春夢)에서는 '때'라는 의미이지만, 대부분은 '장소'의 의미로 쓰인다. 어떠한 장소의 안이라는 뜻인 장내(場內), 회의를 하는 곳인 회의장(會議場), 시험을 치르는 장소인 '시험장(試驗場)' 등이 그것이다. 회장(會場)에 꽉 들어참을 만장(滿場)이라 하고, 일이 생긴 그 마당을 현장(現場)이라 하며, 차를 세워두도록 마련한 일정한 장소를 주차장(駐車場)이라 한다.

場(장)자와 비슷한 글자로 드날릴 양(揚), 햇볕 양(陽), 버드나무 양(楊), 헐 양(瘍), 상할 상(傷) 등이 있다.

場(장)과 비슷한 글자

揚 드날릴 양
陽 햇볕 양
楊 버드나무 양
瘍 헐 양
傷 상할 상

교 착 어
膠着語

膠 · 아교 교
着 · 붙을 착
語 · 말 어

언어의 형태상 유형의 하나로, 어떤 말에 독립성이 없는 조사(助詞)나 접사(接辭) 등을 붙여 그 기능에 의하여 문법적 관계를 나타내는 말을 '교착어(膠着語)'라 하는데 '아교 교(膠)' 붙을 착(着)' '말 어(語)'로 아교로 붙인 것처럼 붙여서 만든 말이라는 의미이다. 한국어, 일본어, 핀란드어, 터키어 등 우랄알타이 어족이 여기에 속한다. 일이 '교착상태(膠着狀態)'에 빠졌다고 하는데 '아교로 붙인 상태'라는 의미로 그대로 고정되어 조금도 변동이나 진전이 없는 상태를 일컫는다.

고지식하여 조금도 융통성이 없음을 '교주고슬(膠柱鼓瑟)'이라 한다. '아교 교(膠)' '기둥 주(柱)' '두드릴 고(鼓)' '큰 거문고 슬(瑟)'로 거문고의 줄을 괴는 기둥(기러기발)을 올렸다 내렸다 할 수 없도록 아교로 붙여 놓고 거문고를 두드린다(연주한다)는 뜻이다. 상황에 따라 기러기발을 옮기면서 연주해야 하는데 그것을 고정시켰으니 원하는 소리를 낼 수 없게 되었다는 말이다.

관련 어휘

• 교착상태
• 교주고슬

• 착륙 ↔ 이륙

붙을 착(着)이다. 육지(陸地)에 닿았다 해서 '착륙(着陸)'

이고, 육지에서 떠났다 해서 '헤어질 이(離)'의 '이륙(離陸)'이다. 어떤 일이나 사물에 마음을 쏟아서 버리지 못하고 매달림은 '잡을 집(執)'의 집착(執着)이고, 사람이 한곳에 자리를 정해서 머물러 생활하거나 어떤 현상이나 학설 따위가 사람들에게 당연하게 받아들여짐은 '정할 정(定)'의 정착(定着)이다. 떨어져 있어야 마땅한 두 사물이 깊은 관계를 가지고 결합하여 있거나 서로 떨어져 있어야 할 피부나 막(膜) 등이 염증 때문에 들러붙는 증상은 '맞붙을, 병 나을 유(癒)'의 유착(癒着)이다. 말이나 행동이 앞뒤가 서로 맞지 않고 모순됨을 자가당착(自家撞着)이라 하는데 '칠 당(撞)' '붙일 착(着)'으로 자기의 집을 쳤다가(부수었다가) 붙였다가 한다는 의미이다.

어떤 일이나 작품에 대한 새로운 생각이나 구상이 머리에 떠오름을 '생각 상(想)'자를 써서 착상(着想)이라 하고, 어떤 대상에 몹시 끌리거나 정이 들어서 그 대상을 지극히 아끼고 사랑함을 애착(愛着)이라 하며, 공사를 시작함을 착공(着工)이라 한다. 배가 와서 닿는 곳을 '배 선(船)'자를 써서 선착장(船着場)이라 하고, 빈틈 없이 단단히 달라붙음을 '빽빽할 밀(密)'을 써서 밀착(密着)이라 하며, 대를 이어 그 땅에서 살고 있음을 토착(土着)이라 한다.

▲ 가야금 또는 거문고의 기러기발 (안족). 출처: 문화체육관광부 문화 포털

영 감
令 監

令 • 우두머리 령
監 • 감독할 감

지체 있는 사람이나 나이가 많은 사람을 대접하여 '영감(令監)'이라 부르는데 '영감'이라는 말은 본래 종2품 정3품의 관리를 부르던 존칭으로 대감(大監) 다음의 지위를 가리켰다. 그러니까 종2품인 포도대장이나 정3품인 관찰사 등을 영감(令監)이라고 불렀던 것이다. 그것이 신분 계급이 무너진 후에도 관리나 노인을 높이 보는 풍습에 따라 사회적으로 지체가 높거나 나이가 많은 남자를 영감이라고 부르게 되어 오늘날까지 이어졌다고 한다.

'令'은 '명령하다' '법률' '규칙' '우두머리'라는 의미로 많이 쓰이는데 '영식(令息)' '영부인(令夫人)' '영애(令愛)' '영윤(令胤)'에서는 '아름답다'는 의미이면서 남을 높이어 이르는 '존칭어'이다. 시키는 분부를 명령(命令)이라

관련어휘

• 대감

• 영식
• 영부인
• 영애
• 영윤

• 명령

26

하고, 국가기관에서 공표되는 법적 효력을 가진 법규를 '법령(法令)'이라 하며, 명령을 적은 문서 또는 법원이 발부하는 사람이나 물건에 대한 강제 처분을 내용으로 하는 문서를 영장(令狀)이라 한다. 조령모개(朝令暮改)라는 말이 있다. '아침 조(朝)' '명령할 령(令)' '저녁 모(暮)' '고칠 개(改)'로 아침에 명령한 것을 저녁에 다시 고친다는 뜻으로 계획이나 결정 따위를 자꾸 바꾸어서 갈피잡기가 어려움을 일컫는 말이다.

감(監)은 '보다' '살피다' '모범'이라는 의미뿐 아니라 '감옥' '벼슬이름'이라는 의미로도 쓰인다. 책의 저술 편찬을 지도 감독하는 일을 '감수(監修)'라 하고, 경계하며 지켜보는 것을 '감시(監視)'라 하며, 학교장을 보좌하여 학교업무를 감독하는 직책을 '교감(校監)'이라 부른다. 국회(國會)가 국정 전반에 관하여 행하는 감사를 국정감사(國政監査)라 하고, 형벌의 집행에 관한 사무를 맡아보던 관아를 감옥(監獄)이라 하였다.

중국 고전 『여씨춘추』 내용에 '영가즉불청(令苛則不聽)'이라는 말이 있다. 법이 가혹한즉 듣지 않는다는 의미로 법령이 지나치게 가혹하면 도리어 지켜지지 않게 된다는 말이다. 감당할 수 있는 한도 내에서 일을 시켜야 한다는 의미로 해석할 수 있다. 아이들에게도 할 수 있는 범위 내에서 공부하도록 해야 효율적이라는 생각을 할 수 있어야 하는데······ 과유불급(過猶不及)을 모르는 현실이 안타깝다.

▲ 정부 기관의 국정감사 현장

논 술
論 述

論 · 논리 **론**
述 · 지을 **술**

논술교육이 필요하고도 중요한 것은 분명하지만 논술이 다른 교과목과 상관없는 독립된 그 무엇이고 반드시 사교육을 받아야만 되는 특별한 그 무엇이라는 인식에는 동의하기가 어렵다. 논술(論述)은 '논리 론(論)' '지을 술(述)'로 논리적으로 짓는다는 의미인데, 글로써 어떤 문제에 대하여 자신의 의견이나 주장을 제시하고 그 타당성을 논리적으로 증명하여 읽는 사람에게 믿게 하는 글쓰기이다.

론(論)은 '논의하다' '의논하다' '토의하다'는 의미를 지니고 있어 어떤 문제에 대하여 서로 의견을 말하며 의논한다는 논의(論議), 어떤 사건이나 작품 등의 내용에 대해서 논하여 비평(批評)한다는 논평(論評), 어떤 일에 대하여 자기의 의견을 논술한 글인 논문(論文) 등에 쓴다. 실현성이 없는 허황된 이론을 탁상공론(卓上空論)이라 하는데 '탁자 탁(卓)' '헛될 공(空)'으로 탁자 위에서 말로만 하는 헛된 논리라는 의미이다. 서로 자기의 주장을 내세우고 상대방의 의견을 반박하는 일을 갑론을박(甲論乙駁)이라 하는데 갑(甲)이 논(論)하면 을(乙)이

관련어휘

• 논의
• 논평
• 논문
• 탁상공론
• 갑론을박

반박(反駁)한다는 의미이다. 공(功)의 있고 없음이나 크고 작음 등을 따져서 거기에 알맞은 상(賞)을 주는 일을 논공행상(論功行賞)이라 하는데 공로(功)를 논(論)하여서 상(賞) 주기를 행(行)한다는 의미이다.

술(述)은 '짓다' '말하다' '설명하다'는 의미로 논문이나 책 등을 쓴다는 저술(著述), 주어의 동작 상태 성질 따위를 서술하는 말인 서술어(敍述語) 등에 쓰인다. 검사가 피고의 범죄 사실을 밝히고 형벌을 요구함을 '논고(論告)', 토론(討論) 논의(論議) 논문(論文) 등의 제목이나 주제를 '논제(論題)', 속에 품은 생각이나 감정 추억 따위를 말함을 '술회(述懷)', 자세히 벌여 말함을 '진술(陳述)'이라 한다.

논술(論述)은 합리적인 근거를 가지고 자신의 주장을 펼치는 글이므로 객관적이어야 하고, 자신의 주장을 받아들이도록 하기 위한 글이기에 논리적이어야 함은 굳이 말할 필요가 없다. 모든 공부가 그렇지만 논술을 잘하기 위해서 필요한 것도 스스로 탐구하는 자세이다. 누군가에게 배우려하기보다는 책을 많이 읽고 많이 생각하고 많이 써 보는 것이 최고의 방법이라는 말이다.

궁 구
窮 究

窮 · 궁리할 **궁**
究 · 연구할 **구**

조선 후기 실학자였던 홍대용(1731~1783)은 그의 저서 『여매헌서(與梅軒書)』에서 '책을 볼 때에는 마음속으로 그 문장을 외면서 그 뜻을 곰곰이 생각하여 찾되 주석(註釋)을 참고하고, 마음을 가라앉혀 궁구(窮究)해야 한다. 한갓 눈만 책에 붙이고 마음을 두지 않으면 또한 이득(利得)이 없다.'라고 말한 바 있다. 근본 이치를 속속들이 깊이 연구함을 '궁리할 궁(窮)' '연구할 구(究)'자를 써서 '궁구(窮究)'라 한다.

궁(窮)은 '막히다' '다하다'는 의미와 '궁리하다'는 의미로 쓰인다. 가난하고 궁핍함을 '부족할 곤(困)'을 써서 곤궁(困窮)이라 하고, 막다른 상황에 몰린 나머지 생각해 낸 계책(計策)을 '나머지 여(餘)' '꾀 책(策)'을 써서 궁여지책(窮餘之策)이라 한다. 극도에 달한 것은 '다할 극(極)'의 궁극적(窮極的)이고, 어떤 일의 상황이나 형세(形勢)가 어떻게 할 수 없이 매우 어려운 상태는 '처해있는 형편 지(地)'의 궁지(窮地)이다. '없을 무(無)'를 쓴 무궁화(無窮花)는 다함이 없는 꽃이라는 의미인데 피고 지고 또 피는 속성 때문에 붙여진 이름이다. '연구할 구(究)'

관련 어휘

• 곤궁
• 궁여지책
• 궁극적
• 궁지
• 무궁화

의 궁구(窮究), '처리할 리(理)'의 궁리(窮理)에서는 '깊이 생각하다'는 의미이다.

구(究)는 '구멍(穴)의 끝(九)까지 뚫고 들어가서 진리를 찾는다'는 의미에서 나왔다고 보여지는데 '궁(窮)'과 마찬가지로 '다하다'는 의미로도 쓰이지만 대부분 '연구하다'는 의미로 쓰인다. 파고들어 밝힌다는 '밝힐 명(明)'의 구명(究明), 갈고닦아 연구하고 생각한다는 '갈연(硏)'의 연구(硏究), 더듬어 찾아서 깊이 연구한다는 '찾을 탐(探)'의 탐구(探究) 등이 그것이다.

『장자(莊子)』에 '고지득도자 궁역락통역락(古之得道者 窮亦樂通亦樂)'이라는 말이 나온다. 옛날에 도(道)를 터득한 사람은, 곤궁(困窮)하면 그 곤궁을 즐기고 뜻대로 되는 처지가 되면 또 그것을 즐긴다는 의미이다. 『주역(周易)』에 '궁즉변변즉통통즉구(窮則變變則通通則久)'라는 말이 있다. '곤궁할 궁(窮)' '곧 즉(則)' '변할 변(變)' '통할 통(通)' '오랠 구(久)'로 어떤 일이든지 곤궁하면(막히면) 변해야 하고 변하게 되면 통하는 길이 열리고 한 번 길이 열리면 오래간다는 의미이다.

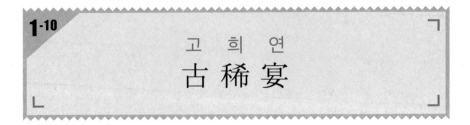

고 희 연
古 稀 宴

古 · 옛 고
稀 · 드물 회
宴 · 잔치 연

의학의 발달로 인간의 수명이 길어지면서 회갑연(回甲宴) 대신 고희연(古稀宴)을 치르는 경우가 많아졌다. 일흔 살이 되는 해의 생일잔치를 고희연(古稀宴)이라 하는데 고희(古稀)는 '인생칠십고래희(人生七十古來稀)'라는 두보(杜甫)의 시(詩)에서 '고(古)'와 '희(稀)'를 따서 만든 말이다. 인간의 수명이 연장된 오늘날에는 맞지 않는 말이 되고 말았다.

無病長壽

祝 古稀

생신을 진심으로 축하드립니다.
오래 오래 건강하시기 바래요.

萬壽無疆

▶ 고희연을 축하하는 초대장

관련 어휘

· 인생칠십고래희

· 지학: 15세
· 이립: 30세
· 불혹: 40세
· 지천명: 50세

공자(孔子)는 15세를 지학(志學)이라 하여 학문에 뜻을 두는 나이라고 하였고, 30세는 이립(而立)이라 하여 뜻을 분명하게 세워야 하는 나이라 하였으며, 40세는 불혹(不惑)이라 하여 자신의 길에 확신을 가져 미혹(迷惑)되지 않는 나이라 하였다. 그리고 50세는 하늘의 명령(뜻)을 알 수 있게 되는 나이라는 의미로 지천명(知天命)이라 하였고, 60세는 어떤 사람의 의견일지라도 귀가

순수하게 받아들이는 나이라는 의미로 이순(耳順)이라
하였다. 70세를 '종심소욕불유구(從心所欲不踰矩)'라고
하였는데 이는 '따를 종(從)' '하고자 할 욕(欲)' '넘을 유
(踰)' '법 구(矩)'로 마음에서 우러나오는 대로 행동하더
라도 결코 법을 넘지 않게 되는 나이라는 의미였다. 70
년을 살게 되면 세상 이치를 깨닫게 되고 지혜가 모자
라지 않게 된다는 이야기인 것이다.

맑거나 엷음, 가망이 적음, 정신 따위가 약함을 '엷을
박(薄)'을 써서 희박(稀薄)이라 하고, 세상에 드문 재주와
지혜를 희세지재(稀世之才)라 한다. 용액에 물이나 용매
따위를 가하여 묽게 하는 일을 '풀 석(釋)'자를 써서 희
석(稀釋)이라 하고, 세상이나 시대에 매우 드문 일을 희
대(稀代)라 하며, 드물어서 매우 귀함을 희귀(稀貴)라 한
다. 매우 드물고 적음을 희소(稀少)라 하고 드물고 적기
때문에 인정되는 가치를 희소가치(稀少價値), 물질에 대
한 인간의 욕망에 비해 그것을 충족시킬 물적 수단의
공급이 상대적으로 부족한 상태를 희소성(稀少性)이라
한다.

『논어(論語)』에 '고지학자위기 금지학자위인(古之學者爲
己今之學者爲人)'이라는 말이 나온다. 옛날의 공부하는 사
람들은 자기 때문에 하였지만, 지금의 공부하는 사람은
남에게 알려지기 위해서 한다는 말이다.

궤 변
詭 辯

詭 · 속일 **궤**

辯 · 말 잘할 **변**

'궤변가(詭辯家)들은 자신의 길고 산만한 다변(多辯)에 취한다'는 말이 있고, '궤변(詭辯)은 환자의 병을 고치는 약이 아니라 겉모양만 건강하게 꾸미는 화장품과도 같은 것이다'라는 이야기도 있다. '속일 궤(詭)' '말 잘할 변(辯)'을 쓴 '궤변(詭辯)'은 교묘하게 사람을 미혹하는 말, 얼른 보기에는 옳은 것 같으나 사실은 거짓된 추론, 이치에 닿지 않는 논리로 그럴듯하게 둘러대는 말을 일컫는다. 속이기 위해 말을 잘하는 것이라는 의미인 것이다. 궤변(詭辯)과 통하는 말에, 말을 억지로 끌어다 붙여서 이치에 맞게 한다는 '끌 견(牽)' '억지로 강(强)' '붙을 부(附)' '모을 회(會)'의 견강부회(牽强附會), 변(똥)이나 흙과 같은 말이라는 의미로 쓸모없는 말, 이치에 맞지 않는 말, 더러운 말이라는 '똥 분(糞)'을 쓴 분토지언(糞土之言)'이 있다.

말 잘할 변(辯)이라고 하였다. 남의 이익을 위하여 말을 잘하여 보호해 주는 것을 '보호할 호(護)'를 써서 변

📖 관련 어휘

• 견강부회
• 분토지언

호(辯護)라 하고, 조리가 있고 거침없이 말을 잘하여 남을 감동시키는 연설을 '뛰어날 웅(雄)'을 써서 웅변(雄辯)이라 한다. 썩 잘하는 말솜씨는 '통달할 달(達)'의 '달변(達辯)'이고, 더듬거리는 말솜씨는 '말 더듬을 눌(訥)'의 '눌변(訥辯)'이다.

말 잘할 변(辯)자와 비슷한 글자로는 '분별할 변(辨)' '힘쓸 판(辦)' '매울 랄(辣)'이 있음을 참고하도록 하자.

辯(변)과 비슷한 글자

辨 분별할 변
辦 힘쓸 판
辣 매울 랄

고사 중에 '삼인성호(三人成虎)'라는 말이 있다. '만들 성(成)' '호랑이 호(虎)'로 세 사람이 모이면 없는 호랑이도 있는 것처럼 만들 수 있다는 의미인데, 근거 없는 말이라 할지라도 여러 사람이 우기고 떠들면 곧이듣게 된다는 이야기이다. '대변여눌(大辯如訥)'이라는 말도 있다. '같을 여(如)' '말 더듬을 눌(訥)'로 워낙 말을 잘하는 사람은 함부로 지껄이지 아니하므로 도리어 말더듬이처럼 보인다는 말이다. '같을 여(如)' 대신 '같을 약(若)'을 쓰기도 하는데, 대교약졸(大巧若拙) 대직약굴(大直若屈)과 대구를 이루어 쓰이고 있다. '재주 교(巧)' '못날 졸(拙)'의 대교약졸(大巧若拙)은 진정으로 재주 있는 사람은 못나 보인다는 말이고, '곧을 직(直)' '굽을 굴(屈)'의 대직약굴(大直若屈)은 진실로 정직한 사람은 겉으로는 굽은 것(부정직한 것)처럼 보인다는 말이다. 노자 『도덕경』에 나오는 말이다.

판 단 력
判 斷 力

判 · 나눌 **판**

斷 · 끊을 **단**

力 · 힘 **력**

일정한 논리나 기준에 따라 사물의 가치와 관계를 결정함을 '나눌 판(判)' '끊을 단(斷)'을 써서 '판단(判斷)'이라 하고, 그러한 능력을 '힘 력(力)'을 더해서 판단력(判斷力)이라 한다. 교육은 지식을 전달하면서 판단력과 분석력, 논리력, 창의력을 함께 개발시키는 것이 바람직하다는 생각을 해본다.

끊을 단(斷)이다. 품었던 생각을 버리는 것을 단념(斷念)이라 하고, 일정 기간 의식적으로 음식을 먹지 아니함을 단식(斷食)이라 하며, 옳고 그름을 딱 잘라서 판단하는 것을 단안(斷案)이라 한다. 딱 잘라서 결정함을 단정(斷定)이라 하고, 결단하여 행함을 단행(斷行)이라 한다.

관련어휘

· 판단

· 단념
· 단식
· 단안
· 단정
· 단행
· 단금지교
· 단기지계

우정이 매우 도타움을 단금지교(斷金之交)라 하는데 쇠라도 자를 수 있는 굳고 단단한 사귐이란 뜻이다. '베틀 기(機)'를 쓴 단기지계(斷機之戒)는 베를 끊는 훈계(訓戒)라는 뜻으로, 학업을 중도에 그만두는 행위는 짜던 피륙의 날을 끊는 것과 같아서 아무런 이익이 없다는 의미이다.

▲ 남북분단의 상징 휴전선

말할 길이 끊어졌다는 뜻으로 너무나 엄청나거나 기가 막혀서 말로써 나타낼 수가 없음을 언어도단(言語道斷)이라 하고, 죽고 사는 것을 가리지 않고 끝장 내려고 덤비는 일을 사생결단(死生決斷)이라 한다.

동강 나게 끊어 갈라짐을 분단(分斷)이라 하고, 의사가 환자를 살펴 병의 상태를 판단함을 '볼 진(診)'을 써서 진단(診斷)이라 하며, 일이나 행동, 말 따위를 도중에 멈거나 그만둠을 중단(中斷)이라 한다. 결정적인 판단을 하거나 단정을 내림을 '갈라놓을 결(決)'자를 써서 결단(決斷)이라 하고, 어떤 대상과의 관계나 교류 등을 끊어 버림을 '끊을 절(絶)'을 써서 단절(斷絶)이라 하며, 어떤 사물 현상의 부분이 되는 한 면(面)을 단면(斷面)이라 한다.

'미아리 눈물 고개/ 님이 넘던 이별 고개/ 화약 연기 앞을 가려/ 눈 못 뜨고 헤매일 때/ 당신은 철사줄로 두 손 꽁꽁 묶인 채로……' 〈단장의 미아리 고개〉라는 제목의 노래이다. 아무 생각 없이 부르다가 어느 날 갑자기 '단장'이 무슨 의미일까 궁금했었다. 국어사전을 통해 '단장(斷腸)'이 끊을 단(斷), 창자 장(腸)으로 '몹시 슬퍼 창자가 끊어질 듯한'이라는 의미임을 확인할 수 있었다. 사랑하는 남편이 철사 줄로 두 손 꽁꽁 묶인 채로 고개를 넘어 떠나갈 때 창자가 끊어지는 듯한 느낌을 갖는 것은 너무도 당연하다 할 것이다. 아니 느낌이 아니라 실제로 창자가 끊어졌을지도 모를 일이다.

當 · 그 당
身 · 몸 신

관련어휘

• 당연
• 당위
• 의당

• 당국
• 당번
• 당직

• 전당

• 당년
• 당대

'당신'이라는 말은 다양하게 사용되기 때문에 상황과 문맥에 따라 그 의미를 파악할 수 있어야 오해가 생기지 않는다. '당신'은 상대방을 일컫는 호칭(呼稱)이긴 하지만 '당신(當身)은 그럴 자격 없어'에서는 2인칭 평칭으로 상대방을 낮잡아 이야기하는 말이고, '하나님! 당신(當身)의 자비(慈悲)하심으로 저희를 용서하여 주시옵소서.'에서는 2인칭 극존칭이다. 기도(祈禱)는 하나님과의 대화이기 때문이다. 그리고 '선생님께서는 당신(當身)의 호주머니에서 돈을 꺼내셨다'에서는 3인칭 존칭이다. 물론 부부(夫婦)가 서로 상대방을 일컫는 말로 쓰이기도 한다.

당(當)은 '당연(當然)' '당위(當爲)' '의당(宜當)'에서처럼 '마땅하다'는 의미로 많이 쓰이지만, 당국(當局) 당번(當番) 당직(當直)에서는 '당하다', 전당(典當)에서는 '전당 잡히다', 당신(當身) 당년(當年) 당대(當代)에서는 대명사 '이' '그'라는 의미이다. 선거(選擧)나 심사(審査)에서 뽑

38

▲ 당선사례 현수막. 당선사례는 선거에 뽑힌 사람이 뽑아 준 데 대하여 고마움을 나타내는 일이다.

히는 일을 '가려 뽑을 선(選)'을 써서 '당선(當選)'이라 하는데 '마땅한 사람이나 작품이 가려 뽑혔다'는 의미이다. 공정하고 중립의 처지에 놓이게 됨을 '불편부당(不偏不黨)'이라 하는데 이는 어느 편(便), 어느 당(黨), 어느 주의(主義)에도 가담하지 않거나 기울지 않았다는 의미이다. '경당문노(耕當問奴)'라는 말이 있다. '밭갈 경(耕)' '물을 문(問)' '종 노(奴)'로 밭가는 일은 당연히 종에게 물어야 한다는 뜻으로 일은 항상 그 방면의 전문가와 상의하는 것이 좋다는 말이다.

논어(論語)에 '당인불양어사(當仁不讓於師)'라고 하였는데, 어진 일을 할 기회를 당했을(만났을) 때에는 비록 스승이라 할지라도 양보할 필요가 없다는 말이다. '신병(身柄)을 확보했다'라는 말을 가끔씩 듣는데 이때의 '병'은 '병들 병(病)'이 아니라 '근본 병(柄)'으로 '인도(引渡)나 보호 대상으로서의 당사자의 몸'이라는 의미이다. '병들 병(病)'을 쓴 '신병(身病)'은 '몸의 병'이라는 의미이고, 새로 입대한 병사는 '새로울 신(新)' '병사 병(兵)'의 '신병(新兵)'이다. 신언서판(身言書判)이라는 말이 있다. 옛날 중국에서 관리를 채용하는 시험에서 인물을 평가하는 네 가지 표준을 일컫는 말이었는데 즉, 몸(身, 외모)이 완벽한가, 말(言)을 잘 하는가, 글(書)을 잘 쓰는가, 판단력(判)이 올바른가가 그것이었다.

수 오 지 심
羞 惡 之 心

羞 · 부끄러울 수
惡 · 미워할 오
之 · 어조사 지
心 · 마음 심

<소녀>라는 제목의 윤오영의 수필에는 누이 뻘 되는 열세 살 소녀가 곤때 묻은 적삼을 들켜 부끄러워하는 내용이 나온다. 작은 것에 부끄러움을 느끼는 사춘기 소녀의 감수성을 그린 수필인데 작가는 각박한 일상에 매여 부끄러움을 잃어버린 현대인에게 부끄러움이 인간다운 것임을 일깨워주고 있다. 이 수필을 읽으면서 부끄러움이 아름답다는 사실을 새삼 깨달았으며 부끄러움을 잃어버린 나 자신을 반성해 보기도 하였다.

인간의 본성을 '실마리 단(端)'을 써서 사단(四端)으로 설명하기도 하는데 그 중에 수오지심(羞惡之心)이 있고, 이는 '부끄러울 수(羞)' '미워할 오(惡)'로 부끄러워하고 미워하는 마음을 일컫는다. 자신의 잘못에 대해 부끄러워하고 악을 미워하는 마음이 수오지심(羞惡之心)이고 이것은 '의(義)'와 통하는 것이다. 옳고 의롭다는 것은 잘못에 대해 부끄러워할 줄 알고 악에 대해 미워할 줄 아는 마음이기 때문이다.

관련 어휘

• 사단
• 수오지심

수(羞)는 '부끄러울 수'이다. 창피하고 부끄러움을 '부끄러울 치(恥)'를 써서 수치(羞恥)라 하고, 부끄러움을 느끼는 마음을 수치심(羞恥心)이라 한다. 여인의 얼굴이 매우 아름다움을 수화폐월(羞花閉月)라 하는데 꽃도 부끄러워하고 달도 숨는다는 의미이다. 낯가죽이 두꺼워 뻔뻔하고 부끄러움을 모르는 것을 '두꺼울 후(厚)' '얼굴 안(顔)'을 써서 후안무치(厚顔無恥)라 한다.

오/악(惡)가 여기에서는 '미워할 오'로 쓰였지만 '악할 악'으로 더 많이 쓰인다. 사람에게 재앙을 내리거나 나쁜 길로 유혹하는 마귀를 악마(惡魔)라 하고, 어떤 일이나 관계가 나쁘게 변화함을 악화(惡化)라 하며, 생각하기도 싫을 만큼 괴롭고 힘겨운 일을 악몽(惡夢)이라 한다. 나쁜 현상이 자꾸 되풀이됨을 악순환(惡循環)이라 하고, 고약하고도 불쾌한 냄새를 악취(惡臭)라 하며, 어떤 사물이 다른 사물에 나쁘게 미치는 작용을 악영향(惡影響)이라 한다.

부끄러움을 모르는 사람이 너무 많다. 잘못을 잘못인 줄 모르는 사람이 많고 잘못인 줄 알면서도 개인의 이익을 위해 뻔뻔하게 변명하는 사람도 많다. 지식도 지혜도 가르쳐야 하지만 부끄러움도 가르쳐야 한다. 염치(廉恥)를 알게 하여야 한다는 말인데 '염치(廉恥)'는 '청렴할 염(廉)'자에 '부끄러울 치(恥)'자이다.

1-15

금 실
琴 瑟

琴 · 거문고 금

瑟 · 비파 실(슬)

가깝기 때문에 함부로 말하기 쉬운 부부간에 '당신 마음 이해해, 하지만…' '걱정되어서 그러시는 거죠?' '무시당하는 것 같아 기운이 빠졌어요.' '좀 도와주시면 좋겠어요.'와 같이 상대방의 입장에서 생각하고 자신부터 변화하는 노력이 있다면 금실(琴瑟)이 다져질 수 있다고 한다. 부부(夫婦) 사이의 다정하고 화목한 즐거움을 금실(琴瑟)이라 하는데 이는 거문고와 비파가 잘 어울린다는 의미에서 나온 말이다. **실(瑟)**이 '비파'라는 악기를 일컬을 때는 '슬'로 발음하지만 부부간의 화목함을 일컫는 '금실(琴瑟)'에서는 '실'로 발음한다.

부부(夫婦) 사이가 다정하고 화목함을 금슬상화(琴瑟相和)라 하는데 거문고와 비파 소리가 서로 조화를 이룬다는 의미이고 금실지락(琴瑟之樂) 역시 부부 사이의 즐거움을 일컫는 말이다. 이와 달리 부부간에 서로 화합하지 못함을 '조화로울 조(調)'자를 써서 금실부조(琴瑟

관련 어휘

• 금슬상화
• 금실지락
• 금실부조

• 대우탄금 → 마이동풍
• 교주고슬

不調)라 한다.

소에게 거문고 소리를 들려준다는 의미로 어리석은 자에게는 도리(道理)를 알려 주어도 소용이 없음을 '대할 대(對)' '소 우(牛)' '튕길 탄(彈)' '거문고 금(琴)'을 써서 대우탄금(對牛彈琴)이라 한다. 마이동풍(馬耳東風)과 통하는 말이라고 할 수 있다. 교주고슬(膠柱鼓瑟)이라는 말이 있다. 융통성이 없이 소견이 꽉 막힌 사람을 비유한 말인데 '아교 교(膠)' '기둥 주(柱)' '거문고 고(鼓)'로 거문고와 비파의 기러기 발을 올렸다 내렸다 하지 못하게 아

▲ 거문고와 비파 연주 모습

교로 붙여서 하나의 소리만 나도록 하였다는 의미이다.

누군가가 부부싸움을 할 때 부부가 명심해야 할 점을 말하였는데 첫째가 부부싸움을 할 때에 상대방이 말하거나 행동하는 것은 싸움에 이르기까지의 긴장이 낳은 것으로서 그러한 언동(言動)은 상대방의 진정한 마음을 나타낸 것이 아니라는 점. 둘째는 싸움의 원인이 된 문제에 대해서만 다투고 그 외의 문제까지 함부로 파급시키지 말아야 한다는 점. 셋째 싸움 중에도 자신의 감정보다 결혼생활 그 자체가 훨씬 중요하다는 사실을 잊어서는 안 된다는 점. 넷째 화해는 빠를수록 좋다는 점이 그것이다.

동 음 이 의 어
同 音 異 義 語

同 · 같을 동
音 · 소리 음
異 · 다를 이
義 · 뜻 의
語 · 말 어

서로 소리는 같게 나지만 뜻이 다른 단어를 동음이의어(同音異義語)라 하는데 '같을 동(同)' '소리 음(音)' '다를 이(異)' '뜻 의(義)' '말 어(語)'로 같은 소리 다른 의미라는 말이다.

이(異)는 '다르다' '괴이하다'는 의미로 사람의 힘으로 할 수 없는 불가사의(不可思議)한 일인 이적(異蹟), 이미 나와 있는 설(說)과 다른 주장인 이설(異說), 다른 지역이라는 의미로 외국 땅을 일컫는 이역(異域), 남성 쪽에서 본 여성 또는 여성 쪽에서 본 남성을 일컫는 이성(異性), 거의 같고 조금 다르다는 대동소이(大同小異), 배(腹)가 다르다 그러니까 아버지는 같은데 어머니가 다르다는 이복(異腹) 등에 쓰인다. 이구동성(異口同聲)은 다른 입에서 같은 소리가 나온다는 의미로 모든 사람이 같은 이야기를 한다는 의미이고, '의논할 의(議)'의 이의(異議)는 의견이나 주장이 남과 다르다는 의미이다.

신경 계통의 병으로 정신이 정상적인 상태가 아닌 사람을 정신이상자(精神異常者)라 하는데 '보통 상(常)'으로 정

관련어휘

• 이적
• 이설
• 이역
• 이성
• 대동소이
• 이복
• 이구동성
• 이의

• 정신이상자

▲ 조선 말기에 출몰했던 서양의
배, 이양선

신이 보통과 다르다는 의미이다. 다른 나라 땅의 아주 먼 곳을 이역만리(異域萬里)라 하는데 '지역 역(域)'으로 다른 지역 만 리나 떨어져 있는 장소라는 의미이고 보통과 다른 세포라 해서 이상세포(異常細胞)이다. 관공서나 회사 따위의 조직체 안에서 노동력의 효율적인 운용을 꾀하기 위하여 종업원의 근무 부서를 바꾸는 일은 다른 곳으로 움직이게 한다 해서 인사이동(人事異動)이고, 이상한 모양의 배라는 뜻으로 조선 말기에 우리나라 해안에 출현했던 외국의 선박은 이양선(異樣船)이었다.

의(義)를 '옳을 의(義)'라 하는데 '옳다'는 의미로 많이 쓰이지만 '의(意)'처럼 '뜻'이라는 의미로도 쓰인다. 책을 읽음에 백 번을 읽으면 뜻이 저절로 나타난다는 '독서백편의자현(讀書百遍義自見)', 어떤 단어나 사물의 뜻을 명백히 밝혀 규정한다는 정의(定義), 생산 수단을 가진 자본가 계급이 노동자 계급으로부터 노동력을 사서 생산 활동을 함으로써 이익을 추구해 나가는 경제 구조를 일컫는 자본주의(資本主義), 국민이 권력을 가짐과 동시에 스스로 권리를 행사하는 정치 형태 또는 그러한 정치를 지향하는 사상인 민주주의(民主主義), 자본주의가 낳은 모순을 해소하고 생산 수단을 사회적으로 공유하는 사회 체제를 통해 모든 사람이 평등하게 조화를 이루는 사회를 실현하려는 사상 및 운동인 사회주의(社會主義)에서의 '의(義)' 모두가 '뜻'이라는 의미인 것이다.

사 단

四 端

四 · 넉 사

端 · 실마리 단

퇴계 이황의 심통성정도 중에서
사단(四端)에 대한 도해 ▶

관 련 어 휘

• 사단
측은지심: 仁
수오지심: 義
사양지심: 禮
시비지심: 智

• 단서
• 극단
• 말단
• 단역
• 단정

사람의 본성(本性)에서 우러나는 네 가지 마음씨 곧, 인(仁)에서 우러나는 측은지심(惻隱之心), 의(義)에서 우러나는 수오지심(羞惡之心), 예(禮)에서 우러나는 사양지심(辭讓之心), 지(智)에서 우러나는 시비지심(是非之心)의 네 가지를 사단(四端)이라 하는데, '넉 사(四)' '실마리 단(端)'으로 네 개의 실마리라는 의미이다. '실마리'란 일이나 사건을 풀어 나갈 수 있는 계기를 일컫는데, '어질 인(仁)' '옳을 의(義)' '예절 예(禮)' '슬기로울 지(智)'이다.

단(端)을 '실마리 단(端)'이라 하였는데 '일의 처음'이라는 단서(端緒)에서는 '실마리'라는 의미이지만, 극도에 다다른 막다른 지경이라는 극단(極端)이나 '맨 끄트머리'라는 말단(末端), 그리고 영화 등에서의 대수롭지 않은 배역이라는 단역(端役)에서는 '끝'이라는 의미이고 얌전하고 바르다는 단정(端正)에서는 '바르다'는 의미이다.

側(측)과 비슷한 글자

側 곁 측
測 헤아릴 측
則 곧 즉

'슬퍼할 측(惻)' '불쌍히 여길 은(隱)'의 측은지심(惻隱之心)은 다른 사람의 불행을 불쌍히 여기는 마음이고 '부끄러울 수(羞)' '미워할 오(惡)'의 수오지심(羞惡之心)은 잘못을 부끄러워하고 악을 미워하는 마음이다. '사양할 사(辭)' '양보할 양(讓)'의 사양지심(辭讓之心)은 사양하고 양보하는 마음이고 '옳을 시(是)' '아닐 비(非)'의 시비지심(是非之心)은 옳고 그름을 따지는 마음이다.

측(惻)은 '가엽게 여기다'는 의미를 지니고 있는데 비슷한 글자에 곁 측(側), 헤아릴 측(測), 곧 즉(則) 등이 있다. 은(隱)은 '숨다'는 의미로 많이 쓰이지만 여기서는 '불쌍히 여기다'는 의미로 쓰였다. 부끄러워할 수(羞), 미워할 오(惡)의 수오지심(羞惡之心)은 불의(不義)에 대해 부끄러워하고 부정(不正)을 미워하는 마음으로 의(義)의 실마리가 된다. 미워하는 것이 좋은 것은 아니지만 무조건 나쁜 것만도 아니다. 악(惡)을 미워하고 불의(不義)를 미워하는 것은 오히려 아름다운 일이 되기 때문이다. 사양지심(辭讓之心)의 사(辭)는 언사(言辭), 사전(辭典)에서처럼 '말' '글'이라는 의미로 많이 쓰이지만 고사(固辭), 사직(辭職), 사퇴(辭退)에서는 '사양하다'는 의미이다.

시비지심(是非之心)에서 시비(是非)는 옳고 그름을 따지는 일을 일컫는다. 잘못된 것을 바로잡음을 '바를 정(正)'을 써서 시정(是正)이라 하고, 서로 대립하는 양쪽의 주장이나 태도를 모두 옳다고 하는 견해나 입장을 '둘 양(兩)'을 써서 양시론(兩是論)이라 한다.

절 찬 리
絕 讚 裏

絕 · 뛰어날 **절**

讚 · 칭찬할 **찬**

裏 · 속 **리**

'절찬리(絕讚裏)에 상영중(上映中)' 또는 '절찬리(絕讚裏)에 판매중(販賣中)'이라는 광고문을 만나는 경우가 종종 있다. '뛰어날 절(絕)' '칭찬할 찬(讚)'의 '절찬(絕讚)'이 더할 나위 없는 칭찬이라는 의미이니까 '절찬리(絕讚裏)는 더할 나위 없이 칭찬하는 속에' '절대적인 찬사가 있는 가운데'라는 의미이다.

절(絕)은 '끊다'는 의미로 많이 쓰이지만 '으뜸'이라는 의미로도 쓰인다. 서로 교제를 끊는다는 절교(絕交), 희망이 끊어진다는 '바랄 망(望)'의 절망(絕望), 글쓰기를 그만둔다는 '붓 필(筆)'의 절필(絕筆), 더할 나위 없이 애처롭다는 '슬퍼할 처(悽)'의 처절(悽絕)에서는 '끊다'라는 의미이지만, 세상에 비길 것이 없을 만치 빼어나게 아름다운 여인을 일컫는 절세미인(絕世美人), 더할 나위 없이 아름다운 경치를 일컫는 절경(絕景)에서는 '으뜸'이

관련어휘

• 절교

• 절필

• 처절

• 절세미인

• 절경

라는 의미인 것이다. 중국 춘추시대에 거문고의 명수 (名手) '백아(伯牙)'가 자기 거문고의 가락을 알아주는 벗 '종자기'가 죽자 거문고 줄을 끊었다는 고사(故事)에서 '자기를 알아주는 친구와의 사별(死別)'을 절현(絶絃)이 라 하였는데, 친한 친구를 일컫는 '지기지우(知己之友)' '지음(知音)이라는 말이 여기에서 생겼다고 한다.

절장보단(絶長補短)이라는 말이 있다. '긴 장(長)' '보충할 보(補)' '짧을 단(短)'으로 긴 것을 잘라서 짧은 것에 보 태어 부족함이 없게 한다는 뜻으로 장점이나 넉넉함으 로 단점이나 부족한 것을 보충한다는 말이다. 위편삼절 (韋編三絶)이라는 말도 있다. '가죽 위(韋)' '엮을 편(編)'으 로 가죽으로 묶은 책이 세 번이나 끊어졌다는 의미인 데 책을 여러 번 반복해서 읽음을 비유한 말이다.

리(裏)는 '속'이라는 의미이다. '속' '안' '사물의 표면에 드러나지 않는 방면'을 '이면(裏面)'이라 하고, 종이 뒤 에 글 쓰는 일을 '이서(裏書)'라 하며, '머릿속'은 뇌리(腦 裏)라 한다. 마음이 음충맞아서 겉과 속이 다름을 표리 부동(表裏不同)이라 하고, 안팎에서 서로 손이 맞음을 표 리상응(表裏相應)이라 한다. 노자(老子)가 한 말 중에 '절 학무우(絶學無憂)'라는 말이 있는데 학문을 끊어버리면 근심이 없어진다는 의미이다. 작은 도로를 이면도로(裏 面道路)라 하는데 '속 리(裏)'로 마을 속(안)에 있는 도로 라는 의미이다.

기 근
饑 饉

饑 · 주릴 기
饉 · 흉년들 근

食(식)자가 들어간 글자

飯 밥 반
飮 마실 음
飼 먹일 사
餠 떡 병
饌 반찬 찬
飽 배부를 포
饒 풍요로울 요
饑 굶주릴 기
饒 넉넉할 요

관 련 어 휘

• 기근

산업화 도시화 그리고 인구 증가로 물 수요(需要)는 계속 증가하고 있으나 수질오염 등으로 안정적인 물 공급은 이에 미치지 못하고 있다고 한다. 지금과 같은 추세라면 우리나라도 머지않아 물 기근(饑饉) 국가가 되리라는 경고(警告)까지 나오고 있는 실정이다. '주릴 기(饑)' '흉년들 근(饉)'의 '기근(饑饉)'은 '백성들은 기근에 시달리는데 관리들은 부패를 일삼았다.'처럼 식량이 모자라서 굶주리는 일이라는 의미로 많이 쓰이지만, '우수한 선수들의 해외 진출로 각 구단들은 선수 기근에 허덕이고 있다'처럼 수요를 채우지 못해 몹시 부족한 현상을 비유하여 쓰기도 한다.

먹을 식(食)자가 들어가는 글자는 모두 '밥' '반찬' '먹다' '마시다' '풍요' '배고픔' 등과 관계가 있다. 밥 반(飯) 마실 음(飮) 먹일 사(飼) 떡 병(餠) 반찬 찬(饌) 배부를 포(飽) 풍요로울 요(饒) 굶주릴 기(饑) 넉넉할 요(饒) 등이 그것이다.

주릴 기(饑=飢)는 굶주림을 일컫는 '굶주릴 아(餓)'의 기아(饑餓), 주림과 목마름이라는 '목마를 갈(渴)'의 기갈(飢渴), 굶주림과 추위를 일컫는 '차가울 한(寒)'의 기한(飢寒) 등에 쓰인다. 중국 고대부터 한나라 때까지 온갖 지혜와 고사 격언 등을 망라한 책인 『설원(說苑)』에 '기이구서직(饑而求黍稷)'이라는 말이 있다. '구할 구(求)' '기장 서(黍)' '기장 직(稷)'으로 굶주림 후에 기장(곡식)을 구한다는 의미로 소 잃고 외양간 고친다는 말이다. '기자위이식 갈자이위음(飢者而爲食渴者而爲飮)'이라는 말도 있다. 배가 고픈 사람은 아무것이나 잘 먹고 목이 마른 사람은 어떤 음료나 잘 마신다는 의미로 전쟁이나 난리 뒤에는 정치하기가 오히려 쉽다는 말이다. 속담 성어에 '아복기포불찰노기(我腹旣飽不察奴飢)'라는 말이 있다. 내 배가 부르면 종 배고픈 줄 모른다는 뜻으로 상대방의 처지가 되어보지 아니하면 상대방의 마음을 알 수 없다는 이야기이다.

▲ 지구온난화에 따른 지구촌의 기근현상

성경 잠언(箴言)은 '허기진 배를 채우려고 훔쳤다 해도 남의 것을 훔쳤으면 욕을 보게 마련이다.'라고 말한 바 있고, 소크라테스는 '배가 고픈 사람은 소스의 맛을 따지지 않는다.'라고 말한 바 있다. '기근은 세계에서 최상의 조미료다.'라는 말도 있고, '기근(饑饉)은 일하지 않는 게으른 자의 길동무다.'라는 말도 있다.

표음문자
表音文字

表 · 나타낼 **표**

音 · 소리 **음**

文 · 글 **문**

字 · 글자 **자**

사람의 말소리를 특성한 기호로 나타낸 문자를 '나타낼 표(表)' '소리 음(音)'자를 써서 소리를 나타내는 문자라는 의미로 표음문자(表音文字)라 하고, 사물의 형상을 본뜨거나 그림으로 그려서 하나하나의 글자가 낱낱의 뜻을 가지는 문자를 '뜻 의(意)'자를 서서 표의문자(表意文字)라 하는데 한글, 로마자, 아라비아 문자는 표음문자이고 한자(漢字)나 그림문자나 상형문자(象形文字) 등은 표의문자(表意文字)이다.

'**나타낼 표(表)**'라고 하였는데 '겉'이라는 의미로도 쓰이고 '뛰어나다' '우두머리'라는 의미도 많이 쓰인다. 거죽으로 드러난 면, 겉면을 '표면(表面)'이라 하고, 겉면에 기록하는 것을 '기록할 기(記)'를 써서 표기(表記)라 하며, 마음이 음충맞아 겉과 속이 다름을 '속 리(裏)' '아니 부(不)' '같을 동(同)'을 써서 '표리부동(表裏不同)'이라 한다. 다른 글자와 마찬가지로 '表'도 '겉'이라는 의미로만 쓰이는 것은 아니다. 의견이나 감정 따위를 드러내어 나타낸다는 '나타낼 현(現)'의 '표현(表現)', 사회에 널리 드러내어 밝힌다는 '쏠 발(發)'의 '발표(發表)'에서

 관련어휘

• 표의문자

• 표면
• 표기
• 표리부동
• 표현
• 발표

ABCDEFGHIJKLMN
OPQRSTUVWXYZ
가나다라마바사아차카타파하

木▸林▸森   Tree   나무

표의문자   표음문자

▲ 표의문자와 표음문자
출처: 경인여자대학교 광고디자인과

는 '나타내다'는 의미이고, 학식과 인격이 높아 모범이 될 만한 사람이라는 '스승 사(師)'를 쓴 '사표(師表)'에서는 '모범(模範)'이라는 의미이며, '전체를 한 눈에 쉽게 볼 수 있도록 꾸며놓은 문서'인 '그림 도(圖)'를 쓴 '도표(圖表)'에서는 그림으로 그리어 나타내는 표를 가리킨다. 출병(出兵)에 임하여 그 뜻을 임금에게 올리던 글, 또는 제갈량이 출진(出陣)에 앞서 임금에게 바쳤던 상주문(上奏文)을 '출사표(出師表)'라고 하였는데 이때의 '표(表)'는 '문체 이름'이다.

어린이날 어버이날 스승의 날로 이어지는 5월에는 기분 좋은 표창장도 많이 주어지고 있다. 그동안의 공로(功勞)를 치하(致賀)하면서 기쁜 마음으로 박수(拍手) 많이 보내줄 일이다. 남의 공적(功績)이나 선행(善行)을 세상에 드러내어 밝히는 문서를 '나타낼 창(彰)' '문서 장(狀)'을 써서 '표창장(表彰狀)'이라 한다.

'소리 음(音)'이다. 자음과 모음을 강세나 억양, 성조 등에 실어 음성으로 내는 일을 '나타낼 발(發)'을 써서 발음(發音)이라 하고, 시끄러운 소리를 '떠들 소(騷)'를 써서 소음(騷音)이라 하며, 불쾌한 느낌을 주는 시끄러운 소리, 주위에서 이러쿵저러쿵 간섭하여 당사자에게는 귀찮거나 방해가 된 의견이나 비판 또는 소문, 전신이나 라디오 등의 기계 장치에서 본래의 소리를 방해하는 소리를 '섞일 잡(雜)'을 써서 잡음(雜音)이라 한다.

표 절
剽竊

剽 · 빼앗을 **표**

竊 · 도둑질할 **절**

 관련 어휘

• 표절

 剽(표)와 비슷한 글자

票 표할 표
標 나타낼 표
漂 떠돌 표
瓢 표주박 표

'표절 혐의를 받았다' '표절을 했다는 사실이 밝혀져 물의를 빚고 있다' '표절 시비에 대하여 소설계 일각에서는 자성(自省)의 소리가 일고 있다'는 뉴스를 만나곤 하는데 '빼앗을 표(剽)' '도둑질할 절(竊)'의 표절(剽竊)은 학설이나 문학작품, 음악이나 미술작품 등을 창작할 때에 남의 작품의 일부를 자기 것인 양 몰래 따서 쓰는 행위를 일컫는다.

빼앗을 표(剽)는 시나 글, 음악 따위를 지을 때, 남의 작품의 일부를 자기 것인 양 몰래 따서 쓴다는 '표절(剽竊)' 이외에는 사용하는 경우가 거의 없는데 '칼 도(刀)'가 들어 있음을 통해 '자르다' '끊다' '나누다'는 의미를 지닌 글자임을 유추해 볼 수 있고, '票'가 들어 있음을 통해 '표'로 발음됨을 유추해 볼 수 있을 것 같다. 비슷한 글자로는 '표할 표(票)' '나타낼 표(標)' '떠돌 표(漂)' '표주박 표(瓢)'자가 있다.

절(竊=窃)은 '도둑' '도둑질하다' '몰래'의 의미를 지닌
다. 남의 재물을 몰래 훔치는 일을 '도둑질할 도(盜)'를
써서 절도(竊盜)라 하고, 남의 재물을 훔친 죄를 절도죄
(竊盜罪)라 한다. 강절도(强竊盜)는 강도(强盜)와 절도(竊盜)
를 아울러 이르는 말인데 '억지로 강(强)'의 '강도(强盜)'
는 폭행이나 협박 따위로 남의 재물을 억지로 빼앗는
도둑이나 그런 행위를 일컫는다. 남의 물건을 훔치어
가지는 일을 '취할 취(取)'를 써서 절취(竊取)라 하고, 쥐
가 물건을 훔치고 개가 남의 물건을 훔친다는 의미로
남 몰래 숨어서 부당하게 물건을 취하는 좀도둑을 '쥐
서(鼠)' '개 구(狗)' '훔칠 투(偸)'를 써서 서절구투(鼠竊狗
偸)라 한다.

'절인지재유위지도 황투천관이사이호인(竊人之財猶謂之
盜 況偸天官以私己乎)'라는 말이 있다. 남의 재산을 훔치는
자를 도둑이라 일컫는데, 하물며 천명(天命)을 받들어
행해야 하는 관권(官權)을 자기 것인 양 마음대로 사용
하는 사람은 말할 것이 있겠느냐?(도둑놈 이상의 악(惡)을
행하는 사람이다)라는 의미이다.

제 잘못이 있기 때문에 남에게 봉변을 당하여도 아무
말 못함을 '도둑놈 개에게 물린 셈'이라 말하고, 운수가
나쁘면 될 일도 뜻대로 안 됨을 '도둑을 맞으려면 개도
안 짖는다'라고 한다.

서 명 날 인
署 名 捺 印

署 · 쓸 **서**

名 · 이름 **명**

捺 · 손으로 누를 **날**

印 · 도장 **인**

서명날인(署名捺印)을 하나의 단어로 일고 있는 사람이 있는데 '서명(署名)'과 '날인(捺印)'은 다른 어휘이다. '서명(署名)'은 '쓸 서(署)' '이름 명(名)'으로 이름을 쓰는 것을 일컫고, '손으로 누를 날(捺)' '도장 인(印)'의 '날인(捺印)'은 도장을 찍는 것을 일컫는다.

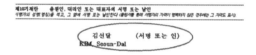

서(署)가 '서명날인(署名捺印)'에서는 '쓰다'라는 의미이지만 관공서(官公署), 경찰서(警察署), 부서(部署)에서처럼 '관청'이라는 의미로 더 많이 쓰인다. 결원(缺員)이 있을 때 다른 사람의 직무를 대리하는 사람을 '서리(署理)'라 하는데 이때의 '서(署)'는 '대리하다'는 의미이고 '리(理)'는 '다스리다'는 의미이다. '사라질 소(消)' '막을 방(防)'의 소방서(消防署)는 불을 사라지게 하고 화재를 막는 관청이라는 의미이고, '세금 세(稅)' '일 무(務)'의 세무서(稅務署)는 세금에 관한 일을 하는 관청이라는 의미이다. 헌법 개정(改定) 등의 어떤 주장이나 의견에 대한 찬성의 동의를 얻기 위한 운동을 서명운동(署名運動)이

관련어휘

• 서명
• 날인

• 관공서
• 경찰서
• 부서

• 서리
• 소방서
• 세무서
• 서명운동

라 한다.

인(印)은 '도장' '찍다'는 의미이다. 외래의 사물이 사람의 마음에 주는 감각이나 마음에 깊이 새겨져 잊히지 않는 자취를 '모양 상(象)'자를 써서 '인상(印象)'이라 하고, 글이나 그림을 판(版)으로 종이에 박아내는 일을 인쇄(印刷)라 하며, 도장에 묻히어 찍는 주홍빛 빛깔의 재료를 '붉을 주(朱)'를 써서 인주(印朱)라 한다. '낙인(烙印) 찍히다'는 말이 있는데, '지질 락(烙)'자를 쓴 '낙인(烙印)'은 원래 '불에 달구어 찍는 쇠도장'이라는 의미로

▲ 서명운동

서 보통은 한 번 붙여지면 좀처럼 씻기 어려운 불명예스러운 평가나 판정을 비유하는 말로 많이 쓰인다. '인감도장' '인감증명서'라는 말을 쓰는데, '인감(印鑑)'은 '도장 인(印)' '살필 감(鑑)'으로 자기의 도장임을 살펴서 증명할 수 있도록 미리 관공서의 인감부에 등록해 둔 특정 도장을 일컫는다.

『장자(莊子)』에 '명실자성인지소불능승야(名實者聖人之所不能勝也)'라는 말이 있다. 명예와 물건(재물)이란 성인(聖人)도 그 유혹을 이길 수가 없는 것이라는 의미인데, 보통의 인간이라면 명예와 재산을 탐내지 않는 일이 쉽지 않다는 말이다. 인간은 이기적이고 유혹에 약하기도 하기 때문에 감독과 감시와 비판과 견제가 필요하다는 이야기이기도 하다.

어 근
語 根

語 · 말 어

根 · 뿌리 근

한 단어에서 더 이상 나눌 수 없는 의미의 중심이 되는 요소를 어근(語根)이라 하는데 '말 어(語)' '뿌리 근(根)'으로 '말의 뿌리(근본)'라는 의미이다. 뿌리는 모든 사물이나 일에서 가장 핵심이 되는 부을 가리킨다. '줄기 간(幹)'자를 쓴 어간(語幹)은 말의 줄기라는 의미로 어근(語根)에 접사(接詞)가 덧붙여져서 이루어진다. 접사(接詞)가 없는 경우에는 어근(語根)과 어간(語幹)이 동일하다. 어근(語根)에 접두사나 접미사 붙어 어간(語幹)이 되는 것이기 때문이다. 어미(語尾)도 있는데 '꼬리 미(尾)'로 말의 꼬리라는 의미이다. 어미는 다시 '어말어미'와 '선어말어미'가 있는데 단어의 끝에 오기 때문에 '끝 말(末)'을 써서 '어말어미(語末語尾)'이고 어말어미 앞에 오는 또 다른 어미는 '앞 선(先)'자를 쓴 선어말어미(先語末語尾)이다.

관 련 어 휘

- 어간
- 어미
- 어말어미
- 선어말어미

가령 '먹이다'에서 '먹'은 어근이고 '이'는 '사동접미사'이며 '다'는 어미이다. 어간(語幹)은 '먹이'가 된다. '먹이셨습니다'는 '먹이시었습니다'가 줄어서 된 말이다. 여기에서 '먹'은 어근, '먹이'는 어간, '시'는 주체높임선어

▲ 구근류 식물 시크라멘의 뿌리

말어미, '었'은 과거시제선어말어미, '습니'는 상대높임 선어말어미, '다'는 어말어미인 것이다.

근(根)은 '뿌리'라는 의미이지만 사물이나 현상이 발생하고 발전하는 근본이라는 의미로 많이 쓰이고 사물의 밑부분이나 머리카락 등이 박혀있는 밑부분이라는 의미로도 쓰인다. 사물의 바탕이나 중심이 되는 부분을 '줄기 간(幹)'을 써서 '근간(根幹)'이라 하는데 뿌리나 줄기처럼 중요한 부분이라는 의미이다. 재앙의 근원을 화근(禍根)이라 하고, 근거가 없거나 뿌리가 없음을 무근(無根)이라 한다. 사람이 태어날 때부터 지니고 있는 성질을 '성품(性品) 성'을 써서 근성(根性)이라 하고, 재앙을 일으키는 근본 원인을 화근(禍根)이라 하며, 수선화, 백합, 튤립처럼 알뿌리를 가지는 식물을 통틀어서 '공 구(球)' 자를 써서 구근류(球根類)라 한다. 일이 실제로 근거가 없거나 전혀 사실과 다름을 사실무근(事實無根)이라 하고, 20세기 초부터 미국의 프로테스탄트 교파 사이에서 자유주의에 대립하여 일어난 보수파의 신앙운동을 근본주의(根本主義)라 하는데 근본을 중시하는 생각이라는 의미이다. 좋지 않은 현상이나 대상을 다시 생기지 못하도록 근본적으로 없애는 일이 '근절(根絕)'이고, '책(策)'은 '방법'이라는 의미이니까 근절책(根絕策)은 다시 살아날 수 없도록 뿌리째 없애버리는 방책을 일컫는다. 어떤 일이나 문제의 근본을 아주 없애 버리는 방책을 일컫는 말인 것이다.

친 구
親 舊

親 · 친할 친
舊 · 오랠 구

친한 친구를 일컫는 말

간담상조
문경지교
막역지우
죽마고우
관포지교
지음

관련 어휘

· 간담상조
· 문경지교

친구는 옛 친구가 좋고 옷은 새 옷이 좋다는 말이 있다. 친구는 오래 사귄 친구일수록 정이 두텁고 깊어서 좋다는 말이다. 친구 따라 강남 간다는 속담은 자기는 하고 싶지 아니하나 남에게 끌려서 덩달아 하게 됨을 일컫고, 술친구는 친구가 아니라는 속담은 술 마실 때에만 같이 어울리는 친구는 참된 친구가 아니라는 의미이다. '친할 친(親)' '오랠 구(舊)'의 친구(親舊)는 친하고 오래된 사람이라는 의미이지만 가끔씩은 나이가 비슷하거나 아래인 사람을 낮추거나 친근하게 이를 때 쓰기도 한다.

친한 친구를 일컫는 말에 간담상조(肝膽相照), 문경지교(刎頸之交), 막역지우(莫逆之友), 죽마고우(竹馬故友), 관포지교(管鮑之交), 지음(知音) 등이 있는데, '간 간(肝)' '쓸개 담(膽)' '서로 상(相)' '비출 조(照)'의 간담상조(肝膽相照)는 간과 쓸개를 서로 비추어 볼만큼 마음을 터놓고 숨김없이 친하게 사귄다는 의미이고, '목 벨 문(刎)' '목 경(頸)'의 문경지교(刎頸之交)는 대신 목을 베어 줄 수 있을 만큼의 사귐이라는 의미로 생사를 같이 할 만큼 친밀한 사이라는 의미이며, '말 막(莫)' '거스를 역(逆)'의 막역지우(莫逆之友)는 마음이 맞아 서로 거슬림이 없는 친구라는 의미이다. 죽마고우(竹馬故友)는 대나무로 만든 말(장난감)을 가지고 함께 놀았던 어렸을 적 친구라는 의미이고, 관중과 포숙아가 매우 사이좋게 교제하였다는 데에서 유래한 말은 관포지교(管鮑之交)이다. 거문고의 명인 백아와 그 음악을 참으로 이해한 종자기의 우정에서 나온 말로 자신을 알아주고 이해해주는 사람이 진짜 친구라는 말은 '알 지(知)' '음악 음(音)'의 지음(知音)이다. 음악을 알아주었다는 의미이다.

▲ 관중과 포숙아

쇠처럼 단단하고 난초처럼 향기로운 사귐이라는 의미의 '쇠 금(金)' '난초 란(蘭)'의 금란지교(金蘭之交)와 쇠라도 끊을 수 있을 만큼의 사귐이라는 '끊을 단(斷)' '쇠 금(金)'의 단금지교(斷金之交)도 아름다운 우정을 나타내는 또 다른 표현이다.

'성실한 친구는 안전한 피난처요 그런 친구를 가진 것은 보화(寶貨)를 지닌 것과 같다'는 말도 있고, '두 사람 간의 우정에는 한 사람의 인내가 필요하다'는 영국 속담도 있다. 우정이라는 나무는 빨리 자라지 않는다는 말도 음미해볼 필요가 있다.

신 토 불 이
身 土 不 二

身 · 몸 신
土 · 흙 토
不 · 아니 불
二 · 두 이

사람은 자신이 자란 토양에서 생산된 농산물을 먹어야 건강에 좋다는 뜻의 '신토불이(身土不二)'라는 말이 유행하였던 적이 있었다. '몸 신(身)' '흙 토(土)' '아니 불(不)' '두 이(二)'의 신토불이(身土不二)는 몸과 땅은 둘이 아니라는 뜻으로 자기가 생활하는 땅에서 생산한 농산물이라야 체질에 잘 맞는다는 의미이고 우리 농산물은 우리가 애용(愛用)하자는 취지에서 나온 말이다.

몸 신(身)이다. 몸에 생긴 병인 신병(身病), 개인의 사회적인 지위와 계급인 신분(身分), 출생(出生) 신분(身分) 성행(性行) 따위의 일체 곧 일신상의 관계인 신원(身元), 그리고 몸을 죽여서 어짊을 이룬다는 살신성인(殺身成仁) 등에 쓰인다. '흙 토(土)'이다. 땅을 파서 굴과 같이 만든 큰 구덩이를 토굴(土窟)이라 하고, 흙과 모래를 토사(土砂)라 하며, 대를 이어가며 그 지방에서 살고 있음을 토

관련어휘

• 신분
• 신원
• 살신성인
• 토굴

착(土着)이라 한다. '土'자가 들어 간 글자는 주로 '흙'과 관계가 있는데 '구덩이 갱(坑)' '동네 방(坊)' '터 지(址)' '땅 곤(坤)' '땅 평평할 평(坪)' '묻을 매(埋)' '재 성(城)' '터 기(基)' '집 당(堂)' '마당 장(場)' '덩어리 괴(塊)' '연못 당(塘)' 등이 그것이다.

창세기(創世記)에는 '너는 흙에서 난 몸이니 흙으로 돌아가기까지 이마에 땀을 흘려야 낟알을 얻어먹으리라. 너는 먼지이니 먼지로 돌아가리라'라는 말이 있고, 독일의 시인이자 극작가인 괴테는 '인간은 지상에서 즐기려면 얼마만의 흙덩이가 있으면 된다. 지하에서 쉬기 위해서는 더욱 적은 흙덩이만 있으면 족하다'라고 말한 바 있다.

뼈가 가루가 되고 몸을 부서지도록 한다는 의미로 있는 힘을 다해 노력하거나 남을 위한 수고를 아끼지 않음을 '가루 분(粉)' '뼈 골(骨)' '부술 쇄(碎)'자를 써서 분골쇄신(粉骨碎身)이라 하고, 날마다 세 번씩 내 몸을 살핀다는 뜻으로 하루에도 여러 번 자신의 행동에 대해 반성함을 '반성할 성(省)'자를 써서 삼성오신(三省吾身)이라 한다. '토목우인자이비욕대구목욕소(土木偶人者耳鼻欲大口目欲小)'라는 말이 있다. 흙이나 나무로 인형을 만드는 사람은 우선 귀와 코는 크게 만들고 입과 눈은 작게 만든다는 의미이다. 코나 귀를 작게 하려면 깎으면 되고, 입과 눈을 크게 하려면 더 파기만 하면 되기 때문이란다.

격 물 치 지
格 物 致 知

格 · 연구할 **격**

物 · 사물 **물**

致 · 이를 **치**

知 · 앎 **지**

수신제가치국평천하(修身齊家治國平天下)를 이야기히는 사람이 많다. 『대학(大學)』에 나오는 말인데, 자신의 몸을 닦아야 집안을 가지런하게 할 수 있고 나라를 다스릴 수 있으며 천하를 평정할 수 있다는 말이다. 여기에서 가장 중요한 것은 '닦을 수(修)' '몸 신(身)'의 '수신(修身)' 즉 몸을 닦는 일이다. 수신(修身)이 되지 않으면 제가(齊家)는 물론 치국(治國)도 되지 않기 때문이다. 그런데 대부분의 사람들은 수신(修身)의 방법에 대해서 별 관심이 없는 듯하다.

수신제가치국평천하(修身齊家治國平天下)보다 격물치지성의정심(格物致知誠意正心)이 더 중요한데 '연구할 격(格)' '사물 물(物)'을 쓴 격물(格物)은 글자 그대로는 사물을 연구한다는 의미이지만 정확한 의미는 '사물의 이치를 철저히 연구하여 밝힌다.'이다. 사물의 근본 이치를 철저히 연구하여야 치지(致知), 즉 앎에 이를 수 있고, 치지하여야 성의(誠意), 즉 뜻을 정성스럽게 할 수 있으며, 성의하여야 정심(正心), 즉 마음을 바르게 할 수 있다는 말이다. 치지(致知)는 '이를 치(致)' '알 지(知)'이

관련어휘

• 수신제가치국평천하
• 격물치지성의정심

• 격물
• 치지

고, 성의(誠意)는 '정성 성(誠)' '뜻 의(意)'이며, 정심(正心)은 '바를 정(正)' '마음 심(心)'이다.

격(格)을 '연구할 격'이라고 이야기하였지만 보통은 '법칙' '표준' '자리' 등의 의미로 많이 쓰인다. 각 개인이 지닌 특유한 성질이나 품성을 성격(性格), 물건이 지니고 있는 교환 가치를 화폐의 단위로 나타낸 것을 가격(價格), 일정한 신분이나 지위를 가지거나 어떤 역할이나 행동을 하는 데 필요한 조건 또는 능력을 자격(資格), 일정한 자격을 얻기 위한 시험에 붙거나 검사에 통과하는 일을 합격(合格)이라 하는 것 등이 그 예이다.

'격물(格物)'이 중요하다. 한 문제를 반쯤 아는 것보다는 모르는 것이 낫다는 말도 같은 맥락인데 그럼에도 불구하고 대부분의 사람들은 깊이 알려고도 깊이 생각하려고도 하지 않는다. 고민도 하지 않고 의문도 품지 않고 빨리빨리, 정답 정답만을 외치고 있다. 점수 따기에만 급급하여 깊이 알려고도 정확하게 알려고도 하지 않는다. 격물치지(格物致知)가 진리임을 알아야 한다. 격물치지(格物致知)를 진리로 받아들일 때에 공부를 잘할 수 있음은 물론 인격 함양도 이룰 수 있을 것이기 때문이다.

간 담 회
懇 談 會

懇 · 정성 **간**
談 · 말씀 **담**
會 · 모일 **회**

자주 듣게 되는 말이면서도 정확한 의미를 모르는 경우가 많다. 대충 알아도 문제가 없노라 생각할 수도 있지만 정확한 개념을 알게 되면 삶이 보다 즐거워질 수 있을 것임은 분명하다고 할 수 있다. '정성 간(懇)' '말씀 담(談)' '모일 회(會)'의 간담회(懇談會)는 일정한 주제를 가지고 부드러운 분위기에서 서로 격의(隔意) 없이 이야기를 나누는 모임을 일컫는다.

정성 간(懇)이다. 지성스럽고 절실하다는 '절실할 절(切)'의 간절(懇切), 간절하고 곡진(曲盡)하다는 간곡(懇曲), 간절히 청한다는 '청할 청(請)'의 간청(懇請), 간절하게 구한다는 '구할 구(求)'의 간구(懇求) 등에 쓰인다.

관련어휘

· 간절
· 간곡
· 간청
· 간구
· 방담
· 한담
· 가담항설
· 괴담

'말씀 담(談)'이다. 생각나는 대로 거리낌 없이 말하는 것을 '놓을 방(放)'자를 써서 방담(放談)이라 하고, 심심풀이로 주고받는 이야기를 '한가할 한(閑)'자를 써서 한담(閑談)이라 한다. 거리에 떠돌아다니는 말은 '거리 가(街)' '말씀 담(談)' '거리 항(巷)' '말씀 설(說)'의 가담항설(街談巷說)'이고, 괴상한 이야기는 '괴이할 괴(怪)'의 '괴

▲ 고려의 서희와 거란 소손녕의
'강동6주' 외교담판 묘사 기록화.
출처: 한겨레

 언(言)자가 들어간 글자

記 기록할 기
託 부탁할 탁
訴 하소연 할 소
詠 읊을 영
詐 속일 사
詞 말 사
評 평가할 평
誇 자랑할 과
話 말할 화
說 말씀 설
語 말씀 어
談 말씀 담
請 청할 청
諾 대답할 낙
謂 일컬을 위
謁 아뢸 알
譯 번역할 역
讀 읽을 독

담(怪談)'이며, 서로 주고받는 이야기는 '말할 화(話)'자의 '담화(談話)'이다. 서로 맞선 관계에 있는 쌍방이 시비(是非)를 가리거나 결말을 짓기 위하여 함께 논의하는 것을 '판단할 판(判)'자를 써서 '담판(談判)'이라 하고, 공사 입찰 등에서 입찰자들이 미리 상의하여 입찰 가격을 협정하는 것을 '합할 합(合)'자를 써서 담합(談合)이라 한다.

화롯가에 둘러앉아 서로 부드럽게 주고받는 세상 이야기를 '화로 로(爐)' '가장자리 변(邊)'을 써서 노변담화(爐邊談話)라 하고, 고상하고 준엄한 이야기를 '고상할 고(高)' '높을 준(峻)'자를 써서 고담준론(高談峻論)이라 하며, 분수에 맞지 않은 말을 큰소리로 이야기하는 것을 '호걸 호(豪)' '씩씩할 장(壯)'자를 써서 호언장담(豪言壯談)이라 한다.

'말씀 언(言)'자가 들어간 글자는 대부분 '말'과 관계가 있다. 기록할 기(記), 부탁할 탁(託), 하소연 할 소(訴), 읊을 영(詠), 속일 사(詐), 말 사(詞), 평가할 평(評), 자랑할 과(誇), 말할 화(話), 말씀 설(說), 말씀 어(語), 말씀 담(談), 청할 청(請), 대답할 낙(諾), 일컬을 위(謂), 아뢸 알(謁), 번역할 역(譯), 읽을 독(讀) 등이 그것이다.

엽 기
獵 奇

獵 · 사냥할 **엽(렵)**

奇 · 기이할 **기**

'엽기적'이라는 말을 듣곤 한다. '사냥할 렵(獵)' '기이할 기(奇)'의 엽기(獵奇)는 '기이한 것을 사냥한다'는 의미로 기괴한 것이나 이상한 일에 강한 흥미를 가지고 그러한 것들을 찾아다니는 일이나 끔찍하고 변태적(變態的)인 사건을 일컫는 말이다. 남달리 기이한 사물에 호기심(好奇心)이 많고 그런 행동을 즐겨하는 사람을 엽기가(獵奇家)라 하고 변태적인 기이한 세계를 흥미 본위로 그린 소설을 엽기소설(獵奇小說)이라 한다.

사냥할 렵(獵)이다. 벼슬자리를 얻으려고 운동하는 일을 '벼슬자리를 사냥한다'는 의미로 '벼슬자리 관(官)'을 써서 '엽관(獵官)'이라 하고, 사냥에 쓰는 총을 '엽총(獵銃)'이라 한다.

▲ 김득신 강변회음도. 출처: 간송미술관

행정 당국의 허가를 받지 않고 몰래 산이나 들판의 짐승을 잡는 일을 '은밀할 밀(密)'자를 써서 밀렵(密獵)이라 하고, 냇물에서 물고기를 잡는 일을 '내 천(川)'을 써서 천렵(川獵)이라

관련어휘

• 엽기가
• 엽기소설

• 엽관
• 엽총
• 밀렵
• 천렵

▲ 고구려 무용총의 수렵도

 奇(기)자와 비슷한 글자

寄 맡길·의뢰할 기
琦 옥 이름 기
騎 말탈 기
綺 비단 기

하며, 물을 건너면서 찾아다니고 여러 가지를 사냥한다는 뜻으로 여러 가지 책을 널리 읽거나 다양한 경험을 쌓음을 '건널 섭(涉)'을 써서 섭렵(涉獵)이라 한다. '사냥'을 수렵(狩獵)이라고도 하는데 '사냥할 수(狩)' '사냥할 렵(獵)'이다.

기(奇)는 '기이하다' '운수 사납다'는 의미이다. 일이 뒤틀리고 운수가 사납고 복이 없음(엷음)을 '엷을 박(薄)'자를 써서 기박(奇薄)이라 하고, 유별나고 보통과는 다른 것을 '다를 이(異)'자를 써서 기이(奇異)라 하며, 상식으로는 생각할 수 없는 이상야릇한 일을 쌓아놓은 결과를 '쌓을 적(積)'자를 써서 기적(奇積)이라 한다. 기이한 것을 좋아하는 마음, 새롭거나 신기한 것에 끌리는 마음을 '좋아할 호(好)'자를 써서 호기심(好奇心)이라 하고, 몰래 움직여 갑자기 공격함을 '엄습할 습(襲)'자를 써서 기습(奇襲)이라 하며, 보통으로는 짐작도 할 수 없을 만큼 생각이 기발하고 엉뚱함을 '생각 상(想)'자를 써서 '기상천외(奇想天外)'라 한다. '奇'자와 비슷한 글자에 '맡길·의뢰할 기(寄)' '옥 이름 기(琦)' '말탈 기(騎)' '비단 기(綺)'가 있다.

'전할 전(傳)' '기록할 기(記)'로 '개인의 일생을 기록한 글'을 일컫는 '전기(傳記)'도 있지만, '전할 전(傳)' '기이할 기(奇)'를 쓴 '괴상하고 기이하여 세상에 전할 만한'이라는 의미의 '전기적(傳奇的)'도 있다.

불 길
不 吉

不・아니 **불**
吉・좋을 **길**

불길(不吉)하다고 소문난 집도 잘 눌러 살면 아무런 탈이 없듯이, 손 댈 수 없을 만큼 틀어진 일이라도 다루는 솜씨에 따라 얼마든지 잘 해 나갈 수 있음을 이야기 할 때 '흉가(凶家)도 사귈 탓'이라는 속담을 쓴다. 좋지 못함을 '아니 불(不)' '좋을 길(吉)'을 써서 '불길(不吉)'이라 하고, 아주 좋음을 '대길(大吉)'이라 한다.

'지나칠 과(過)' '같을 유(猶)' '미칠 급(及)'의 과유불급(過猶不及)은 정도를 지나치면 미치지 못한 것과 같다는 의미로 중용(中庸)의 중요성을 일컫는 말이고, '겉 표(表)' '속 리(裏)' '같을 동(同)'을 쓴 표리부동(表裏不同)은 겉과 속이 같지 않다는 의미로 마음이 음흉함을 일컫는 말이다. 논어(論語)에 '자욕양이친부대(子慾養而親不待)'라는 말이 있다. 자식은 부모를 봉양하고자 하지만 어버이는 기다려주지 않는다는 의미로 부모님 살아계실 때에 효도를 하여야 한다는 말이다.

📖 관련어휘

• 불길 ↔ 대길

• 과유불급
• 표리부동
• 자욕양이친부대

'길(吉)'은 '언짢다' '흉악하다'는 의미를 지닌 '흉(凶)'과 반대되는 글자로 '선비(士)가 말(口)하는 것은 옳고 참되다'에서 '좋다' '상서롭다'는 의미를 지니게 되었다고 생각된다. 좋은 날이라는 길일(吉日), 성품이 바르고 복스럽게 생겼으며 팔자가 좋은 사람이라는 길인(吉人), 좋은 일이 있을 징조인 길조(吉兆), 사람에게 좋은 일이 생길 것임을 미리 알려주는 새라는 길조(吉鳥), 좋은 것과 흉악한 것, 재앙과 행복, 곧 사람의 운수를 일컫는 길흉화복(吉凶禍福) 등에 쓰인다. 입춘(立春)이 되면 문지방이나 대문 등에 '입춘대길(立春大吉)'이라고 써 붙이는 풍속이 있었는데 이는 입춘을 맞이하여 크게 좋은 일이 있으라는 의미에서였다.

입춘대길 건양다경
출처 전주한옥마을 ▶

『논어(論語)』에 '불가여언이여지언 실언(不可與言而與之言 失言)'이라는 말이 있다. '함께 말할 수 없는 일인데도 그와 함께 말하는 것은 말을 잃는 것이다'는 의미이다. '함께 말할 만한 기회인데도 그와 함께 말하지 않는 것은 사람을 잃는 것이다'는 '가여언이불여지언 실인(可與言而不與之言 失人)'과 대구를 이루는 말이다. 『역경(易經)』에 '길인지사과 조인지사다(吉人之辭寡 躁人之辭多)'라는 말이 있다. 좋은 사람은 말이 적고 조급한 사람은 말이 많다는 의미이다.

수 학 여 행
修 學 旅 行

修 · 닦을 **수**

學 · 배울 **학**

旅 · 나그네 **여**

行 · 다닐 **행**

중·고등학교 학사일정 중에 유명 관광지를 찾아가는 관광 중심의 행사인 수학여행이 앞으로는 글자 그대로 몸과 마음을 닦고 배우는 여행이 될 수 있도록 계획하면 좋을 것이라는 생각을 해본다. '닦을 수(修)' '배울 학(學)' '나그네 여(旅)' '다닐 행(行)'의 수학여행(修學旅行)은 심신(心身)을 닦고 교실에서 배울 수 없었던 세상을 배우기 위해 나그네가 되어 이곳저곳을 다니는 일을 일컫는다. 수학여행 중 불행한 사고가 일어나면 수학여행을 없애자는 이야기가 나오기도 하는데 이것은 구더기 무서우니 장 담그지 말자는 이야기와 다름없다는 생각을 해본다.

감정이나 의지로부터 일어나는 온갖 번뇌의 속박에서 벗어나기 위해 되풀이하는 수행을 수도(修道)라 하고, 인격 기술 학문 등을 닦아서 단련함을 수련(修鍊)이라 하며, 마음과 행실을 바르게 하기 위해 몸과 마음 닦음을 수신(修身)이라 한다. 입학시험에 실패한 뒤 다음 시험에 대비하여 공부하는 것을 '다시 재(再)'자를 써서 재수(再修)라 하는데 한 번 배웠던 과정을 다시 닦는다

관련어휘

- 수도
- 수련
- 수신
- 재수

• 학여불급
• 학여역수

는 의미이다.

배울 학(學)이다. 배우는 일을 항상 목표에 미치지 못한 것과 같다고 생각하여 쉬지 말고 노력해야 함을 '같을 여(如)' '미칠 급(及)'자를 써서 학여불급(學如不及)이라 하고, 배움이란 마치 물을 거슬러 올라가는 배와 같다는 뜻으로 노를 저어서 앞으로 나아가지 않으면 퇴보하게 됨을 일컫는 말은 '거스를 역(逆)'자를 쓴 학여역수(學如逆水)이다.

여행은 배움이고 키움이다. 낯선 세계는 생각을 깊게 만들고 상상력을 키워주며 교실에서 얻을 수 없는 그 무엇을 얻게 해준다. 수학여행이 필요하고 중요한 이유이다. 학창 시절에서 가장 행복한 일이 수학여행이기 때문에도 수학여행은 필수이다. 변화해야 할 필요는 있다. 젊어서의 고생은 사서도 한다고 했으니 좀 더 고생길이 되어야 한다는 것이고, 보는 것과 함께 체험의 기회도 되어야 한다는 것이며, 반별이나 테마별이어야 한다는 것이다. 안전에 신경 써야 하는 것은 당연지사. 수학여행뿐 아니라 모든 여행은 아름답다. 가족여행도, 혼자만의 여행도 배움이고 깨달음이며 행복이다. 자! 떠나자. 배낭 하나 덜렁 메고, 버스 타고 기차도 타고. 승용차는 잠시 쉬라 하고.

독 지 가
篤 志 家

篤 · 도타울 **독**

志 · 뜻 **지**

家 · 사람 **가**

대부분의 뉴스는 우리를 슬프게 하지만 가끔씩 들려오는 독지가(篤志家)들의 미담(美談)은 우리들의 마음을 따뜻하게 해 주곤 한다.

독(篤)은 '대나무 죽(竹)'에 '말 마(馬)'가 더해진 글자로 '대나무로 만든 말을 타고 놀았던 어렸을 적의 친구와는 정(情)이 돈독하다'에서 나온 글자라고 생각해 볼 수 있다. 인정(人情)이 두텁다는 돈독(敦篤), 농사를 열심히 짓는 착실한 사람이라는 독농가(篤農家) 정도에 쓰인다.

지(志)는 '선비(士)의 마음(心)'이라고 생각할 수 있는데 '뜻' '의지' '소망'이라는 의미로 쓴다. 국가와 민족을 위해 몸을 바친 사람을 일컫는 지사(志士), 학문에 뜻을 둔다는 의미로 15세의 나이를 일컫는 지학(志學), 웅대한 뜻을 일컫는 웅지(雄志), 뜻을 같이하는 사람을 일컫는 동지(同志), 처음에 세운 뜻을 끝까지 밀고 나감을 일컫는 초지일관(初志一貫) 등이 그 예이다.

남보다 출세하고 싶은 마음을 청운지지(靑雲之志)라 하

관련 어휘

• 돈독
• 독농가

• 지사
• 지학
• 웅지
• 동지
• 초지일관
• 청운지지

▲ 항일애국지사 윤봉길, 안창호,
안중근, 윤동주 출처 국가보훈처

고, 속세를 떠나 초탈하려는 마음을 능운지지(凌雲之志)
라 하는데, '푸를 청(靑)'의 청운(靑雲)은 푸른색의 구름
이 어두운 색의 구름보다 높이 떠있는 데에서 높은 지
위나 벼슬을 비유적으로 이르는 말이고, '능가할 능(凌)'
의 능운(凌雲)은 '높은 구름을 더 넘어서는 구름의 뜻'이
라는 의미이다. 처음에 세운 뜻을 이루기 위해 한 길을
끝까지 가는 것을 '꿰뚫을 관(貫)'을 써서 초지일관(初志
一貫)이라 하는데 처음의 뜻으로 하나로 꿰뚫는다는 의
미이다.

가(家)는 가옥(家屋) 가전제품(家電製品)에서는 '집'이라
는 의미이고, 일가(一家) 가정(家庭)에서는 '가문(家門)'의
의미이지만, 정치가(政治家) 음악가(音樂家) 건축가(建築
家) 소설가(小說家)에서는 '전문인' '사람'이라는 의미이
다. 죽은 사람이 남긴 뜻을 '남길 유(遺)'자를 써서 유지
(遺志)라 하고, 집에서 기르는 날짐승을 '날짐승 금(禽)'
자를 써서 가금(家禽)이라 하며, 역사를 연구하는 학자
를 사가(史家)라 한다.

독지가(篤志家)가 나타나 주기를 기다리지 말고 자기 자
신이 독지가가 되면 어떨까 생각해 본다. 능력이 많거
나 돈이 많거나 시간이 많아야만 독지가가 되는 것은
아닐 것이다. 작은 것이 결코 작은 것이 아닌 경우도 많
으니까.

언 어 도 단
言 語 道 斷

言 · 말씀 언
語 · 말씀 어
道 · 길 도
斷 · 끊어질 단

'그 사람이 그런 짓을 하다니, 이것은 언어도단(言語道斷)이다'라는 말을 듣는다. 말의 길이 끊어졌다는 의미로 너무 엄청나거나 기가 막혀서 말로써 나타낼 수가 없거나 할 말을 잃었다는 의미이다.

도(道)에는 '길' '도리' '말하다'는 의미가 있다. 철도(鐵道) 국도(國道) 고속도로(高速道路)에서는 '길', 도의(道義) 도덕(道德)에서는 '도리', 그리고 다른 사람의 단점을 말하지 말라는 막도인지단(莫道人之短)이나 끝까지 모두 말하거나 상대편의 이론을 깨뜨려 말하는 것인 도파(道破)에서는 '말하다'는 의미이다.

생각이나 느낌을 소리나 글자로 나타내는 수단을 언어(言語)라 하는데 언어에 관한 말은 매우 많다. 거침없이 말을 잘하는 것을 현하구변(懸河口辯)이라 하는데 '매

관련어휘

• 철도
• 국도
• 고속도로

• 도의
• 도덕
• 막도인지단
• 도파

• 언어
• 현하구변

달 현(縣)' '내 하(河)' '말 잘할 변(辯)'으로 '냇물을 매달아 놓은 것처럼(물이 세차게 흐르는 것처럼) 거침없이 잘하는 말'이라는 의미이다. 듣기 좋고 그럴듯한 말로 남을 꾀는 말을 감언이설(甘言利說)이라 하는데 '달 감(甘)' '이로울 이(利)'로 달콤한 말이나 이로운 조건만 들어 하는 말이라는 의미이다. '사불급설(駟不及舌)'이라는 말도 있다. 네 마리의 말이 끄는 빠른 마차도 혀의 빠름에는 미치지 못한다는 의미로 말이라는 것은 한 번 하면 그만큼 빨리 퍼지고 취소할 수 없으니 조심하여야 한다는 이야기이다.

입은 있으나 말이 없다는 뜻으로 변명(辨明)할 말이 없음을 '유구무언(有口無言)'이라 하고, 말 속에 뼈가 있다는 뜻으로 예사로운 표현 속에 만만치 않은 뜻이 들어있음을 언중유골(言中有骨)이라 한다. 약속(約束)한 말을 지키지 않음을 식언(食言)이라 하는데 '먹을 식(食)' '말씀 언(言)'으로 말을 먹어버렸다는 의미이다.

『논어』에서 '언불급의호행소혜난의재(言不及義好行小慧難矣哉)'라고 하였다. 종일토록 여럿이 모여서 하는 말이 의(義)에 미치지 않고 작은 지혜(꾀) 행하기만 좋아한다면 올바른 사람 되기가 어렵다는 의미이다. '일언이위지 일언이위부지(一言以爲知一言以爲不知)'라고도 하였다. 단 한마디의 말로써 지자(知者)도 되고 무식자(無識者)도 될 수 있다는 뜻으로 언어를 매우 신중하게 사용하여야 한다는 말이다.

2장

영어&수학 실력을
높이는 개념 어휘

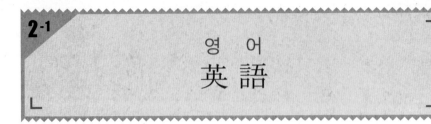
英 · 영국 **영**
語 · 말 **어**

영어는 '영국 영(英)' '말 어(語)'로 글자 그대로는 '영국의 말'이다. 영국(英國)에서만 쓰이는 말이 아니라 미국, 캐나다, 오스트레일리아, 뉴질랜드 등에서 공용어(公用語)로 쓰이고 있는데 앵글로색슨 족이 영국으로 건너오면서 형성되었고 영국에서 문법과 발음의 기초가 잡혔기에 영어(英語)라 불리게 되었다.

영(英)을 '영국 영(英)'이라 하였지만 원래는 '꽃부리 영'이고 꽃부리는 꽃 한 송이에 있는 꽃잎 전부를 일컫는 말이다. '꽃부리' 외에 '재주가 뛰어나다' '명예'라는 뜻으로도 쓰인다. 탁월한 재주 또는 그런 재주를 가진 사람을 '인재 재(才)'자를 써서 영재(英才)라 하고, 사회의 이상적 가치를 실현하거나 그 가치를 대표할 만한 사람, 그리고 지혜와 용기가 뛰어나서 대중을 이끌고 세상을 경륜할 만한 인물을 '뛰어날 웅(雄)'을 써서 영웅(英雄)이라 하며, 교육기관이나 장학회 등을 운영하여 인재를 육성하는 일을 '기를 육(育)'을 써서 육영사업(育英事業)이라 하는 것이 그 예이다. 영국(英國)이 '꽃부리가 많은 나라'인 것도 '재주가 뛰어난 사람이 많은 나라'인 것도 아니다. 영국(英國)이

 관련어휘

• 영재
• 영웅
• 육영사업
• 영국

- 어원
- 외래어
- 유언비어
- 수식어
- 은어
- 언어학
- 영한사전
- 한영사전
- 영영사전

라는 명칭은 'England'와 발음이 비슷한 한자인 '영(英)'을 빌려 사용하였을 뿐이다. 미국(美國), 독일(獨逸), 불란서(佛蘭西) 등 나라 이름 역시 뜻과는 관계없이 비슷한 발음을 빌려 쓴 것일 뿐이다. 이렇게 뜻과 관계없이 음(音)만을 빌려 표기하는 것을 '빌릴 가(假)' '빌리 차(借)'를 써서 가차문자(假借文字)라고 한다.

어(語)는 '말' '말씀' '어구' '문구' '속담' 등의 의미로 쓰인다. 어떤 말이 생겨서 이루어진 역사적인 근원을 '근원 원(源)'을 써서 어원(語源)이라 하고, 외국어가 한국에 들어와서 우리말처럼 쓰이는 말을 '올 래(來)'자를 써서 외래어(外來語)라 하며, 근거 없이 널리 퍼진 소문을 '흐를 유(流)' '말 언(言)' '메뚜기 비(蜚)'를 써서 흐르는 말이나 뛰는 메뚜기와 같은 말이라는 의미로 유언비어(流言蜚語)라 한다. 문장의 표현을 분명하거나 아름답게 또는 효과적으로 전달할 수 있도록 꾸미는 말을 '닦을 수(修)' '꾸밀 식(飾)'을 써서 수식어(修飾語)라 하고, 특수한 집단이나 계층에서 자기들끼리만 쓰는 말을 '숨길 은(隱)'을 써서 은어(隱語)라 하는데 이는 심마니, 군인 등과 같은 특수 집단 안에서 많이 쓰인다. 언어를 음운, 문자, 문법, 어휘 따위의 여러 각도에서 접근하고 고찰하여 그 특성을 연구하는 학문을 언어학(言語學)이라 한다. 영어를 한국어로 풀이한 사전은 영한사전(英韓辭典)이고, 한국어를 영어로 풀이한 사전은 한영사전(韓英辭典)이며 영어를 영어로 더 쉽게 풀이한 사전은 영영사전(英英辭典)이다.

단어와 숙어
單語熟語

單 · 홑(하나) 단
語 · 말 어
熟 · 익을 숙

문법상 일정한 뜻과 구실을 가지는 말의 최소 단위를 '낱말' 또는 '단어(單語)'라 하고, 둘 이상의 낱말이 합쳐져서 구문(構文)상 하나의 낱말과 같은 구실을 하는 말을 '관용어(慣用語)' 또는 '숙어(熟語)'하는데, '홑(하나) 단(單)'을 쓴 단어(單語)는 '하나의 말'이라는 의미이고, '버릇 관(慣)' '쓸 용(用)'의 관용어(慣用語)는 버릇처럼 쓰는 말이라는 의미이며, '익을 숙(熟)'을 쓴 숙어(熟語)는 (하나의 뜻으로)익어버린 말, 한 단어처럼 익숙하게 사용하는 말이라는 의미이다. 단어를 더 쪼갠 것을 '형태소(形態素)'(뜻을 가진 가장 작은 말의 단위)라 하는데 '소(素)'가 '바탕'이라는 의미이기에 단어를 이루는 바탕이 되는 말을 일컫는다.

관련어휘

· 관용어
· 형태소

· 단층
· 단순
· 단색

單을 '홑(하나) 단'이라 하였는데 '하나'라는 의미로 많이 쓰이지만 '문서'라는 의미로도 쓰인다. 단 하나의 층으로 된 건물이나 사물을 단층(單層)이라 하고, 어떤 일이나 물건 따위가 복잡하지 않고 간단함을 단순(單純)이라 하며, 한 가지 색을 단색(單色)이라 하는데 이때는 '하나'라는 의미이지만, 일정 기간 동안 먹을 음식의 종

- 식단
- 전단
- 명단

- 숙성
- 숙면
- 미숙
- 심사숙고
- 백숙

- 어휘

▲ 항아리 안에서 저온
숙성시킨 김치(묵은지)

류와 순서를 계획하여 짠 표인 **식단(食單)**이나, 선전이나 광고를 하기 위해 글 따위를 적어 사람이 많이 다니는 곳에 뿌리거나 붙이는 종이인 **전단(傳單)**, 어떤 일에 관계된 사람들의 이름을 적은 문서인 **명단(名單)**에서는 '문서'라는 의미인 것이다.

익을 숙(熟)이라 하였다. 식품 속의 단백질이나 탄수화물 따위가 효소나 미생물의 작용에 의해 부패하지 않고 알맞게 분해되어 특유한 맛과 향기를 생성하는 일을 **숙성(熟成)**이라 하고, 깊이 잠이 드는 것을 **숙면(熟眠)**이라 하며, 일에 아직 익숙하지 못하여 서투름을 **미숙(未熟)**이라 한다. 깊이 생각하고 익도록 생각한다는 의미로 깊이 잘 생각함을 '깊을 심(深)' '생각 사(思)' '생각할 고(考)'자를 써서 **심사숙고(深思熟考)**라 하고, 고기나 생선 따위를 양념하지 않고 맑은 물에 푹 삶아 익힌 음식을 '하얗게 익혔다'는 의미로 **백숙(白熟)**이라 한다.

어휘(語彙)는 '단어 어(語)' '무리 휘(彙)'로 '단어의 무리', '단어의 수효'라는 의미이다. 영어로는 'vocabulary(보케블러리)'라고 하는데 어휘가 짧다는 것은 곧 알고 있는 단어의 수가 적다는 뜻이면서 아는 것이 적다는 의미가 되기도 한다. 단어(word)는 개별적인 의미를 갖고 어휘(vocabulary)는 총체적인 의미를 갖고 있기 때문에 하나의 단어를 이야기할 때에는 어휘(語彙)라는 말을 써서는 안 된다.

품 사 와 성 분
品 詞 成 分

品 · 물건 **품**

詞 · 말 **사**

成 · 이룰 **성**

分 · 부문 **분**

공통된 성질을 가진 단어끼리 모아 놓은 단어의 갈래를 품사(品詞)라 하는데 '물건 품(品)' '말 사(詞)'로 물건끼리 모아놓은 말이라는 의미이다. 흔히 문법적 기능이나 형태나 의미에 따라 나누는데 명사, 대명사, 동사, 형용사, 관형사, 부사 등은 국문법 영문법에 같이 쓰이지만 부정사, 관사, 동명사, 분사, 조동사, 관계대명사 등은 영문법에만 쓰인다.

물건 품(品)이라고 하였다. 예술 창작의 결과물을 작품(作品)이라 하고, 사람이 섭취할 수 있는 음식물을 통틀어 식품(食品)이라 하며, 사고파는 물건이나 재화를 상품(商品)이라 한다. 판매를 목적으로 원료를 이용하여 만들어 낸 물품을 제품(製品)이라 하고, 하나의 기계나 장치나 제품 등의 전체 속에서 이를 이루는 개별적인 구성 부분이 되는 물품을 부품(部品)이라 하며, 돈과 물건을 금품(金品)이라 한다.

말 사(詞)라고 하였다. 가곡(歌曲)이나 오페라(opera) 등에서 노래의 내용이 되는 말을 '노랫말'이라는 의미로

관련 어휘

• 작품

• 식품

• 상품

• 제품

• 부품

• 금품

가사(歌詞)라 하고, 가사를 바꾸는 일을 '고칠 개(改)'자를 써서 개사(改詞)라 한다. 연극 영화 드라마 등에서 배우가 하는 말을 대사(臺詞)라 하는데 '무대 대(臺)' '말 사(詞)'로 '무대에서 하는 말'이라는 의미이다.

'이룰 성(成)' '부문 분(分)'의 성분(成分)은 물질의 바탕을 이루는 낱낱의 요소, 한 개인이 속한 사회적인 계층이나 그 개인의 사상적 성향이라는 의미이기도 하지만 문법(文法)에서는 하나의 문장을 이루는 여러 가지 구성 요소를 일컫는다. 주어(主語) 서술어(敍述語) 목적어(目的語) 보어(補語) 등이 그것이다.

이룰 성(成)이라 하였다. 이미 이루어져 있음을 '이미 기(旣)'를 써서 기성(旣成)이라 하고, 모임이나 단체 따위를 조직하여 이룸을 결성(結成)이라 하며, 어떤 특성이 단계를 거쳐 일반적으로 기대되는 정도에 다다름을 성숙(成熟)이라 한다. 방송을 기획하고 배열하는 작업, 방송 프로그램의 시간표 짜기를 '엮을 편(編)'을 써서 편성(編成)이라 하고, 둘 이상의 원소를 화합시켜 하나의 화합물을 만드는 일을 '합할 합(合)'을 써서 합성(合成)이라 하며, 외과적 수단으로 형체를 고치거나 만드는 일을 '모양 형(形)'을 써서 성형(成形)이라 한다. 학생들이 다니고 있는 학교에서 치르는 시험 성적을 내신성적(內申成績)이라 하는데, '안 내(內)' '말할 신(申)' '이룰 성(成)' '길쌈 적(績)'으로 '학교 안에서 말해주는 성과나 공적을 쌓은 것'이라는 의미이다.(☞ 313쪽 참조)

주어와 서술어
主語 敍述語

主·중심 주
語·말 어
敍·펼칠 서
述·지을 술

문장의 1형식은 주어와 서술어로 이루어진 문장인데 '중심 주(主)' '말 어(語)'의 주어(主語)는 중심이나 주인이 되는 말이고, '펼칠 서(敍)' '만들 술(述)'의 서술어(敍述語)는 주어가 하는 일을 펼쳐서 의미를 만들어 주는 말을 일컫는다.

에헴~ 나는 주어!

우리는 서술어

주(主)는 '주되다'는 의미로 많이 쓰이지만 '중심' '주인' '주장하다' '우두머리' '임금'이라는 의미로도 쓰인다. 특정한 일에 대한 일관성 있는 인식과 행동의 원칙을 '뜻 의(義)'자를 써서 중심이 되는 뜻이라는 의미로 '주의(主義)'라 하기에 '백성 민(民)' '주인 주(主)'의 민주주의(民主主義)는 국민(國民)이 주인 되는 것을 지향하는 중심 생각이라는 의미이다. 사회가 평화스러워야 개인도 행복하다는 생각으로 모든 사람이 평등하게 조화를 이루는 사회를 실현하려는 사상 및 운동은 사회주의(社會主義)이고, 공동생산 공동분배를 목표로 하는 사상 및 운동은 '함께 공(共)' '낳을 산(産)'의 공산주의(共産主義)이다. 군사적, 경제적으로 남

관련어휘

· 민주주의
· 사회주의
· 공산주의

의 나라 또는 후진 민족을 정복하여 큰 나라를 건설하려고 하는 침략주의 경향을 '제국주의(帝國主義)'라 하는데 '황제 제(帝)' '나라 국(國)'으로 황제 나라의 지배를 받아야 한다고 강요하는 사상을 일컫는다.

집안의 중심을 이루는 아내라 해서 '아내 부(婦)'의 주부(主婦)이고, 중심적 위치에서 어떤 일을 이끈다 해서 '이끌 도(導)'의 주도적(主導的)이며, 예식(결혼식)을 주재하여 진행하는 사람이라 해서 '예식 예(禮)'의 주례(主禮)이다. 자주(自主)는 스스로 주인이 된다는 의미이다.

▲ 결혼식의 주례

'펼칠 서(敍)' '만들 술(述)'의 서술(敍述)을 사물이나 사건 따위의 사정이나 과정 등을 차례대로 기술한다는 의미라고 하였는데, 어떤 사건이나 상황을 시간의 연쇄에 따라 있는 그대로 적는 일인 '사건 사(事)'의 서사(敍事)나, 자신의 생애와 활동을 직접 적은 기록인 자서전(自敍傳) 등에 쓰인다.

술(述)은 '짓다' '말하다'는 의미이다. 형사 소송에서 당사자, 증인, 감정인 등이 심증 형성에 영향을 미치는 사실을 보고하거나 통지하는 일을 진술(陳述)이라 하고, 책을 지어서 말하는 것을 '드러낼 저(著)'를 써서 저술(著述)이라 하며, 자기의 의견이나 주장을 논리적이고 조리 있게 서술하는 일을 '사리를 밝힐 논(論)'을 써서 논술(論述)이라 한다.

2-5

목적어와 보어
目的語 補語

目 · 눈 **목**
的 · 과녁 **적**
補 · 보충할 **보**

목적(目的)은 '눈 목(目)' '과녁 적(的)'으로 눈을 바로 뜨고 과녁을 바라본다는 의미이다. 주어가 서술어를 통해 이루거나 도달하고 싶은 목표를 바라보는 경우에 그 대상이 되는 목표를 목적어(目的語)라 하는 것이다. 문법적으로는 타동사에 의해 동작이나 작용이 미치는 대상이 되는 말을 일컫는다. '보충할 보(補)'의 보어(補語)는 보충해 주는 말이라는 의미로 주어와 서술어 또는 목적어만으로 의사 표현이 부족할 경우에 부족한 의미를 보충해 주는 말을 가리킨다.

눈 목(目)이라 하는데 '눈'이라는 의미뿐 아니라 '보다' '조목'이라는 의미로도 쓰인다. 지식의 각 분야를 세분한 교과영역을 '조목 과(科)'자를 써서 과목(科目)이라 하고, 특정한 갈래에 따라 나눈 항목을 '근본 종(種)'을 써서 종목(種目)이라 하며, 관심을 가지고 주의하여 보거나 살핌을 '주시할 주(注)'를 써서 주목(注目)이라 한다. 겉으로 내세우는 형식상의 구실이나 근거를 '이름 명(名)'을 써서 명목(名目)이라 하고, 사물의 좋고 나쁨 또는 진위(眞僞)나 가치를 분별하는 능력을 '눈 안(眼)'자를

관련어휘

• 목적

• 과목
• 종목
• 주목
• 명목

88

▲ 적중

써서 안목(眼目)이라 하며, 타고난 천성으로 간주하여 추구하고 실천해야 할 가치 항목을 '행위 덕(德)'을 써서 덕목(德目)이라 한다. '눈멀 맹(盲)'의 맹목적(盲目的)은 '눈 먼 상태'라는 의미로 옳고 그름을 따지지 않고 무조건 하는 일을 가리킨다.

적(的)은 틀림이 없이 꼭 그러하다는 적실(的實)에서는 '분명하다'는 의미이고, 화살이 과녁에 잘 맞았다는 적중(的中)에서는 '과녁'이라는 의미이지만 대부분은 관념적(觀念的), 주관적(主觀的), 국제적(國際的), 원시적(原始的)처럼 관형사나 명사를 만드는 접미사로 많이 쓰인다. 모든 것에 두루 다 미치거나 통하는 성질을 띤 것을 '널리 보(普)' '두루 편(遍)'을 써서 보편적(普遍的)이라 하고, 이치나 논리에 합당한 것을 '맞을 합(合)' '이치 리(理)'를 써서 합리적(合理的)이라 하며, 사물의 현상에 관한 보편적 원리 및 법칙을 알아내고 해명하는 것을 목적으로 하는 학문에 근거한 것을 과학적(科學的)이라 한다.

보(補)는 '깁다' '돕다' '임관하다'는 의미로 많이 쓰인다. 낡은 것을 보충하여 고치는 일을 '고칠 수(修)'를 써서 보수(補修)라 하고, 어떤 기관이나 부서의 장을 도와서 일을 처리하는 직책이나 사람을 '도울 좌(佐)' '벼슬아치 관(官)'을 써서 보좌관(輔佐官)이라 하며, 어떤 직무를 맡도록 명하거나 임명을 받아 맡은 직(職)을 '임무 직(職)'을 써서 보직(補職)이라 하는 것 등이 그것이다.

수 여 동 사
授 與 動 詞

授 · 줄 수
與 · 줄 여
動 · 움직일 동
詞 · 품사 사

▲ 영국의 제임스1세, 왕권신수설을 처음 주장하였다.

관련어휘

• 수여
• 수유
• 교수
• 왕권신수설

'줄 수(授)' '줄 여(與)'를 쓴 수여동사(授與動詞)는 '주다'는 의미를 지닌 동사를 가리킨다. 4형식에 쓰이기 때문에 4형식 동사라고도 하는데 수여동사는 '누구에게'와 '무엇을'에 해당하는 목적어를 필요로 하는데 '무엇을'에 해당하는 말을 직접목적어라 하고 '누구에게'에 해당하는 말을 간접목적어라 한다.

증서나 상이나 훈장 등을 주는 일을 수여(授與)라 하고, 젖먹이에게 젖을 먹이는 일을 '젖 유(乳)'를 써서 수유(授乳)라 하며, 대학에서 학생을 가르치는 사람을 '가르칠 교(教)'를 써서 '가르침을 주는 사람이라는 의미로 교수(教授)라 한다. 왕권신수설(王權神授說)이 있었는데 '권리 권(權)' '신 신(神)' '주장 설(說)'로 왕의 권력은 신(神)이 준 것이므로 의회나 국민이 이에 간섭할 수 없다는 주장이었다. 절대왕정을 옹호하고 뒷받침하는 정치이론으로 중세의 신학적 국가론에 기원을 두고 있었으며 영국의 필머(Filmer, R.), 프랑스의 보댕(Bodin, J.) 등이 주창(主唱)하였었다.

줄 여(與)이다. 남에게 도움이 되도록 주는 것을 '줄 기

(寄)'를 써서 기여(寄與)라 하고, 가지거나 지니게 하여 주는 일을 '붙일 부(附)'를 써서 부여(附與)라 하며, 금융 기관에서 고객을 믿고 돈을 빌려주는 일을 '믿을 신(信)'을 써서 여신(與信)이라 한다. 돈이나 물건 따위를 빌려 줌을 '빌릴 대(貸)'를 써서 대여(貸與)라 하고, 재산을 아무런 대가나 보상 없이 다른 사람에게 넘겨주는 행위를 '선물할 증(贈)'을 써서 증여(贈與)라 한다. 관청이나 회사에서 월급과는 별도로 업적이나 공헌도에 따라 직원에게 주는 돈을 상여금(賞與金)이라 하는데 '상으로 주는 돈'이라는 의미이다. 어떤 사람에게 약을 복용시키거나 주사함을 '보낼 투(投)'를 써서 투여(投與)라 하고, 사람의 목숨을 죽이고 살릴 수 있는 권리를 생사여탈권(生死與奪權)이라 하며, 백성과 더불어 즐김을 여민동락(與民同樂)이라 한다.

정당 정치에서 정권을 잡고 있는 정당을 여당(與黨)이라 하는데 이때의 '여(與)'는 '주다'가 아닌 '더불어'의 의미이다. 정부와 더불어(함께) 일을 하는 정당이라는 의미인 것이다. 반대로 정부를 견제하고 비판하는 입장에서는 상을 야당(野黨)이라 하는데 '들 야(野)'로 들판에서 고생하면서 지내는 정당이라는 의미이다. 여권(與圈), 여소야대(與小野大), 여야협상(與野協商)에서의 '여(與)' 역시 여당(與黨)이라는 의미이다. 참여(參與) 관여(關與) 간여(干與) 등에서는 '참여하다'는 의미이다.

수 식 어
修 飾 語

修 · 닦을 **수**
飾 · 꾸밀 **식**
語 · 말 **어**

'닦을 수(修)' '꾸밀 식(飾)' '말 어(語)'의 수식어(修飾語)는 닦아서 꾸미는 말이다, 주어나 술어나 목적어나 보어(補語)를 잘 꾸며서 내용을 보다 구체적으로 나타내는 말이 수식어(修飾語)인 것이다. 빵은 빵인데 '맛있는' 빵, 먹기는 먹었는데 '많이' 먹었다, 영화를 보았는데 '무서운' 영화를, 선생님이 되기는 되었는데 '초등학교' 선생님이 등이 수식어(修飾語)인 것이다.

닦을 수(修)라 하였다. 자신(自身)의 몸을 닦음을 '자기 기(己)'를 써서 수기(修己)라 하고 몸을 닦음을 '몸 신(身)'을 써서 수신(修身)이라 하며, 나라와 나라 사이에 교제(交際)를 맺음을 '사귈 교(交)'를 써서 수교(修交)라 한다. 인사(人事)를 차리거나 사람이 힘으로 할 수 있는 일을 다 하는 것을 수인사(修人事)라 하고, 수도(修道)하는 여자(女子)를 수녀(修女)라 하며, 일정한 기간에 정해진 학과를 다 배워서 마침을 '마칠 료(了)'자를 써서 수료(修了)라 한다. 학문을 닦는 목적으로 가는 여행이기 대문에 '배울 학(學)'의 수학여행(修學旅行)이고, 학문을 닦을 능력이라 해서 수학능력(修學能力)이다.

관련어휘

• 수기
• 수신
• 수교
• 수인사
• 수녀
• 수료
• 수학여행
• 수학능력

▲ 1882년 조선과 미국이 국교와 통상을 목적으로 체결한 조미수호 통상조약

수호조약(修好條約)을 맺었다고 하는데 '닦을 수(修)' '좋을 호(好)'의 수호(修好)는 좋게 닦는다는 의미로 나라와 나라가 서로 사이좋게 지내기로 함을 일컫는다. 불도(佛道)를 닦는 사람을 수행자(修行者)라 하고, 여럿이 함께 몸과 마음을 단련하기 위해 갖는 여행이나 행사를 수련회(修鍊會)라 하며, 효과적(效果的)이고 미적(美的)인 표현을 위해 말과 글을 꾸미고 다듬는 방법을 '말 사(辭)' '방법 법(法)'을 써서 수사법(修辭法)이라 한다.

꾸밀 식(飾)이라 하였다. 옷의 꾸밈새를 '옷 복(服)'을 써서 복식(服飾)이라 하고, 겉을 치장하거나 매만져 꾸밈을 '단장할 장(粧)'을 써서 장식(粧飾)이라 하며, 말이나 행동 따위를 거짓으로 꾸밈을 '거짓 가(假)'를 써서 가식(假飾)이라 한다. '분식회계(粉飾會計)'라는 말을 듣는데, '단장할 분(粉)'을 쓴 분식(粉飾)이 내용이나 실속 없이 겉만 그럴싸하고 보기 좋게 꾸민다는 의미이기에 분식회계(粉飾會計)는 기업이 고의로 자산이나 이익 등을 크게 부풀리고 부채를 적게 계산하여 재무 상태나 경영 성과, 그리고 재무 상태의 변동을 고의로 조작하는 회계를 일컫는다. 자금 차입 비용을 절감(節減)하고 주가(株價)를 높이기 위해 행해진다고 한다. '빌 허(虛)'를 쓴 허례허식(虛禮虛飾)은 마음이나 정성이 없이 겉으로만 번드르르하게 꾸미는 일을 일컫는다.

의 지 미 래
意 志 未 來

意 · 뜻 의
志 · 뜻 지
未 · 아닐 미
來 · 올 래

'뜻 의(意)' '뜻 지(志)'의 의지(意志)는 무엇을 하려는 마음이라는 의미이고, '아닐 미(未)' '올 래(來)'의 미래(未來)는 현재를 기준으로 아직 오지 않은 때라는 의미이기에, 의지미래(意志未來)란 동작이 일어나는 시간이 말하는 사람이 말하는 시간보다 나중인 시제를 일컫는다. 단순미래(單純未來)가 시간이 지남에 따라 자연적으로 그렇게 되는 것을 일컫는 데에 비해 의지미래(意志未來)는 미래에 무엇을 하려는 마음, 미래에 대한 강력한 의지를 나타낸 것을 일컫는 것이다. '경기는 내일 오후 7시에 열릴 것이다.' '그는 내일 나에게 사과할 거야.'는 단순미래(單純未來)이고, '나는 그녀를 사랑할 거야.'나 '나는 그녀가 나를 사랑하도록 만들 거야.'는 의지미래(意志未來)인 것이다.

관련어휘

• 의지
• 미래
• 의지미래
• 단순미래

• 합의
• 의도

뜻 의(意)이다. 어떤 일을 이루려는 적극적인 마음을 '뜻 지(志)'를 써서 의지(意志)라 하고, 어떤 문제나 일에 대해 서로의 의견이 일치함을 '합할 합(合)'을 써서 합의(合意)라 하며, 무엇을 이루려고 꾀함을 '꾀할 도(圖)'를 써서 의도(意圖)라 한다. 무엇을 하고자 하는 생각을 의사(意思)라 하고, 마음에 새겨 두고 조심함을 주의(主意)라 하며, 어떤 사물이나 사상, 행동, 일 따위가 지니고 있는 가치나 중요성을 '뜻 의(義)'를 써서 의의(意義)라 한다. 다른 사람의 행위를 승인하거나 시인함은 '같을 동(同)'의 동의(同意)이고, 적극적으로 무엇을 하고자 하는 마음이나 욕망은 '하고자 할 욕(慾)'의 의욕(意慾)이다. 일정한 원칙이나 법칙에 따르지 않고 제멋대로 하는 것을 자의적(恣意的)이라 하는데 이때의 '자'는 '스스로 자(自)'가 아닌 '제멋대로 자(恣)'로 '제멋대로의 뜻'이라는 의미이다. 용의 턱 아래에 있다고 전해지는 구슬, 사람이 이를 얻으면 온갖 조화를 마음대로 부릴 수 있다고 하는 구슬을 여의주(如意珠)라 하는데 '같을 여(如)' '구슬 주(珠)'로 마음과 같게(마음먹은 대로) 할 수 있게 만드는 구슬이라는 의미이다.

▲ 여의주를 입에 문 용 모습

뜻 지(志)이다. 생각이나 주장(主張)이나 목적(目的)이 서로 같은 사람을 '같을 동(同)'을 서서 동지(同志)라 하고, 뜻이 쏠리는 방향을 '방향 향(向)'을 써서 지향(志向)이라 하며, 절의가 있는 선비를 '선비 사(士)'를 써서 지사(志士)라 한다. 15살을 지학(志學)이라 하는데 학문에 뜻을 둔다는 의미이다. 어려운 환경을 이기고 뜻을 세워 노력하여 목적을 달성한 사람을 '입지전적 인물(立志傳的人物)'이라고 하는데, '설 입(立)' '전기문 전(傳)'으로 뜻을 세워서 진기문에 나올 수 있을 정도의 사람이라는 의미이다.

사 역 동 사
使役動詞

使 • 하여금 사
役 • 부릴 역
動 • 움직일 동
詞 • 품사 사

'하여금 사(使)' '부릴 역(役)'의 사역(使役)은 누군가로 하여금 일을 하도록 부린다는 의미이고, '움직일 동(動)' '품사 사(詞)'의 동사(動詞)는 움직임을 나타내는 품사이다. 그러므로 사역동사(使役動詞)란 문장의 주어인 주체가 제3의 대상으로 하여금 어떤 동작이나 행동을 하도록 함을 나타내는 동사이다.

하여금 사(使)는 '부리다'는 의미로도 많이 쓰인다. 사물을 필요로 하거나 소용되는 곳에 쓰는 것을 사용(使用)이라 하고, 노동자와 사용자를 아울러 '노동자 노(勞)'를 써서 노사(勞使)라 하며, 맡겨진 임무를 '운수 명(命)'을 써서 사명(使命)이라 한다. 힘이나 권력 따위를 부려서 쓰는 것을 '행할 행(行)'을 써서 행사(行使)라 하고, 윗사람의 명령이나 부탁을 받고 심부름하는 사람을 '사람 자(者)'를 써서 사자(使者)라 하며, 하느님과 인간의 중개 역할을 하는 심부름꾼을 '하느님 천(天)'을 써서 천사(天使)라 한다. 어떤 특정인을 선으로 이끌고 악

관련 어휘

• 사역

• 사용
• 노사
• 사명
• 행사
• 사자
• 천사

으로부터 보호해주는 사람을 '지킬 수(守)' '보호할 호(護)'를 써서 수호천사(守護天使)라 하고, 사업이나 상품, 업적 따위의 홍보 활동을 대표하여 담당하는 대사를 '넓을 홍(弘)' '알릴 보(報)'를 써서 홍보대사(弘報大使)라 한다.

부릴 역(役)이다. 일정한 자격으로 자신이 맡은 바의 일을 '나눌 할(割)'을 써서 역할(役割)이라 하고, 죄인을 일정 기간 감옥에 가두어 노동시키는 형벌을 '혼날 징(懲)'을 써서 징역(懲役)이라 하며, 중심 역할을 담당하는 주체를 '중심 주(主)'를 써서 주역(主役)이라 한다. 한 나라의 국민으로서 법률에 의해 병적에 편입되어 군무에 종사해야 하는 의무를 '군사 병(兵)'의 병역(兵役)이라 하고, 군에 입대하여 실제로 복무를 하는 병역을 '이제 현(現)'의 현역(現役)이라 하며, 물질적 재화의 형태를 취하지 아니하고 생산과 소비에 필요한 노무를 제공하는 일을 '쓸 용(用)'을 써서 용역(用役)이라 한다. 연극에서 배우에게 극중 인물의 역을 맡기거나 그 역을 '짝지을 배(配)'를 써서 배역(配役)이라 하고, 현역 복무를 마친 사람이 병역법에 의하여 편입되어 임하는 병역이나 그 병역에 임하는 사람을 '미리 예(豫)' '준비할 비(備)'를 써서 예비역(豫備役)이라 하는데, 비상시를 대비하여 미리 준비해 놓은 사람이라는 의미이다. 원래의 병역에서 바뀌어 다른 병역으로 편입되는 일, 즉 현역에서 예비역으로 편입되는 것을 '구를 전(轉)'자를 써서 전역(轉役)이라 한다. 역(役)이 굴러서 변하였다는 의미이다.

형 용 사
形容詞

形 · 모양 **형**

容 · 모양 **용**

詞 · 품사 **사**

사람이나 사물의 성질, 상태, 존재의 어떠함을 나타내는 말을 형용사(形容詞)라 하는데 '모양 형(形)' '모양 용(容)' '품사 사(詞)'로 모양을 나타내는 품사, 즉 사물이 어떠한지를 표현 수단을 이용하여 나타낸다. 국어의 형용사와 영어에서의 형용사는 다른데, 영어의 형용사는 명사를 꾸며주면서 그 명사의 모양 성질 상태를 나타내지만, 국어에서의 형용사는 성질, 상태, 존재를 나타내면서 서술어로도 수식어로도 쓰인다는 점이다.

모양 형(形)이다. 큰 형체의 사물을 대형(大形)이라 하고, 사물의 생김새를 형태(形態)라 하며, 겉으로 나타나는 모양이나 격식을 형식(形式)이라 한다. 어떤 모양을 이룸을 형성(形成)이라 하고, 사람의 형상을 본떠서 만든 물건을 인형(人形)이라 하며, 모양이나 형태를 달라지게 하거나 달라진 형태를 변형(變形)이라 한다. 겉으로 나타나는 모양이나 격식에 치중하는 것을 '형식적(形式的)'이라 하고, 일직선 위에 있지 않은 세 점을 연결한 직선으로 이루어진 평면도형을 삼각형(三角形)이라 하며, 내각(內角)이 모두 직각이고 가로와 세로의 길

관련어휘

- 대형
- 형태
- 형식
- 형성
- 인형
- 변형
- 형식적
- 삼각형

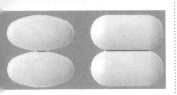
▲ 타원형(좌) 장방형(우)

이가 다른 네모꼴 모양을 '긴 장(長)' '네모 방(方)'을 써서 장방형(長方形)이라 한다. '형상화(形象化)'라는 말을 자주 듣게 되는데 '모양 형(形)' '모양 상(象)' '될 화(化)'로 형상이 없는 것을 형상이 있는 것으로 만든다는 의미이다. 형체가 분명하지 않은 추상적인 본질을 어떠한 방법이나 매체를 통해 구체적이고 뚜렷한 형상으로 나타내는 일을 형상화(形象化)라 하는 것이고 어떤 소재를 작가의 일정한 의도에 따라 예술적으로 재창조하는 일을 일컫는 말인 것이다. '형이상학(形而上學)'이라는 말도 자주 만나는데 '모양 위를 연구하는 학문'이라는 의미, 그러니까 사물의 본질이나 존재의 근본 원리를 사유(思惟)나 직관(直觀)을 통해 연구하는 학문이나 초경험적인 것을 대상으로 하는 학문을 일컫는다.

용(容)을 '모양 용'이라 하였는데 '얼굴' '담다' '용납하다, 용서하다' '쉽다' '꾸미다'는 의미로도 많이 쓰인다. 얼굴 모양을 용모(容貌)라 하고, 그릇에 담거나 넣을 수 있는 분량을 용량(容量)이라 하며, 포용성 있게 받아들임을 용납(容納)이라 한다. 죄에 대하여 벌을 주지 아니하고 관대하게 처리함을 용서(容恕)라 하고, 매우 쉬움을 용이(容易)라 하며, 용모를 아름답게 단장함을 미용(美容)이라 한다. 범죄 행위를 저질렀으리라는 의심을 받아 수사의 대상에 오른 사람을 용의자(容疑者)라 하는데 '허용할 용(容)' '의심 의(疑)'로 범인으로 의심을 허용한 사람이라는 의미이다.

부 사
副 詞

副 · 도울 **부**

詞 · 품사 **사**

동사나 형용사, 다른 부사 앞에서 그 의미를 꾸며주는 말을 부사(副詞)라 하는데 '도울 부(副)' '품사 사(詞)'로 의미가 더 분명하도록 도움을 주는 품사라는 의미이다. 부사(副詞)는 '항상' '조금' '겨우' 등과 같이 특정한 성분을 수식하는 성분부사(成分副詞)와 '그러나' '아마' '왜냐하면' 등과 같은 문장 전체를 수식하는 문장부사(文章副詞)로 나눌 수도 있다. 부사(副詞)를 부형용사(副形容詞)의 준말로 보는 사람도 있는데 이때의 '부(副)'는 '버금부'자로 형용사에 버금가는 역할을 한다는 의미이다.

부(副)를 '도울 부'라고 하였지만 사실은 '버금가다'는 의미로 많이 쓰인다. 회장 다음가는 직위로 회장을 돕는 일을 하며 회장이 직무를 수행할 수 없을 때 그를 대신하는 직위에 있는 사람인 부회장(副會長), 사장 다음가는 지위에 있는 사람인 부사장(副社長), 대변인 다음가는 지위에 있는 사람인 부대변인(副代辯人) 등 직위에 쓰이는 경우가 많은 것이다. 직위 외에도 많이 쓰이는데, 어떤 사물이나 현상이 본디의 것에 대하여 종속되거나 그에 따르는 관계에 있는 것인 부차적(副次的), 어떤 일

관련어휘

• 성분부사
• 문장부사

• 부회장
• 부사장
• 부대변인

100

에 부수적으로 일어나는 두 번째의 작용이라는 부작용(副作用), 책이나 논문 따위의 표제에 덧붙여서 내용을 한정하거나 보충하는 제목인 부제(副題), 어떤 일을 행할 때 부수적으로 일어나는 일이나 현상인 부산물(副産物), 그리고 본업 이외에 여가를 이용하여 따로 갖는 직업인 부업(副業) 등이 그 예이다.

죽은 사람을 매장할 때 함께 묻는 물품을 통틀어 부장품(副葬品)이라 하고, 주식(主食)에 곁들여 먹는 음식이나 반찬 또는 그것을 만드는 재료를 부식(副食)이라 하며, 정식(定式)으로 주는 상 이외에 별도로 덧붙여 주는 상금이나 상품을 부상(副賞)이라 하는데 이때 역시 '버금 부(副)'인 것이다.

원본(原本)이 되는 정식 서류와 똑같이 만들어 참고로 보관하는 서류를 부본(副本)이라 하고, 교감신경과 함께 자율 신경계를 이루는 신경으로 대부분의 교감신경과 길항적(拮抗的)으로 작용하면서 흥분하면 말단으로부터 아세틸콜린(acetylcholine)을 분비하여 심장의 구실을 억제하고 소화기의 작용을 촉진하는 신경을 부교감신경(副交感神經)이라 한다. 부업으로 인해 얻는 수입을 부수입(副收入)이라 하고, 교과서와 같은 주가 되는 교재에 곁들여 보조적으로 쓰이는 교재를 부교재(副教材)라 하며, 하사(下士), 중사(中士), 상사(上士), 원사(元士)의 계급을 가진 군인을 부사관(副士官)이라 한다.

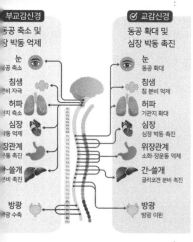

▲ 부교감신경과 교감신경
출처: 해아림한의원

관 사
冠 詞

冠·머리 관
詞·품사 사

우리 문법에는 없지만 영어 프랑스어 독일어 등 서구
어에서 명사 앞에 놓여 수(數) 성(性) 격(格) 등을 나타
내면서 그 명사의 뜻에 제한을 두는 말을 관사(冠詞)라
한다. '머리 관(冠)' '품사 사(詞)'로 머리에 놓인 품사라
는 의미이다. 관사(冠詞)에는 정관사 'the'와 부정관사
'a(an)'가 있는데 정해진 것을 나타낸다 해서 '정할 정
(定)'의 정관사(定冠詞)이고 정해지지 않은 것을 나타낸
다 해서 부정관사(不定冠詞)이다. 처음 언급되는 단수 명
사에는 부정관사가 붙고 이미 언급된 것을 나타내는
명사에는 정관사가 붙는다고 할 수 있다.

관(冠)은 '갓' '모자'라는 의미이다. 임금이 머리에 쓰는
관을 왕관(王冠)이라 하고, '옷'과 '모자'라는 의미로 옷
차림을 일컬어 '의관(衣冠)'이라 한다. 옛날에 성인이 되
면 '갓'을 쓰기 시작하였는데 이는 어른이 되었다는 표
시였다. 그래서 '연약한 갓', 그러니까 '새로 만든 갓'을
쓰는 나이라는 뜻에서 남자 나이 20살을 '약관(弱冠)'이
라 하였다. 그리고 남자가 결혼할 나이에 이르면 상투
를 틀고 갓을 썼기에 이를 관례(冠禮)라 하였다. 관례, 혼

관련어휘

• 정관사
• 부정관사

• 왕관
• 의관
• 약관
• 관례

▲ 조선시대 사모관대
숭실대 한국기독교박물관

례, 상례, 제례를 통틀어서 관혼상제(冠婚喪祭)라 한다.
예수께서 십자가에 못 박혀 돌아가실 때 로마 병정들
은 그를 조롱(嘲弄)하고 고통을 주기 위해서 머리에 가
시나무로 만든 가짜 면류관인 '가시면류관'을 씌웠다.
'면류관 면(冕)' '귓술 류(旒)' '갓 관(冠)'의 면류관(冕旒冠)
은 주로 사극에서나 볼 수 있는 것처럼, 정사각형으로
된 판의 가장자리에 구슬 장식을 매단 모자를 가리켰
다. 벼슬아치들이 관복을 입을 때 쓰는 검은 비단으로
만든 모자와 벼슬아치들의 정복을 사모관대(紗帽冠帶)라
하였는데 '비단 사(紗)' '모자 모(帽)' '띠 대(帶)'로 비단
으로 만든 모자와 허리띠라는 뜻이다. 우승(優勝)의 영
예(榮譽)를 비유하여 월계관(月桂冠)이라 하는데, 고대 그
리스에서 월계수 잎으로 모자를 만들어 경기 우승자에
게 씌워 주었던 데에서 비롯되었다. 영국 왕실이 가장
명예로운 시인에게 내리는 칭호인 계관시인(桂冠詩人)
역시 그리스에서 훌륭한 시인이나 영웅에게 월계관을
씌워 주었던 데에서 유래한다.

중국의 고시 「군자행(君子行)」에 '과전불납리(瓜田不納履)
이하부정관(李下不整冠)'이라는 말이 나온다. 오이 밭에
서는 신발을 들이지(바꿔 신지) 말고 자두나무 아래에서
는 갓을 바로잡지 말라는 뜻으로 오해받을 만한 행동
을 하지 말라는 뜻이다. 오해한 사람이 나쁘지만 오해
받을 행동을 한 사람도 현명하지 못하기 때문이다.

대 명 사
代 名 詞

代 · 대신할 **대**
名 · 이름 **명**
詞 · 품사 **사**

'대신할 대(代)' '이름 명(名)' '품사 사(詞)'의 대명사(代名詞)는 명사를 대신하는 말인데, 사람을 나타내는 인칭대명사(人稱代名詞)와 사람이나 사물을 가리키는 '가리킬 지(指)' '보일 시(示)'의 가리켜 보여준다는 지시대명사(指示代名詞), 그리고 불특정 대상을 나타내는 '아니 부(不)' '정할 정(定)'의 정해진 대상이 아니라는 부정대명사(不定代名詞)로 분류할 수 있다. 즉 I, you, he, she 등은 인칭대명사이고, this, that 등이 지시대명사이며, anybody, everyone 등이 부정대명사인 것이다.

'mine', 'yours', 'his', 'hers', 'theirs' 등을 소유대명사(所有代名詞)라 하는데 '바 소(所)' '있을 유(有)'로 '가지고 있는 바'라는 의미이고, '빗장 관(關)' '이을 계(係)'의 관계대명사(關係代名詞)는 두 문장의 관계를 맺어주면서 동시에 대명사 역할까지 하는 대명사이다. who, that과 같이 앞에 오는 명사를 대신하는 동시에 뒤에 오는 절을 선행사(先行詞)에 연결하여 주면서 대명사와 접속사 두 가지 구실을 하는 대명사인 것이다.
'다시 재(再)' '돌아올 귀(歸)'를 쓴 재귀(再歸)가 다시 돌

관련어휘

• 인칭대명사
• 지시대명사
• 부정대명사

• 소유대명사
• 관계대명사

아온다는 의미이기에 재귀대명사(再歸代名詞)는 앞에 나온 체언을 다시 나타내는 3인칭 대명사를 가리킨다. '저', '자기', '당신' 등처럼 주어의 동작이 다시 주어로 되돌아가는 관계를 나타내는 대명사가 재귀대명사인 것이다. '엄마는 자신의 일기장을 매우 소중하게 여기신다.'에서 '자신'을 재귀대명사라 하는 것이다. 또 임진왜란 5년 후인 1597년 일본이 다시(再) 쳐들어온 사건을 정유재란(丁酉再亂)이라 하는데 '정유년(丁酉年)에 다시(再) 쳐들어와서 만든 난리'라는 의미이다.

대(代)가 '대신하다'는 의미로 많이 쓰이지만 '세대, 시대'라는 의미로도 쓰이고 '값'이라는 의미로도 쓰인다. 남을 대신하여 글을 쓴다는 대필(代筆)에서는 '대신하다', 지난 시대(時代)에는 들어 본 적이 없다는 뜻으로 매우 놀랍거나 새로운 일을 일컫는 전대미문(前代未聞)이나 현대적이 못 되고 그 앞 시대의 색채를 벗어나지 못한 모양을 일컫는 전근대적(前近代的)에서는 '세대, 시대'라는 의미이며, 대금(代金), 식대(食代), 향촉대(香燭代) 등에서는 '값'이라는 의미인 것이다.

시대착오적(時代錯誤的)이라는 말이 있다. '어긋날 착(錯)' '잘못될 오(誤)'의 착오(錯誤)가 인식과 대상, 생각과 사실이 일치하지 않는다는 의미이기에 낡은 생각이나 생활방식으로 새로운 시대에 대처하지 못하는 성질을 띠는 것을 시대착오적(時代錯誤的)이라 하는 것이다.

인 칭 대 명 사
人 稱 代 名 詞

人 · 사람 **인**

稱 · 일컬을 **칭**

代 · 대신할 **대**

名 · 이름 **명**

詞 · 품사 **사**

관련어휘

• 부정칭

• 연인
• 피고인
• 대변인

'이름 명(名)'을 쓴 명사(名詞)는 사물의 이름을 나타내는 말이고, '대신할 대(代)'를 쓴 대명사(代名詞)는 명사(名詞)를 대신해서 쓰는 말이며, '사람 인(人)' '일컬을 칭(稱)'의 인칭(人稱)은 사람을 가리킨다는 의미이다. 그러니까 인칭대명사(人稱代名詞)는 사람을 이름 대신 일컫는 말이라는 의미이다. 나, 너, 우리, 그, 그녀, 저, 저들, 아무 등이 모두 인칭대명사인 것이다. 인칭(人稱)은 다시 1인칭, 2인칭, 3인칭, 부정칭이 있는데 '나' '우리'처럼 말하는 사람은 1인칭이고, '너' '너희'처럼 말을 듣는 사람은 2인칭이며, 1인칭도 2인칭도 아니면 3인칭이다. '아니 부(不)' '정할 정(定)'의 부정칭(否定稱)은 '아무'처럼 가리키는 대상이 일정하지 않는 것을 일컫는다.

사람 인(人)이다. 서로 사랑하는 관계에 있는 두 사람을 '사랑할 연(戀)'을 써서 연인(戀人)이라 하고, 검찰에 의해 공소 제기를 받은 사람을 '당할 피(被)'를 써서 피고인(被告人)이라 하며, 어떤 사람 또는 단체를 대신하거나 대표하여 의견이나 입장을 밝혀 말하는 사람을 '대신할 대(代)'를 써서 대변인(代辯人)이라 한다. 사람의 됨됨이를 인격(人格)이라 하고, 사람의 힘으로 이루어지는 것을 인위적(人爲的)이라 하며, 정계(政界), 재계(財界), 학계(學界) 또는 지연(地緣)이나 학연(學緣) 등으로 형성되어 있는, 같은 계통이나 계열로 엮어진 사람들의 유대 관계를 인맥(人脈)이라 한다.

안하무인(眼下無人)이라는 말이 있다. '눈 안(眼)' '아래 하(下)' '없을 무(無)'로 눈 아래에 사람이 없는 것같이 행동한다는 의미로 사람됨이 교만(驕慢)하여 남을 업신여기는 태도를 일컫는 말이다. 방약무인(傍若無人)이라는 말도 있는데 '곁 방(傍)' '같을 약(若)'으로 곁에 아무도 없는 것처럼 행동한다는 의미로 주위에 있는 다른 사람을 전혀 의식(意識)하지 않고 제멋대로 행동하는 것을 일컫는 말이다.

일컬을 칭(稱)이라고 하였는데 '일컫다'는 의미와 함께 '칭찬하다'는 의미로도 많이 쓰인다. 사람이나 사물 따위를 부르는 이름, 또는 거기에 붙은 이름을 '이름 명(名)'을 써서 명칭(名稱)이라 하고, 이름을 지어 부름을 호칭(呼稱)이라 하며, 본이름이 아니고 귀엽게 불리는 이름을 애칭(愛稱)이라 하는데 이때에는 '일컫다'는 의미이지만, 다른 사람의 좋고 훌륭한 점을 들어 추어주거나 높이 평가한다는 칭찬(稱讚)이나 공덕(功德)을 칭찬하여 기린다는 '기릴 송(頌)'의 칭송(稱頌)에서는 '칭찬하다'는 의미이다.

▲ 법정의 피고인석

가 정 법
假 定 法

假 · 임시 **가**
定 · 정할 **정**
法 · 방법 **법**

'만일 내가 선생이라면' '만약 그때 내가 아버지 충고(忠告)를 들었더라면' 등과 같이 '만일 ~라면'이라는 표현, 즉 말하는 내용이 실제 사실이 아닌, 상상이나 가정, 기원을 표현하는 문법 범주를 가정법(假定法)이라 하는데 '임시 가(假)' '정할 정(定)' '방법 법(法)'으로 '임시로 정해서 하는 말하기 방법'이라는 뜻이다. 실제 일이 아닌 가능성의 세계를 표현하는 방법이라고 할 수 있다.

임시 가(假)라고 하였는데 '가(假)'는 '임시'라는 의미와 '거짓'이라는 의미로 많이 쓰인다. 어떤 사실을 설명하려고 임시로 세운 이론인 '말할 설(說)'의 가설(假說), 어떤 대상의 이름을 임시로 지어 일컫는다는 '일컬을 칭(稱)'의 가칭(假稱), 민사소송법에서 금전 이외의 받을 권리가 있는 특정물을 처분하지 못하도록 법원이 결정한 일시적인(임시) 명령인 가처분(假處分), 형벌의 집행 기간이 끝나지 않은 죄수를 일정한 조건 아래 임시로 풀어 준다는 가석방(假釋放)에서는 '임시'라는 의미이지만, 얼굴을 감추거나 달리 꾸미려고 종이, 나무, 흙 따위로 만들어 얼굴에 쓰는 물건인 가면(假面)이나, 실제가 아닌

관련 어휘

· 가설
· 가칭
· 가처분
· 가석방
· 가면

가짜 이름인 **가명**(假名), 머리에 덧쓰거나 붙이기 위해 머리카락이나 이와 비슷한 것으로 만든 물건인 **가발**(假髮)에서는 '거짓, 가짜'라는 의미인 것이다. 남의 세력(勢力)을 빌려서 위세(威勢)를 부리는 것을 '**호가호위**(狐假虎威)'라 하는데 '여우 호(狐)' '빌릴 가(假)' '호랑이 호(虎)' '위세 위(威)'로 여우가 호랑이의 위세(威勢)를 빌려 호기(豪氣)를 부린다는 뜻이다. 한자(漢字)가 만들어진 원리 중에 '**가차**(假借)'가 있는데 '빌릴 가(假)' '빌릴 차(借)'로, 어떤 뜻을 나타내는 한자가 없을 때 본래 뜻과 상관없이 다른 한자를 빌려 쓰는 방법을 일컫는다.

정할 정(定)이라고 하였다. 전문적인 지식이나 기술로 물건의 특성이나 가치, 진위(眞僞) 따위를 판정함을 '살필 감(鑑)'을 써서 **감정**(鑑定)이라 하고, 일정하게 정해진 시기를 '기간 기(期)'를 써서 **정기**(定期)라 하며, 일정한 규정에 따라 자격이나 조건, 등급 따위를 검사하여 결정함을 '검사할 검(檢)'을 써서 **검정**(檢定)이라 한다. 여럿 가운데 가려서 정한다 해서 '가릴 선(選)'의 **선정**(選定)이고, 한곳에 자리를 정해서 머물러 산다 해서 '붙을 착(着)'의 **정착**(定着)이며, 판단하여 정한다 해서 '판단할 판(判)'의 **판정**(判定)이다. 법으로 정하였다고 해서 '법 법(法)'의 **법정**(法定)이고, 이미 정해진 법이나 규칙 따위를 고쳐 다시 정한다고 해서 '고칠 개(改)'의 **개정**(改正)이며, 미루어 생각하여 결정한다고 해서 '추리할 추(推)'의 **추정**(推定)이다.

수 동 태
受動態

受 · 받을 **수**
動 · 움직일 **동**
態 · 모양 **태**

주어가 어떤 동작의 대상이 되어 그 작용을 받는 서술 형식을 수동태(受動態)라 하는데 '받을 수(受)' '움직일 동(動)' '모양 태(態)'로 '움직임을 받는 모양'이라는 뜻이다. 이와 달리 '능할 능(能)'을 쓴 능동태(能動態)는 '자신의 능력으로 움직이는 모양'이라는 뜻이다. 즉 '거미가 벌레를 잡는다'처럼 주어가 스스로 어떤 일을 한다는 의미의 문장은 능동태(能動態)이고, '벌레가 거미에게 잡히고 있다'처럼 주어가 어떤 일을 당한다는 의미의 문장은 수동태(受動態) 문장이다.

받을 수(受)라고 하였다. 시험을 받는(치르는) 학생을 **수험생**(受驗生)이라 하고, 남의 문물이나 의견 등을 인정하거나 용납하여 받아들이는 것을 **수용**(受容)이라 하며, 요구(要求)를 받아들여 승낙(承諾)함을 **수락**(受諾)이라 한다. 물건이나 권리를 넘겨받음을 **인수**(引受)라 하고, 군말 없이 달게 받아들임을 '달 감(甘)'을 써서 **감수**(甘受)라 하며, 신호 받음을 '신호 신(信)'을 써서 **수신**(受信)이라 한다. 학업(學業)이나 기술(技術)의 가르침을 받음을 **수업**(受業)이라 하고, 은혜(恩惠) 입음을 **수혜**(受惠)라 하며, 암수의 생식 세포가 서로 하나

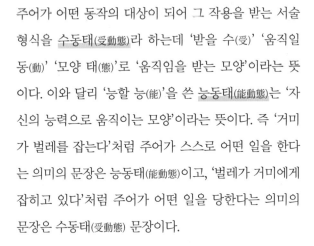

관 련 어 휘

• 수동태 ↔ 능동태

• 수험생
• 수용
• 수락
• 인수
• 감수
• 수신
• 수업
• 수혜

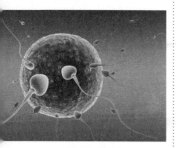

▲ 암수의 수정 과정

로 합치는 현상을 정자를 받아들인다는 의미로 수정(受精)이라 한다. '손 수(扌)'가 더해진 '수(授)'는 '줄 수'이기에 '수수(授受)'는 주고받는다는 의미이다. 배임수뢰(背任受賂)라는 말은 '배반할 배(背)' '임무 임(任)' '받을 수(受)' '뇌물 뢰(賂)'로 본분의 임무를 어기고 부정한 청탁과 함께 뇌물을 받아 재산상 이익을 취하는 것을 일컫는다. 호표기수견양기(虎豹豈受犬羊欺)라는 말이 있다. '범 호(虎)' '표범 표(豹)' '어찌 기(豈)' '개 견(犬)' '양 양(羊)' '속일 기(欺)'로 범과 표범이 어찌 개나 양에게 속임을 당하겠느냐는 뜻으로 군자는 소인의 업신여김을 받지 아니한다는 말이다.

움직일 동(動)이다. 토지나 건물과 같이 움직여 옮길 수 없는 재산을 부동산(不動産)이라 하고, 깊이 느껴 마음이 움직임을 감동(感動)이라 하며, 바뀌어 달라지거나 움직이는 것을 변동(變動)이라 한다. 어떤 일이나 행동을 일으키게 하거나 마음을 먹게 하는 원인이나 계기를 '기회 기(機)'를 써서 동기(動機)라 하고, 사회적으로 어떤 현상이 퍼져 주위에 그 영향이 미치는 일을 '물결 파(波)'를 써서 파동(波動)이라 하며, 시끄럽게 떠들어 대며 술렁거림을 '떠들 소(騷)'를 써서 소동(騷動)이라 한다. 복지부동(伏地不動)을 비난하는데, '엎드릴 복(伏)' '땅 지(地)'로 땅에 엎드려 움직이지 아니한다는 뜻으로 마땅히 해야 할 일을 하지 않고 몸 사림을 비유한 말이다. '흔들 요(搖)' '어조사 지(之)'를 쓴 요지부동(搖之不動)은 흔들어도 꿈쩍도 하지 않는다는 말이다.

수 학
數 學

數 · 셈할 수(삭, 촉)

學 · 학문 학

논리적 사고를 키워 주기 위하여 수(數)와 양(量) 및 공간(空間)의 성질(性質)에 관하여 연구하는 학문을 수학(數學)이라 하는데 대수학, 기하학, 미적분학, 해석학 및 이를 응용하는 학문을 통틀어 지칭하는 말이다.

수(數)는 '셈하다'와 '숫자'라는 의미로 많이 쓰이지만 '운수' '꾀'라는 의미로도 많이 쓰이고, '자주' '촘촘하다'는 의미로도 쓰이는데 '자주'라는 의미일 때에는 '삭'으로, '촘촘하다'는 의미일 때에는 '촉'으로 발음한다. '많은 수'를 다수(多數)라 하고, 성적을 나타내는 숫자를 점수(點數)라 하며, 수효와 분량을 아울러서 수량(數量)이라 한다. 거의 모두를 대다수(大多數)라 하고, 어지간하게 많은 수를 상당수(相當數)라 하며, 가격을 나타내는 수치를 액수(額數)라 한다.

'물가지수(物價指數)' '지능지수(知能指數)' '주가지수(株價指數)'라는 말을 듣는데, '가리킬 지(指)'를 쓴 지수(指數)는 물가나 주식, 노임 등의 변동 상황을 시기에 따라 나

관련 어휘

• 다수
• 점수
• 수량
• 대다수
• 상당수
• 액수
• 지수

타내고자 할 때 그 기준이 되는 때를 100으로 하여 비교하거나 나타내는 숫자를 가리킨다. 알 수 없는 수, 또는 방정식에서 풀어서 구하려고 하는 값, 또는 앞으로 어떻게 될지 가늠하거나 판단할 수 없는 일을 '아닐 미(未)' '알 지(知)'를 써서 미지수(未知數)라 하고, 각도, 온도, 광도 등의 크기를 나타내는 수치를 '정도 도(度)';를 써서 도수(度數)라 하며, 똑같은 것이 되풀이되는 횟수를 '자주 빈(頻)'을 써서 빈도수(頻度數)라 한다. 회의에서 많은 사람의 의견에 따라 안건에 대한 찬성과 반대의 여부를 결정함을 '많을 다(多)' '결정할 결(決)'을 써서 다수결(多數決)이라 한다.

수(數)가 '셈하다' '숫자'라는 의미로 많이 쓰이지만 '운수' '꾀'라는 의미로도 쓰인다. 목적의 달성을 위하여 수단과 방법을 가리지 않는 온갖 술책을 권모술수(權謀術數)라 하고, 보편적인 이치에 맞지 않거나 감당하기 어려운 생각 또는 행동을 비유하여 무리수(無理數)라 한다. 자주, 여러 번을 삭삭(數數)이라 하고, 눈을 매우 잘게 떠서 촘촘하게 만든 그물을 촉고(數罟)라 한다.

난수표(亂數表)가 있다. '어지러울 난(亂)' '표 표(表)'로 숫자를 어지럽게 만든 표라는 의미로, 0에서 9까지의 숫자를 무작위(無作爲)로 추출하여 무질서하게 늘어놓은 표를 일컫는다. 대개 사용하기 쉽도록 2자 혹은 4자씩 끊어서 배열하고 있으며, 통계 조사에서 표본을 무작위로 가려낼 경우나 암호의 작성과 해독 등에 이용한다.

因 數 分 解

因 · 말미암을 **인**

數 · 숫자 **수**

分 · 나눌 **분**

解 · 나눌 **해**

관련어휘

• 인수
• 분해

• 원인
• 요인
• 인자
• 사인
• 변인
• 동인
• 인과

주어진 정수(整數)를 몇 개의 정수의 곱으로 나타내거나 주어진 문자나 정식(整式)을 몇 개의 문자나 정식의 곱으로 나타내었을 때, 각 구성 요소를 이루는 그 정수나 문자 또는 정식(整式)을 인수(因數)라 하는데 '말미암을 인(因)' '숫자 수(數)'로 '말미암은 수' '가장 기본이 되는 수'라는 뜻이다. '나눌 분(分)' '나눌 해(解)'의 분해(分解)는 결합된 것을 개개의 부분으로 나눈다는 의미이다. 즉 인수분해(因數分解)는 정수 또는 정식을 몇 개의 간단한 인수의 곱의 꼴로 분해하는 일을 말한다.

인(因)은 어떤 사물이나 상태보다 먼저 존재하여 그것을 발생시키거나 변화시키는 일이나 사건이라는 원인(原因), 중요한 원인이라는 '중요할 요(要)'의 요인(要因), 어떤 사물의 원인으로 작용하여 그것을 성립시키는 요소인 인자(因子)에서처럼 '원인'이라는 의미로 많이 쓰인다. 죽은 원인인 사인(死因), 성질이나 생김새가 변하는 원인인 변인(變因), 어떤 사태를 발생시키거나 현상 따위를 변화하게 하는 직접적인 원인인 동인(動因), 원인과 결과인 인과(因果)도 마찬가지다.

선(善)을 행하면 선(善)의 결과가, 악(惡)을 행하면 악(惡)의 결과가 반드시 뒤따른다는 생각을 인과응보(因果應報)라 하는데 원인이 있으면 반드시 그에 맞는 결과로 보답이 이루어진다는 의미이다. 어떤 전염병 등이 물을 통하여 옮겨지는 특성을 수인성(水因性)이라 하고, 어떤 병이나 증세가 정신적, 심리적 원인으로 생기는 특성을 심인성(心因性)이라 하며, 어떤 일이 일어나게 된 원인을 기인(起因)이라 한다.

나눌 분(分)이다. 하나로 존재하던 사물이나 집단이나 사상 등이 갈라져 나뉨을 '찢을 열(裂)'을 써서 분열(分裂)이라 하고, 따로따로 나뉘어 흩어짐을 '흩어질 산(散)'을 써서 분산(分散)이라 하며, 둘 또는 그 이상으로 나누어 쪼갬을 '나눌 할(割)'을 써서 분할(分割)이라 한다. 안분지족(安分知足)은 자기 분수에 편안하여(만족하여) 만족함을 안다는 말이다. 사분오열(四分五裂)이라는 말도 있다. 네 갈래로 나누어지고 다섯 갈래로 찢어졌다는 의미로 이리저리 갈기갈기 찢어지거나 질서 없이 몇 갈래로 뿔뿔이 헤어지거나 떨어진다는 의미이다.

분(分)자가 들어간 글자

紛 어지러울 분 (絲+分)
粉 가루 분 (米+分)
盆 동이 분 (皿+分)
忿 성낼 분 (心+分)
雰 안개 분 (雨+分)
芬 향기로울 분 (艹+分)

'실 사(絲)'가 더해진 '紛'은 '어지러울 분'이고, '쌀 미(米)'가 더해진 '粉'은 '가루 분'이며, '그릇 명(皿)'이 더해진 '盆'은 '동이 분(盆)'이다. '마음 심(心)'이 더해진 '분(忿)'은 '성낼 분(忿)'이고, '비 우(雨)'가 더해진 '雰'은 '안개 분'이며, '풀 초(艹)'가 더해진 '芬'은 '향기로울 분'이다.

소 수
小 數

小 · 작을 소
數 · 셀 수

0보다 크고 1보다 작은 수(數), 즉 0과 1사이의 숫자를 '작을 소(小)' '셀 수(數)'자를 써서 소수(小數)라 하고, '적을 소(少)'를 쓴 소수(少數)는 적은 수효라는 의미이며, '바탕 소(素)'를 쓴 소수(素數)는 '2', '3', '5', '7', '11', '13', '17', '19', '23', '29', '31'처럼 1과 그 수 자신 외의 정수(整數)로는 똑떨어지게 나눌 수 없는 정수를 가리킨다.

작을 소(小)이다. 줄이거나 작게 함을 '오그라들 축(縮)'을 써서 축소(縮小)라 하고, 규격이나 규모가 작은 것을 소형(小型)이라 하며, 범위나 크기가 좁고 작은 것을 소규모(小規模)라고 한다. 장식용으로 쓰이는 작은 물품을 소품(小品)이라 하고, 노동자와 자본가의 중간에 위치하는 소생산자(小生産者), 소상인 및 봉급생활자, 자유직업자 등을 통틀어서 소시민(小市民)이라 하며, 개인이 휴대하고 다니며 쓸 수 있는 총을 소총(小銃)이라고 한다. 혈기(血氣)에서 오는 소인(小人)의 용기(勇氣)를 소인지용(小人之勇)이라 하고, 작은 것도 쌓이면 크게 됨을 적소성대(積小成大)라 하며, 작은 것을 탐하다가 오히려 큰 것을 잃음을 소탐대실(小貪大失)이

관련 어휘

• 소수(小數)
• 소수(少數)
• 소수(素數)
• 정수(整數)

• 축소
• 소형
• 소규모
• 소품
• 소생산자
• 소시민
• 소총
• 소인지용
• 적소성대

라 한다.

적을 소(少)이다. 줄어서 적어지거나 덜어서 적게 함을 갑소(減少)라 하고, 매우 적거나 하찮음을 사소(些少)라 하며, 청년(靑年)과 소년(少年)을 아울러 청년(靑年)이라 한다. 소인한거위불선소인(小人閑居爲不善)이라는 말이 있다. 소인(小人)은 한가로이 혼자 있으면 좋지 못한 일을 한다는 뜻으로 소인은 남이 보지 않는다는 이유로 못된 짓을 하는 경우가 많다는 말이다. 소년이로학난성(少年易老學難成)이라는 말도 있다. 소년(少年)은 늙기 쉽고 학문은 이루기 어려우니 젊었을 때에 부지런히 노력해야 한다는 말이다. 일소일소(一笑一少)는 한 번 웃으면 한 번 젊어진다는 말이다.

소(素)가 '소수(素數)'에서는 '바탕'이라는 의미로 쓰였지만 '하얗다' '질박하다' '채소'라는 의미로도 쓰인다. 흰옷을 일컫는 소복(素服)에서는 '하얗다'는 의미이고, 꾸밈이 없이 그대로라는 소박(素朴)에서는 '질박하다'는 의미이며, 고기나 생선 등이 섞이지 않는 반찬인 소찬(素饌)에서는 '채소'라는 의미인 것이다. 사물의 성립이나 효력 발생 등에 필요 불가결한 성분이나 근본적인 조건을 요소(要素)라 하고, 어떤 사람이나 대상(對象)이 본바탕에 있어서 어떤 일을 일으키거나 이루게 될 가능성을 소지(素地)라 하며, 예술 작품의 바탕이 되는 재료를 소재(素材)라 한다.

분 수
分 數

分 · 나눌 **분**
數 · 숫자 **수**

숫자를 나누었기에 '나눌 분(分)' '숫자 수(數)'의 분수(分數)이다. 왜 숫자를 나누었을까? 1보다 작은 수를 나타내기 위해서이다.

그렇기 때문에 1보다 작으면 진짜 분수이기에 '참 진(眞)'을 써서 진분수(眞分數)라 하고, 1보다 커 버리면 가짜 분수이기에 '거짓 가(假)'를 써서 가분수(假分數)라 하는 것이다. 대분수는 왜 대분수일까? '이을 대(帶)'이다. 정수(整數)와 분수(分數)를 이었기에 '이은 분수'라는 의미로 대분수(帶分數)인 것이다. 분수나 분수식에서 가로줄 아래에 적는 수(數)나 식(式)을 '어미 모(母)'를 써서 분모(分母)라 하는데 '분수를 만드는 어미(중요한 것)'라는 의미이고, 분수 또는 분수식에서 나누어지는 쪽의 수(數)나 식(式)을 분자(分子)라 하는데 '분수(分數)를 만드는 아들'이라는 의미이다.

참 진(眞)이다. 참된 가치를 진가(眞價)라 하고, 거짓이 없이 바르고 참됨을 진실(眞實)이라 하며, 참된 이치. 또는 우주의 근원적 원리를 진리(眞理)라 한다. 광학적 방

관련어휘

· 진분수
· 가분수
· 대분수
· 분모
· 분자

· 진가
· 진실
· 진리
· 사진

▲ 가설(출처: flaticon)

법으로 감광 재료면에 박아 낸 물체의 영상을 '베낄 사(寫)'를 써서 사진(寫眞)이라 하고, 일이나 사물의 참된 내용이나 형편을 '모양 상(相)'을 써서 진상(眞相)이라 하며, 거짓이 없는 참된 마음을 진심(眞心)이라 한다.

가(假)가 가분수(假分數)에서는 '거짓 가'로 쓰였지만 '임시'라는 의미로도 많이 쓰인다. 머리에 덧쓰거나 붙이기 위해 머리카락이나 이와 비슷한 것으로 만든 물건인 가발(假髮), 말이나 행동 따위를 거짓으로 꾸미는 일인 가식(假飾), 존재하지 않는 가공인물의 이름으로 만든 계좌인 가명계좌(假名計座)에서는 '거짓'이라는 의미이지만, 사실이 아니거나 아직은 사실인지 아닌지 분명하지 아니한 것을 임시로 사실인 것처럼 정하는 일인 가정(假定)이나, 어떤 사실을 설명하려고 임시로 세운 이론인 가설(假說), 그리고 어떤 대상의 이름을 임시로 지어 일컫는 이름인 가칭(假稱)에서는 '임시'라는 의미인 것이다.

민사소송법에서 금전 이외의 받을 권리가 있는 특정물을 처분하지 못하도록 법원이 결정한 일시적인 명령을 '가처분(假處分)'이라 하고, 형벌의 집행 기간이 끝나지 않은 죄수를 일정한 조건 아래 미리 풀어 주는 일을 가석방(假釋放)이라 하며, 법원이 채권자를 위하여 채무자의 재산을 잠정적으로 처분하지 못하게 함을 가압류(假押留)라 한다.

부 등 호
不 等 號

不 · 아니 **부**

等 · 같을 **등**

號 · 기호 **호**

두 개의 수(數)나 식(式) 사이의 대소(大小) 관계를 나타내는 기호를 '아니 부(不)' '같을 등(等)' '기호 호(號)'를 써서 부등호(不等號)라 하는데 '같지 않음을 나타내는 기호'라는 의미이다. 물론 등호(等號)는 같음을 나타내는 기호를 가리킨다.

不는 일반적으로 '불'로 발음하지만 'ㄷ'과 'ㅈ'으로 시작되는 단어 앞에서는 '부'로 발음되며 '아니다' '금지' '모자라다' '없다'는 의미로 사용된다. 토지나 건물과 같이 움직여 옮길 수 없는 재산을 '움직일 동(動)' '재산 산(産)'을 써서 부동산(不動産)이라 하고, 실속이 없고 모자라는 데가 있음을 부실(不實)이라 하며, 어떤 일을 해나가는 힘 등이 활발하지 못하고 달림을 '떨칠 진(振)'을 써서 부진(不振)이라 한다. 이치나 도리에 맞지 않음을 부조리(不條理)라 하고, 서로 잘 어울리지 않음을 부조화(不調和)라 하며, 그 수를 알 수 없다는 뜻으로 헤아릴 수 없을 만큼 매우 많음을 부지기수(不知其數)라 한다.

'부정'은 동음이의어가 많다. 바르지 못하다는 '바를 정(正)'의 부정(不正), 정해지지 않았다는 '정할 정(定)'의 부

관련 어휘

• 부등호 ↔ 등호

• 부동산
• 부실
• 부진
• 부조리
• 부조화
• 부지기수
• 부정(不正)

정(不定), 정조를 지키지 못하였다는 '정조 정(貞)'의 부정(不貞), 그리고 그렇지 않다고 단정함을 일컫는 '아닐 부(否)' '정할 정(定)'의 부정(否定), 깨끗하지 못하다는 '깨끗할 정(淨)'의 부정(不淨)이 그것이다. 어음이나 수표 따위에 적힌 기한에 지급인으로부터 지급액을 받지 못하는 일을 부도(不渡)라 하는데 '건널 도(渡)'로 제대로 건너지 못하였다는 의미이고, 어떠한 자극에도 움직이지 않거나 태도의 변화가 없음을 요지부동(搖之不動)이라 하는데 '흔들 요(搖)' '그것 지(之)'로 흔들어도 꼼짝하지 않는다는 의미이며, 한 번도 만나 본 일이 없어 서로 전혀 알지 못하는 일이나 그 사람을 생면부지(生面不知)라 하는데 살아있는 동안에 보지 못하여 알지 못한다는 의미이다.

불가사의(不可思議)라는 말이 있다. '생각 사(思)' '의논할 의(議)'로 생각하고 의논하는 일이 불가능하다는, 사람의 생각으로는 미루어 헤아릴 수도 없다는 의미로 사람의 힘이 미치지 못하고 상상조차 할 수 없는 오묘(奧妙)함을 일컫는다. 불구대천지수(不俱戴天之讎)라는 고사가 있는데 '함께 구(俱)' '머리에 올려놓을 대(戴)' '원수 수(讎)'로 함께 하늘을 이고 살 수 없을 만큼 깊은 원수(怨讎)라는 의미이다. 중국『후한서(後漢書)』에 불입호혈부득호자(不入虎穴不得虎子)라는 말도 나온다. '구멍 혈(穴)' '얻을 득(得)'으로 호랑이 굴에 들어가지 않고는 호랑이 새끼를 잡을 수 없다는 뜻으로 모험을 하지 않고는 큰일을 할 수 없다는 말이다.

약 수
約 數

約 · 간략할 **약**

數 · 숫자 **수**

자연수 a가 자연수 b로
나누어 떨어질 때
즉, a = b × (자연수)
b는 a의 약수,
a는 b의 배수!

관련 어휘

• 약분
• 공약수

• 약혼
• 절약
• 제약
• 약정

'2는 4의 약수이다'처럼 어떤 정수를 나머지 없이 나눌 수 있는 정수를 원래의 수에 대하여 약수(約數)라 하는데 '간략할 약(約)'으로 '간략하게 만들 수 있는 수'라는 의미이다. 약분(約分)은 '분수를 간략하게 한다'는 의미로 분수(分數)의 분모(分母)와 분자(分子)를 공약수(公約數)로 나누어 간단하게 하는 일을 일컫는다.

약(約)은 '간략하다'는 의미 외에도 '대략' '약속하다' '검소하다' '얽매다' '맺다' 등 다양한 의미로 사용된다. '대강' '대략'의 뜻으로, 그 수량에 가까운 정도임을 나타내는 '약(約)'에서는 '대략'이라는 의미이고, 결혼을 약속한다는 약혼(約婚)에서는 '약속하다'는 의미이며, 꼭 필요한 데에만 아끼어 쓴다는 절약(節約)에서는 '검소하다', 어떤 조건을 붙여 마음대로 하지 못하게 하는 일인 제약(制約)에서는 '얽매다', 그리고 어떤 일을 약속하여 맺는다는 약정(約定)에서는 '맺다'는 의미인 것이다.

법률상의 효과를 목적으로 두 사람 이상의 의사(意思)의 합치에 의하여 성립하는 법률 행위를 '맺을 계(契)'를 써서 계약(契約)이라 하고, 조목을 세워서 약정한 언약을 '가지 조(條)'를 써서 조약(條約)이라 하며, 공중 앞에서 약속하거나 공법에 있어서의 계약을 '공적 공(公)'을 써서 공약(公約)이라 한다. 유가증권 등의 공모 또는 매출에 응모하여 인수 계약을 신청하는 일을 청약(請約)이라 하고, 단체와 개인, 또는 단체 상호 간에 맺는 협정을 '따를 협(協)'을 써서 협약(協約)이라 하며, 사물의 성립에 필요한 조건이나 규정 또는 어떤 조건을 붙여 제한함을 '통제할 제(制)'를 써서 제약(制約)이라 한다.

수의계약(隨意契約)으로 하였다는 말을 하는데 '따를 수(隨)' '뜻 의(意)'로 자신의 뜻에 따라 하는 계약이라는 의미이다. 경쟁(競爭) 또는 입찰(入札)의 방법에 의하지 않고, 상대방을 마음대로 선택하여 이를 체결하는 계약(契約)인 것이다. 부부(夫婦)가 되겠다는 약속(約束)을 백년가약(百年佳約)이라 하는데 '아름다울 가(佳)'로 백·년 동안 함께 하기로 한 아름다운 약속이라는 의미이다.

굳게 맹세(盟誓)하여 맺은 약속(約束)을 '쇠 금(金)' '돌 석(石)'을 써서 금석맹약(金石盟約)이라 하는데 쇠와 돌같이 굳게 한 약속이라는 의미이다. 계약을 맺을 때, 그 계약(契約)을 해제할 권리를 가진다는 뜻으로 상대방에게 주는 돈을 해약금(解約金)이라 하고, 나라와 나라 사이의 우의를 위하여 맺는 조약을 우호조약(友好條約)이라 하는데 친구처럼 좋게 지내자는 약속이라는 의미이다.

◇대기업과 고소득층 세금은 인상
▲법인세율 21%→28%로 인상
-10년간 1조4000억 달러 증세
▲급여세 10년간 9930억 달러 증세
▲소득세 10년간 9440억 달러 증세

◇중산층 이하에 대한 지원 확대
▲교육 분야에 1조9000억 달러 지출
-대학 등록금 부담 경감 등
◇인프라 및 R&D 투자 확대
-총 1조6000억 달러 지출

출처: 바이든 선거캠프 사이트 biden.com

▲ 바이든 미 대통령의 정책 공약

집 합
集 合

集 · 모을 **집**

合 · 합할 **합**

'모을 집(集)' '합할 합(合)'의 집합(集合)은 한 곳으로 모은다, 또는 한 곳으로 모인다는 의미인데 수학에서는, 특정 조건에 맞는 원소들의 모임, 또는 임의의 한 원소가 그 모임에 속하는지를 알 수 있으면서 그 모임에 속하는 임의의 두 원소가 다른가 같은가를 구별할 수 있는 명확한 표준이 있는 것을 일컫는다. 원소의 개수를 셀 수 있는 집합을 '있을 유(有)' '한계 한(限)'을 써서 한계가 있는 집합이라 해서 유한집합(有限集合)이라 하고, 원소의 개수를 셀 수 없는 집합을 '없을 무(無)'를 써서 무한집합(無限集合)이라 한다. 원소를 하나도 갖지 않는 집합을 '빌 공(空)'을 써서 공집합(空集合)이라 하고, 집합 A의 원소가 모두 집합 B에 속할 때, 집합 A를 집합 B의 부분집합(部分集合)이라고 한다.

관련어휘

- 유한집합
- 무한집합
- 공집합
- 부분집합
- 교집합
- 합집합

두 집합 A,B에 대하여 A에도 속하고 B에도 속하는 집합을 '섞일 교(交)'를 써서 A와 B의 교집합(交集合)이라 하고, A에 속하거나 B에 속하는 전체 집합을 '합할 합(合)'을 써서 A와 B의 합집합(合集合)이라 한다. A에는 속하나 B에는 속하지 않는 집합을 '어긋날 차(差)'를 써서

- 차집합
- 여집합

- 집단
- 집중
- 집회
- 시집
- 모집
- 수집

- 소집
- 문집
- 집중력
- 집대성
- 집중호우

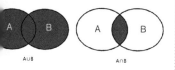

▲ 합집합과 교집합(출처: 위키백과)

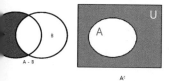

▲ 차집합과 여집합(출처: 위키백과)

A에 대한 B의 차집합(差集合)이라 하고, 부분 집합과 전체 집합의 관계에 있는 두 집합 A와 U에서 전체 집합 U의 원소로서 부분 집합 A에 포함되지 않는 원소 전체로 이루어진 집합을 '남을 여(餘)'를 써서 여집합(餘集合)이라 한다.

모을 집(集)이라고 하였다. 일정한 역할을 가지고 여럿이 한데 모여 떼를 이룬 무리나 모임을 집단(集團)이라 하고, 한곳으로 모임을 집중(集中)이라 하며, 여러 사람이 특정한 공동의 목적을 위하여 일시적으로 모임을 집회(集會)라 한다. 시를 모아 한데 엮은 책을 시집(詩集)이라 하고, 조건에 맞는 사람이나 자금(資金)이나 작품(作品) 등을 널리 구하여 모으는 일을 모집(募集)이라 하며, 취미나 연구를 위하여 여러 가지 물건이나 자료를 애써서 찾아 모으는 일을 '모아들일 수(蒐)'를 써서 수집(蒐集)이라 한다.

어떤 단체나 그 단체의 구성원들을 불러서 모음을 소집(召集)이라 하고, 개인 또는 여러 사람의 시나 문장을 한데 모아 엮은 책을 문집(文集)이라 하며, 마음이나 주의를 오로지 어느 한 사물에 쏟을 수 있는 힘을 집중력(集中力)이라 한다. 많은 훌륭한 것을 모아서 하나의 완전한 것으로 만들어 내는 일을 집대성(集大成)이라 하고, 짧은 시간에 집중적으로 쏟아지는 비를 '클 호(豪)'를 써서 집중호우(集中豪雨)라 한다.

충 분 조 건
充 分 條 件

充 · 가득할 **충**
分 · 분수 **분**
條 · 가지 **조**
件 · 사건 **건**

모자람이 없이 차거나 넉넉함을 '충분(充分)'이라 하고 어떠한 일이 진행되거나 성립되는 데 갖추어야만 할 상태나 요소를 조건(條件)이라 하는데, 수학에서의 **충분 조건(充分條件)**이란 어떤 명제가 성립하기에 충분한 조건, 'A라면 B이다'라는 명제가 성립될 때 그 B에 대해 A를 이르는 말이다.

충(充)은 '가득하다' '완전하다' '채우다'는 의미이다. 모자라는 것을 채운다는 '당할 당(當)'의 **충당(充當)**, 부족한 것을 보태어 채운다는 '보수할 보(補)'의 **보충(補充)**, 한정된 곳에 가득하게 찬다는 '꽉 찰 만(滿)'의 **충만(充滿)** 등이 그 예이다. 혈액순환(血液循環) 장애(障碍)로 인하여 눈 등에 피가 지나치게 많아지는 상태를 '피 혈(血)'을 써서 **충혈(充血)**이라 하는데 '피가 가득 찼다'는 의미이다.

분(分)이 '나누다'는 의미로만 쓰이는 것은 아니다. '구별하다' '직분'이라는 의미로도 쓰이고 '길이' '무게' '시간' '각도' '화폐 등의 단위'로도 쓰인다. 여러 갈래

관련어휘

· 충당
· 보충
· 충만
· 충혈

▲ 고속도로의 분기점 표지판

 분(分)자가 들어간 글자

紛 어지러울 분 (絲+分)
忿 성낼 분 (心+分)
盆 동이 분 (皿+分)
粉 가루 분 (米+分)
雰 안개 분 (雨+分)
芬 향기로울 분 (艹+分)

로 갈라지기 시작하는 곳을 '갈림길 기(岐)'를 써서 분기점(分岐點)이라 하고, 구별하여 분명하게 밝힘을 '밝을 명(明)'을 써서 분명(分明)이라 하며, 일정한 사물이나 현상에 대하여 그것을 구성하고 있는 개별적 요소로 갈라냄을 '쪼갤 석(析)'을 써서 분석(分析)이라 한다. '실력을 십분(十分) 발휘하였다'라는 말을 듣기도 하는데 '분(分)'이 '10분의 1'이라는 의미이니까 '십분(十分)'은 '100%'라는 의미이다. 분(分)자가 들어간 글자로 '어지러울 분(紛)' '성낼 분(忿)' '동이 분(盆)' '가루 분(粉)' '안개 분(雰)' 등이 있다.

'일생 동안 벗이 하나면 그것으로 충분(充分)하고, 둘이면 과(過)하며, 셋은 불가능(不可能)하다'라는 말이 있다. 진정한 친구를 사귀는 일이 결코 쉽지 않다는 의미이면서 동시에 진정한 친구 한 사람만 있어도 행복하다는 의미이기도 하다. '무엇을 시작하기에 충분할 만큼 완벽한 때는 없다'는 말과 '삶은 방향만으로도 충분하다. 목표까지 설정되는 순간 방향은 이내 세속적으로 퇴색되고 만다.'는 말도 음미해볼 필요가 있다.

'분감공고(分甘共苦)'라는 말이 있다. 단 것(즐거움)을 나누어 가지고 고통도 함께 한다는 의미이다. 안분지족(安分知足)이라 하였다. 자신이 처한 분수를 편안하게 여기며 만족할 줄을 안다는 의미인데 이때의 '분(分)'은 '자신의 처지에 마땅한 한도'라는 의미이다.

원 소
元 素

元 · 근본 **원**

素 · 바탕 **소**

화학에서의 원소(元素)는 화학적으로 분리되지 않는 물질, 동일한 원자로 이루어진 물질을 가리키지만 수학에서의 원소(元素)는 집합(集合)을 이루는 낱낱의 요소를 가리킨다. 어떤 집합을 나타낼 때에 { 2,4,6,8,10 }처럼 그 집합에 속한 원소를 모두 나열하여 보이는 방법을 원소나열법(元素羅列法)이라 하고, {x|x는 2의 배수}처럼 어떤 집합을 나타낼 때에 그 집합에 속하는 원소들이 만족하는 조건을 제시하여 집합을 나타내는 방법을 조건제시법(條件提示法)이라 한다.

근본 원(元)은 '으뜸' '처음'이라는 의미로도 많이 쓰인다. 한 나라의 최고 통치권을 가진 사람인 원수(元首), 못된 짓을 일삼는 악한 무리의 우두머리인 원흉(元兇)에서는 '으뜸'이라는 의미이고, 설날 아침인 원단(元旦), 어떤 일이나 사건이 시작되는 첫해나 임금이 즉위한 해인 원년(元年), 빌린 돈 가운데 이자를 제외한 원래의 돈인 원금(元金), 어떤 일을 처음으로 시작한 사람인 원조(元祖), 처음의 상태로 되돌린다는 환원(還元)에서는 '처음'이라는 의미를 갖는다. 우주의 근본 원리를 오직 하나로 생각, 하나의 원리로 전체를 설명하려는 태도를 일원론적(一元論的)이라 하고, 기구나 조직이나 문제 등이 둘이 되는 것을 이원화(二元化)라 한다.

중국 송나라 정이(程頤)에서 비롯되어 주자(朱子)에 의해 계승 발전된 형이상학설을 이기이원론(理氣二元論)이라 하는데, 세상의 모든 것을 이(理)와 기(氣) 두 개의 근원으로 보는 이론이다. 즉 우주 속에 존재하는 모든 현상은 원리와 이치로서 형이상(形而上)의 이(理)와 구체적 성질로서 형이하(形而下)의 기(氣)로 구성되어 있으며 이 둘의 결합으로 만물이 생성된다는 주장이다.

바탕 소(素)는 '희다' '질박하다' '본디' '채소'라는 의미로도 쓰인다. 흰 옷을 일컫는 소복(素服)에서는 '희다'는 의미이고, 꾸밈이 없이 있는 그대로라는 소박(素朴)이나 낭비하거나 사치하지 않고 수수하다는 검소(儉素)에서는 '질박하다'는 의미이며, '보통 때'라는 의미의 평소(平素)에서는 '본디', 그리고 채소 반찬이라는 소찬(素饌)이나 푸성귀만 먹어서 고기를 몹시 먹고 싶어 하는 증세인 소증(素症)에서는 '채소'라는 의미이다. 어떤 사물을 구성하거나 효력을 발생시키기 위해 없어서는 안 될 근본적인 조건이나 성분인 요소(要素), 예술 작품을 만드는 데 바탕이 되는 재료인 소재(素材), 본디부터 가지고 있어 발전할 가능성이 있는 어떤 일에 대한 재능의 바탕인 소질(素質), 평소에 닦고 쌓아 바탕이 된 교양인 소양(素養)에서의 소(素)는 '바탕'이라는 뜻이다.

상 수
常 數

常 · 항상 **상**

數 · 숫자 **수**

값이 항상(常) 일정하여 변하지 않는 값을 가진 수(數)를 상수(常數)라 하는데 '항상 상(常)' '숫자 수(數)'로 '변하지 않고 항상 같은 수(數)'라는 뜻이다. 반면 함수 관계로 대응하여 주어진 범위 안에서 변화하는 수를 '변할 변(變)'을 써서 변수(變數)라 한다. 가령 4x+6=12에서 4는 계수(係數), x는 변수, 6과 12는 상수가 되는데 '이을 계(係)'로 변수(變數)와 이어진 수(數)라는 뜻이다. 방정식이나 다항식에서 변수를 포함하지 않는 항을 상수항(常數項)이라 하는데, 가령 x+4y-5 일 때 x, 4y, -5 등 3개의 항에서 -3과 같이 수가 있는 항이 상수항이다.

관련어휘

• 상수 ↔ 변수
• 계수
• 상수항

• 상록수
• 상투적
• 상임
• 상비약
• 상설
• 비상
• 이상
• 상민

항상 상(常)은 '보통'이라는 의미로도 많이 쓰인다. 늘 푸른 나무라는 '초록빛 록(綠)' '나무 수(樹)'의 상록수(常綠樹), 늘 하는 버릇이라는 '정한대로 투(套)'의 상투적(常套的), 일정한 일을 항상 맡아서 한다는 '맡을 임(任)'의 상임(常任), 늘 준비되어 있는 상비약(常備藥), 언제든지 이용할 수 있도록 설비를 갖춘 상설(常設) 등에서는 '항상'이라는 의미지만, 보통이 아니라는 비상(非常)과 '다를 이(異)'의 이상(異常), 보통 사람인 상민(常民), 평상시와 달라 의심이

가는 상태라는 '다를 수(殊)'의 수상(殊常), 보통 사람이라면 공통으로 가지고 있어야 하는 보통의 지식인 '알 식(識)'의 상식(常識), 사람이라면 누구나 가지는 보통의 감정이라는 인지상정(人之常情) 등에서는 '보통'이라는 의미이다.

항상 살고 있음을 '살 주(住)'를 서서 상주(常住)라 하고, 대수롭지 않고 예사로움을 '무릇 범(凡)'을 써서 범상(凡常)이라 한다. 계속해서 변하지 않음을 '지날 경(經)'을 써서 경상(經常)이라 하기에, 경상수입(經常收入)은 각 회계연도마다 정기적으로 들어오는 수입을 일컫고, 경상비(經常費)는 매 회계 연도마다 연속적으로 반복하여 지출되는 일정한 종류의 경비를 일컫는다.

고려와 조선시대에 물가가 내릴 때 생필품을 사들였다가 값이 오를 때 시장에 내어서 물가를 조절하던 기관을 상평창(常平倉)이라 하였는데 '평평할 평(平)' '창고 창(倉)'으로 항상 평평하게 하는 창고라는 의미였고, 비상시를 대비한 군대(軍隊)를 상비군(常備軍)이라 하였는데 '준비할 비(備)'로 항상 준비된 군대라는 의미였다. '마을 반(班)' '모임 회(會)'를 쓴 반상회(班常會)는 마을(班)에서 항상(정기적으로) 열리는 모임이라는 의미이다. 인생이 덧없음을 인생무상(人生無常)이라 하는데 인생에 항상 그대로인 것은 없다는 이야기이고, 승패병가지상사(勝敗兵家之常事)는 이기고 지는 것은 싸움하는 집에서는 항상 있을 수 있는 일이라는 의미이다.

▲ 안전상비의약품

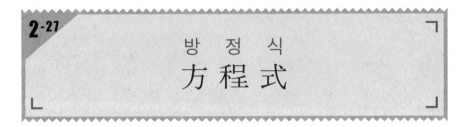

방 정 식
方 程 式

方 · 방법 방
程 · 법 정
式 · 식 식

변수(變數)를 포함하는 등식에서 변수의 값에 따라 참 또는 거짓이 되는 식(式), 또는 식(式)에 포함된 변수의 값에 따라서 참 또는 거짓이 되는 식, 즉 어떤 문자가 특정한 값을 취할 때에만 성립하는 등식(等式), 쉽게 말해 등식(等式) 가운데 모르는 수를 품고 그 모르는 수에 특정한 수치(數値)를 주었을 때에만 등식(等式)이 성립(成立)하는 것을 방정식(方程式)이라 한다. '방법 방(方)' '법 정(程)' '제도 식(式)'으로 '방법에 따라 법(규정)이 정해지는 식'이라는 의미이다. 이때 등식(等式)을 성립시키는 특정한 값을 방정식의 근 또는 해라 하고 근을 구하는 것을 '방정식을 푼다'라고 한다. 이와는 달리 변수(變數)를 포함하는 등식(等式)이 변수의 값에 상관없이 항상 참인 경우를 '항상 항(恒)' '같을 등(等)'을 써서 항등식(恒等式)이라 하는데 '항상 같게 되는 식'이라는 의미이다.

방(方)의 쓰임은 다양하다. '네모' '방위' '장소' '방법' '바르다' '바야흐로' '처방' 등이 그것이다. 네모난 배를 일컫는 방주(方舟)나 일정한 간격을 두고 가로 세로로 그은 종이인 '눈 안(眼)'의 방안지(方眼紙)에서는 '네모'라는 의미이고, 간 곳이나 방향이라는 방향(方向)이나 동쪽과 남쪽 사이에 속하는 방향이라는 동남방(東南方)에서는 '방위'라는 의미이며, 한 나라의 수도 이외의 지역인 지방(地方), 서유럽의 자본주의 국가를 일컫는 서방(西方), 그리고 가까운 곳이라는 근방(近方), 표준어와는 다른 어떤 지역이나 지방에서만 쓰이는 특유한 언어를 지칭하는 방언(方言), 나라의 경계가 되는 변두리 지역을 일컫는 변방(邊方)에서는 '장소'라는 의미이다. 사업이나 행동 방향의 지침이라는 방침(方枕)이나 일을 처리할 방법이라는 방안(方案), 온갖 방법이라는 백방(百方), 공개적으로 알려지지 않고 비밀스럽게 전해 오는 방법이라는 비방(秘方)에서는 '방법'이라는 의미이고, 말이나 행동이 의젓하고 바르다는 방정(方正)에서는 '바르다'는 의미이며, 병의 증세에 따라 약제를 배합하는 방법인 처방(處方)에서는 '처방'이라는 의미인 것이다.

유필유방(遊必有方)이라는 말이 있다. '놀 유(遊)' '반드시 필(必)' '있을 유(有)' '장소 방(方)'으로 먼 곳에 갈 때는 반드시 그 장소를 알려야 한다는 뜻으로 놀러갈 때에는 반드시 장소를 일러둠이 있어야 한다는 말이다. 수수방원기(水隨方圓器)라는 말이 있다. '물 수(水)' '따를 수(隨)' '네모 방(方)' '그릇 기(器)'로 물은 네모난 그릇이냐 둥근 그릇이냐에 따라 그 모양이 달라진다는 뜻으로, 사람은 만나는 사람에 따라 달라지기 때문에 좋은 친구를 사귀는 것이 중요하다는 말이다.

함 수
函 數

函 · 상자 **함**
數 · 숫자 **수**

하나의 값이 주어지면 그에 대응하여 다른 하나의 값이 따라서 정해질 때, 그 정해지는 값을 먼저 주어지는 값에 상대하여 '함수(函數)'라 한다. '상자 함(函)' '숫자 수(數)'로 상자 속에 넣어둔 숫자, 자판기에 100원을 넣었을 때에 두 개가 나왔다면 200원을 넣었을 때에 4개, 300원을 넣었을 때에 6개가 나오는 상자로 이해해도 좋을 것 같다.

상자 함(函). 우편물을 넣는 작은 상자를 우편함(郵便函)이라 하고, 투표자가 기입한 투표용지를 넣는 상자를 투표함(投票函)이라 하며, 거두어 갈 수 있도록 물건을 놓아두는 상자로 수거함(收去函)이라 한다. 개인 물건을 넣어 두는 상자를 사물함(私物函)이라 하고, 보석이나 장신구 등을 넣어 두는 상자를 보석함(寶石函)이라 하며, 경비상 중요한 길목의 벽이나 기둥에 매달아 놓고, 순찰하는 사람이 순찰한 결과를 적어 넣는 상자를 순찰함(巡察函)이라 한다. 선박이나 자동차, 수레 등의 운송 수단에 짐을 실을 수 있도록 만들어 놓은 칸을 적재함(積載函)이라 하고, 화장한 시체의 유골을 넣을 수 있게 만든 상자를 납골함(納骨函)이라 한다.

관련 어휘

• 우편함
• 투표함
• 수거함
• 사물함
• 보석함
• 순찰함
• 적재함
• 납골함

적(籍, 帳簿)에 올라 있는 수효를 재적수(在籍數)라 하고, 똑같은 것이 되풀이되는 도수(度數)를 '자주 빈(頻)'을 써서 빈도수(頻度數)라 하며, 대상이 되는 통계집단 전체를 조사하는 방법을 전수조사(全數調査)라 한다. 둘 이상의 정수 또는 정식에 공통되는 약수(約數)를 공약수(公約數)라 하고, 둘 또는 그 이상의 정수(整數)나 정식(整式)에 공통되는 배수(倍數)를 공배수(公倍數)라 한다. 정수의 비(比)로 나타낼 수 있는 수를 다스릴 수 있는 수라는 의미로 '다스릴 리(理)'를 써서 유리수(有理數)라 하고, 실수이지만 분수의 형식으로 나타낼 수 없는 수를 다스릴 수 없는 수라는 의미로 무리수(無理數)라 한다.

두서너 칸밖에 안 되는 띠집(오두막집)을 '띠 모(茅)' '집 옥(屋)'을 써서 수간모옥(數間茅屋)이라 하고, 그 수를 알지 못한다는 뜻으로 매우 많은 상태를 부지기수(不知其數)라 하며, 목적 달성을 위하여 인정이나 도덕을 가리지 않고 권세와 중상모략 등 수단과 방법을 가리지 않는 온갖 술책을 '권세 권(權)' '계략 모(謀)' '꾀 술(術)'을 써서 권모술수(權謀術數)라 한다. 물가지수(物價指數) 주가지수(株價指數), 행복지수(幸福指數)처럼 물가나 주식, 노임 등의 변동 상황을 나타내고자 할 때 그 기준이 되는 때를 100으로 하여 비교하여 나타내는 숫자를 '가리킬 지(指)'를 써서 지수(指數)라 한다. 수학(數學)에서의 지수(指數)는 어떤 수나 문자의 오른쪽 위에 넛붙여 쓰여 그 거듭제곱을 한 횟수를 나타내는 문자나 숫자를 가리킨다.

등 차 수 열
等 差 數 列

等·같을 **등**
差·차이 **차**
數·숫자 **수**
列·나열할 **열**

1, 4, 7, 10, 13, 16…… 처럼 서로 이웃하는 두 항 사이의 차가 일정한 숫자의 나열을 '같을 등(等)' '차이 차(差)' '숫자 수(數)' '나열할 열(列)'을 써서 등차수열(等差數列)이라 한다. 같은 차이로 숫자가 나열되어 있다는 의미이다. '비율 비(比)'를 쓴 등비수열(等比數列)은 2, 4, 8, 16, 32……처럼 같은 비율로 숫자가 나열된 것, 그러니까 초항(初項)부터 차례대로 일정한 수를 곱하여 이루어진 숫자의 나열을 가리킨다.

등(等)은 '같다'는 의미와 함께 '무리'와 '등급'이라는 의미로도 많이 쓰인다. 같은 식인 등식(等式), 같지 않은 식인 부등식(不等式), 2개의 변 길이가 같은 삼각형이라는 이등변삼각형(二等邊三角形), 같은 높이를 이은 선이라는 등고선(等高線), 같은 빠르기라는 등속(等速)에서는 '같다'는 의미이지만, 우리들이라는 오등(吾等)에서는 '무리'라는 의미이고, 계급이나 등급이 낮아진다는 '내릴 강(降)'의 강등(降等)이나 등급을 나누어 그것에 따라 정한 차례라는 등수(等數)나 초등학교(初等學校) 고등학교(高等學校)에서는 '등급'이라는 의미이다.

관련 어휘

• 등비수열

• 등식 ↔ 부등식
• 이등변삼각형
• 등고선
• 등속
• 오등
• 강등
• 등수
• 초등학교
• 고등학교

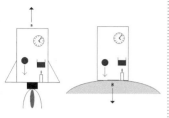

▲ 등가원리

- 열등감
- 등신불
- 등가원리

- 차이
- 차별
- 일교차
- 환차손
- 시세차익
- 시각차
- 천양지차
- 무차별
- 차액
- 표준
- 편차
- 표준편차

자기를 남보다 못하거나 낮추어 평가하는 생각을 '못할 열(劣)' '느낄 감(感)'을 써서 열등감(劣等感)이라 하고, 사람의 몸과 같은 크기로 만든 불상을 등신불(等身佛)이라 하며, 중력(重力)이 작용하고 있는 계(系)와 가속도 운동을 하고 있는 계는 동등하며 서로 구별할 수 없다는 원리를 '값 가(價)'자를 써서 등가원리(等價原理)라 한다.

차이 차(差)는 '어긋나다' '나머지' '병 낫다'는 의미로도 쓰인다. 서로 어긋나거나 다름을 차이(差異)라 하고, 여럿 사이에 차등을 두어 구별함을 차별(差別)이라 하며, 기온 습도 등이 하루 동안에 변화하는 차를 일교차(日較差)라 한다. 환율변동으로 생기는 손해를 환차손(換差損), 물건의 가격이나 시세변동으로 생긴 이익을 시세차익(時勢差益)이라 하며, 어떤 것을 생각하거나 파악하는 방식의 차를 시각차(視覺差)라 한다. 하늘과 땅 사이처럼 엄청난 차이를 '하늘 천(天)' '땅 양(壤)'을 써서 천양지차(天壤之差)라 하고, 가리지 않고 마구잡이로 하는 것을 무차별(無差別)이라 하며, 차이 나는 돈의 액수를 차액(差額)이라 한다. 여러 다양한 것들이 섞여 있는 범주에서 가장 평균적인 것을 '우듬지 표(標)' '법 준(準)'을 써서 표준(標準)이라 하고, 수치, 위치, 방향 등이 일정한 기준에서 벗어난 정도나 크기를 '치우칠 편(偏)'을 써서 편차(偏差)라 한다. 통계 집단의 분산의 정도를 나타내는 수치를 표준편차(標準偏差)라 하는데, 표준편차가 크다는 것은 평균에서 떨어진 값이 크다는 뜻이다.

도 수 분 포 표
度 數 分 布 表

度 · 정도 **도**
數 · 숫자 **수**
分 · 나눌 **분**
布 · 펼칠 **포**
標 · 표 **표**

크기의 정도를 나타낸 것을 '정도 도(度)' '숫자 수(數)'를 써서 도수(度數)라 하고, 나누어 펼쳐진 상태를 나타낸 표를 '나눌 분(分)' '펼칠 포(布)' '표 표(標)'를 써서 분포표(分布標)라 한다. 도수분포표(度數分布表)는 자료를 일정한 수의 범위로 나누어 분류하고, 각 범위별로 수량을 정리한 표를 일컫는다. 도수(度數)에서 '서로 상(相)' '대할 대(對)'의 상대(相對)가 서로 마주보고 비교함, 또는 어떤 것을 기준으로 다른 것과 서로 비교한 것을 나타낸다는 의미이기에 전체 도수에 대하여 각 계급의 도수를 서로 비교하여 나타낸 비율을 상대도수(相對度數)라 하고, '포갤 누(累)' '쌓을 적(積)'의 누적(累積)이 포개어서 쌓는다는 의미이기에 각 계급의 도수를 작은 쪽이나 큰 쪽의 도수부터 어느 계급의 도수까지 차례로 더한 합을 누적도수(累積度數)라 한다.

관련어휘

· 분포표
· 도수

· 상대도수
· 누적도수
· 제도
· 법도

정도 도(度)라고 하였는데 관습이나 도덕, 법률 등의 규범이나 사회 구조의 체계를 일컫는 제도(制度)에서는 '법도

(法度)’, 길이·부피·무게 등의 단위 재는 법을 일컫는 도량형(度量衡)에서는 ‘자’, 어떤 일이나 상황 따위에 대해 취하는 마음가짐이나 입장을 일컫는 태도(態度)에서는 ‘모양’, 2017년도(年度)에서는 ‘횟수’, 온도(溫度) 경도(經度), 난이도(難易度) 등에서는 ‘단위’라는 의미이다. 안중(眼中)에 두지 아니하고 무시하거나 문제 삼지 않음을 법도(法度) 밖으로 본다는 의미로 도외시(度外視)라 하고, 내버려 두고 상대하지 않음을 ‘둘 치(置)’를 써서 치지도외(置之度外)라 한다. 세상이 이름이 알려진 정도를 ‘알 지(知)’ ‘이름 명(名)’을 써서 지명도(知名度)라 하고, 혼합 기체나 액체의 진하고 묽은 정도를 ‘짙을 농(濃)’을 써서 농도(濃度)라 한다.

나눌 분(分)은 ‘구별하다’ ‘신분’이라는 의미로도 쓰인다. 사리를 따져서 가려내거나 서로 다른 것을 구별하여 가르는 일인 분별(分別), 구별하여 분명히 한다는 의미로 흐릿하지 아니하고 또렷하거나 확실하다는 분명(分明)에서는 ‘구별하다’는 의미이고, 개인의 사회적 지위나 법률상의 지위를 일컫는 신분(身分)이나 자기가 마땅히 하여야 할 일인 직분(職分)에서는 ‘신분’이라는 의미인 것이다. 의사는 진찰과 처방만 하고 약의 조제는 약사가 하도록 하는 제도를 의약분업(醫藥分業)이라 하고, 쓰레기나 재활용품 등을 종류별로 나누어 거두어 가는 일을 분리수거(分離收去)라 하며, 사물의 속성 따위가 바뀌어 갈라지는 지점이나 시기를 분기점(分岐點)이라 한다. ‘안분지족(安分知足)’은 자기 분수(分數)에 편안(만족)하여 만족함을 안다는 의미이다.

3장

사회 탐구의
이해를 돕는 어휘

입 헌 군 주 국
立 憲 君 主 國

立 · 실 **립**

憲 · 헌법 **헌**

君 · 임금 **군**

主 · 주인 **주**

國 · 나라 **국**

일본, 영국, 스페인, 영연방국가도 입헌군주국(立憲君主國)이다. '임금 군(君)' '주인 주(主)' '나라 국(國)'의 군주국(君主國)은 임금이 나라의 주인이라는 의미로 국가의 주권이 군주에게 있어 군주가 세습적으로 국가 원수가 되는 나라를 가리키고, 입헌(立憲)은 헌법에 의해 세워졌다는 의미이기에 입헌군주제(立憲君主制)란 헌법 체계 아래서 세습되거나 선임된 군주를 인정하는 정부 형태를 말한다. 즉 군주의 권력이 헌법에 의하여 제한을 받는 정치 체제가 입헌군주제인 것이다. 반면 '오로지 전(專)' '통제할 제(制)'의 전제(專制)가 오로지 혼자서 통제한다는 의미이기에 전제군주국(專制君主國)은 군주가 국가의 통치권 전부를 장악하고 국가기관은 군주의 권력집행기관에 지나지 않는 제도를 말한다.

관련어휘

• 입헌
• 입헌군주제
• 전제
• 전제군주국

• 입추의 여지
• 입추
• 여지

설 립(立)이다. '입추(立錐)의 여지(餘地)가 없을 만큼 사람들이 많이 모였다'는 말을 듣곤 하는데, '설 립(立)'에 '송곳 추(錐)'를 쓴 '입추(立錐)'가 '송곳이 서다'는 의미이고 '남을 여(餘)'에 '땅 지(地)'를 쓴 여지(餘地)가 '남은 땅'이라는 의미이므로 가느다란 송곳마저 설만한 공간

없이 빽빽하게 들어 차 있음을 표현한 말이다.

숙어(熟語)처럼 쓰이는 말일지라도 생각 없이 암기하면 재미도 없고 정확한 의미 파악도 어렵지만 그 뜻을 정확하게 알게 되면 재미가 솟구치면서 정확하게 사용할 수도 있다. 알게 되면 재미있게 된다는 말이다. 사건을 세운다는 의미로 혐의 사실을 인정하고 사건을 성립시킴을 '입건(立件)'이라 하고, 어느 쪽에도 치우치지 않고 중간적 입장을 지킴을 '중립(中立)'이라 한다. 사회적으로 자기 기반을 확립하는 일을 입신(立身)이라 하고, 뜻을 세움을 입지(立志)라 한다.

홀로 외롭게 있게 되어 도움 받을 수 없음을 '외로울 고(孤)' '도울 원(援)'자를 써서 고립무원(孤立無援)이라 하고, 문자가 서지 않는다(언어로 표현하지 않는다)는 의미로 마음에서 마음으로 생각을 전하는 일을 불립문자(不立文字)라 한다. 입도선매(立稻先賣)라는 말이 있다. '벼 도(稻)' '팔 매(賣)'로 논에 서 있는 벼를 먼저 판다는 의미로 원래는 주로 영세 농민이 생활비나 기타 필요한 자금을 얻기 위해 도매상이나 중간 상인에게 헐값으로 벼를 파는 일을 일컬었는데 의미가 확장되어 졸업 등 자격을 갖추기도 전에 인재 등을 미리 뽑는 일로도 쓰이고 있다. '입불교(立不教) 좌불의(坐不議)'라고 하였다. 서 있어도 별로 가르치는 것 아니고 앉아 있어도 무엇을 의논하지 않는다는 의미인데, 그럼에도 불구하고 빈 마음으로 찾아갔던 사람이 무엇인가를 가득 얻고 돌아온다는 '무언지교(無言之教)'를 설명한 말이다.

경 매
競 賣

競 · 다툴 경
賣 · 팔 매

수십 억 원에 달하는 고가(高價) 물건이 경매시장에서 찬밥 신세를 면치 못하고 있다고 한다. 매수자(買收者)를 찾지 못해 유찰이 거듭되면서 최초 감정가의 5분의 1까지 가격이 떨어진 물건도 나오고 있다는 것이다. '다툴 경(競)' '팔 매(賣)'의 경매(競賣)는 서로 다투도록 하여서 비싼 값에 판다는 의미로 어떤 물건을 사려는 사람이 여럿일 때 값을 제일 높게 부른 사람에게 파는 일을 일컫는다.

다툴 경(競)은 立兄立兄(竞+竞)이 결합된 글자로 두 형(兄)이 마주 서서(立) 심하게 다툰 데에서 나왔다고 생각할 수 있다. 기술이나 운동 능력의 낮고 못함을 다툰다는 경기(競技), 말을 타고 빨리 달리기를 겨루는 경기인 경마(競馬) 등에 쓰인다.

 관련어휘

• 경기
• 경마

• 매각
• 매관

살 매(買)에 '선비 사(士)'가 더해진 '팔 매(賣)'는 팔아넘긴다는 매각(賣却), 돈을 받고 벼슬을 판다는 매관(賣官),

賣(매)자와 비슷한 글자

買 살 매
續 이을 속
讀 읽을 독
瀆 더러워질 독

• 매국
• 매점
• 경진
• 경쟁
• 전매
• 전매

• 국제경쟁력
• 경연대회
• 경합
• 생존경쟁

• 매물
• 도매상
• 매도
• 인신매매
• 밀매

개인적인 이익을 위하여 나라의 주권이나 이권을 팔아먹는 것을 일컫는 매국(賣國), 물건 파는 가게인 매점(賣店) 등에 사용된다. 비슷한 글자로는 살 매(買), 이을 속(續), 읽을 독(讀), 더러워질 독(瀆) 등이 있다. 생산품 등의 우열(優劣)을 겨룸을 경진(競進)이라 하고, 서로 겨루어 다투는 일을 경쟁(競爭)이라 한다. '전매'는 어떤 물품을 독점하여 파는 일인 '오로지 전(專)'의 전매(專賣)와, 산 물건을 다시 다른 사람에게 팔아넘긴다는 '굴릴(옮길) 전(轉)'의 전매(轉賣)가 있다.

국제 시장에서 한 나라의 산업이나 기업의 개별 상품이 경쟁하여 시장을 점유하는 힘을 국제경쟁력(國際競爭力)이라 하고, 개인이나 단체가 모여 예능이나 기능 따위를 겨루거나 발표하는 모임을 경연대회(競演大會)라 하며, 서로 맞서 겨루는 일을 경합(競合)이라 한다. 생활의 존속이나 지위의 획득을 둘러싸고 일어나는 모든 경쟁을 생존경쟁(生存競爭)이라 한다.

팔기 위해서 내놓은 물건은 매물(賣物), 도매로 물건을 파는 가게나 장수는 '우두머리 도(都)'의 도매상(都賣商)이다. 물건이나 집 따위를 남에게 팔아넘김은 '건넬 도(渡)'의 매도(賣渡), 사람을 물건처럼 팔고 사는 일은 인신매매(人身賣買), 거래가 금지된 물건을 몰래 파는 일은 '몰래 밀(密)'의 밀매(密賣)이다.

공 동 화
空 洞 化

空 · 빌 공(통)
洞 · 마을 동
化 · 될 화

도시로 인구가 집중되면서 농촌이 공동화되는 현상이
나타난 지 오래임에도 뚜렷한 대책이 나오지 않고 있
다. 마을이나 도시, 건물 따위가 사람들이 모두 떠남으
로 인해 텅 비게 됨을 '빌 공(空)' '마을 동(洞)' '될 화(化)'
를 써서 공동화(空洞化)라 하는데 '마을이 텅 비게 되었
다'는 의미이지만 마땅히 있어야 할 내용이 없어지거
나 속이 텅 비게 된다는 의미로도 쓰이고 있다.

공(空)은 공간(空間) 공일(空日) 공석(空席)에서는 '비다',
공중(空中) 공군(空軍) 허공(虛空)에서는 '하늘', 그리고 공
상(空想)에서는 '쓸데없음'이라는 의미이다. '공전(空前)
의 히트를 기록하였다'라고 하는데 '이전(以前)에는 없
었다(空)'는 의미이고, 실현성이 없는 허황된 이론(理論)
을 탁상공론(卓上空論)이라 하는데 탁자(卓子) 위에서만
펼치는 헛된 논의(論議)라는 의미이며, 아무것도 가진
것이 없음을 적수공권(赤手空拳)이라 하는데 맨손과 맨
주먹이란 뜻이다.

마을 동(洞)은 '물(氵)이 있는 곳에 함께(同) 마을(洞)을

관 련 어 휘

· 공간
· 공일
· 공석

· 공중
· 공군
· 허공

· 공상

· 공전
· 탁상공론
· 적수공권

洞(동)과 비슷한 한자

同 같을 동
桐 오동나무 동
銅 구리 동

이루며 산다.'에서 동네로 들어가게 되는 입구를 일컫는 '동구(洞口)'나 '전주시 중화산동'처럼 마을의 명칭을 일컫기도 하지만, 종종 '동굴'이나 '깊숙하다'는 의미로도 쓰인다. 사물이나 현상 등을 환히 내다보고 속속들이 살핌을 '살필 찰(察)'자를 써서 '통찰(洞察)'이라 하고, 아랫사람의 형편 등을 헤아려 살핌을 '촛불 촉(燭)'을 써서 통촉(洞燭)이라 하는데 이 경우는 '통하다' '꿰뚫다'는 의미이고 '통'으로 읽는다. 비슷한 글자에 같을 동(同), 오동나무 동(桐), 구리 동(銅) 등이 있다.

'~되다'는 의미를 지닌 **'화(化)'**는 단어의 뒤에 붙어서 어떤 현상이나 상태로 변하게 되거나 무슨 일에 익숙하게 된다는 뜻으로 많이 쓰인다. 원순모음이 아니었던 것이 원순모음이 된다는 '둥글 원(圓)' '입술 순(脣)'의 원순모음화(圓脣母音化), 같지 않은 것이 같게 된다는 '같을 동(同)'의 동화(同化), 닫혔던 상태에서 열린 상태로 된다는 '열 개(開)'의 개화(開化), 천 번 변하고 만 번 변한다는 의미로 끝없이 변화함을 일컫는 '변할 변(變)'의 천변만화(千變萬化), 비민주적인 것이 민주적으로 되어간다는 민주화(民主化), 여성 아닌 사람(남성)이 여성처럼 되어가는 일인 여성화(女性化) 등이 그것이다.

귤화위지(橘化爲枳)라는 말이 있다. '귤 귤(橘)' '될 위(爲)' '탱자 지(枳)'로 귤(좋은 것)이 탱자(나쁜 것)가 된다는 의미인데 사람도 환경과 조건에 따라 기질이 변하게 됨을 일컬을 때에 사용한다.

3-4

간 척
干 拓

干 · 막을 **간**

拓 · 넓힐 **척(탁)**

바다나 호수 주위에 둑을 쌓아 막아서 그 안의 물을 빼내어 육지(陸地)로 만드는 일을 간척(干拓)이라 하는데 '막을 간(干)' '열 척(拓)'으로 물을 막아서 새로운 땅을 연다(넓힌다)는 의미이다.

만조와 간조 ▶

'干'을 '방패 간'이라 하는데 방패는 막는 역할을 하기에 '막다'는 의미가 더하여졌다. 나라를 지키는 군인을 '간성(干城)'이라 하는 것은 '방패와 성벽'의 역할을 하기 때문이다. 조수(潮水)를 막았기에 '조수 조(潮)'를 서서 간조(干潮)이고 조수가 꽉 찼기에 '찰 만(滿)'의 만조(滿潮)이다. 밀물과 썰물을 '꽉 찰 만(滿)'을 써서 간만(干滿)이라고 하는 것 역시 '물을 들어오지 못하게 막아 물이 없는 상태와 물이 꽉 찬 상태'이기 때문이다. 층계, 다리, 툇마루 따위의 가장자리에 나무나 쇠로 만든 기둥을 이용해 일정한 간격으로 막아 세운 구조물을 '울타리 난(欄)'을 써서 난간(欄干)이라 하고, 관계없는 남의 일에 부당하게 참견함을 '건널 섭(涉)'을 써서 간섭(干涉)이라

관련 어휘

- 간성
- 간조
- 만조
- 간만
- 난간
- 간섭

하는데 막아섰다가 건너갔다가 한다는 의미이다. '간(干)'은 '간지(干支)'에서는 '천간'이라는 의미이고, 약간(若干)에서는 '얼마'라는 의미이다. 나무가 하늘을 찌를 듯이 높이 솟은 것을 형용하여 '간운폐일(干雲蔽日)'이라고 하는데 '가릴 폐(蔽)' '태양 일(日)'로 구름을 막고 태양을 가릴 만큼 크다는 의미이다. 나라를 구하여 지키는 믿음직한 군인이나 인물을 구국간성(救國干城)이라 하는데 나라를 구하는 방패와 성이란 뜻이다.

▲ 서산마애삼존불상(좌)과 탁본(우)

척(拓)은 '열다'는 의미로 쓰일 때에는 '척'으로 발음하고, '박다'는 의미로 쓰일 때에는 '탁'으로 발음한다. 생땅을 일구어 논밭을 만들거나 아무도 한 일이 없는 일을 처음 시작하여 그 부문의 길을 닦음을 '개척(開拓)'이라 하고, 금석(金石)에 새긴 글씨나 그림을 그대로 종이에 박아내는 일을 '탁본(拓本)'이라고 하는 것이 그 예이다. 아무도 손대지 않은 분야의 일을 처음 시작하여 새로운 길을 닦고자 하는 정신을 개척정신(開拓精神)이라 한다.

1908년에 일본이 한국의 경제를 독점하고 착취하기 위하여 설립한 국책 회사를 '동양척식회사(東洋拓殖會社)'라 하였는데 '번성할 식(殖)'을 쓴 '척식(拓殖)'은 국외의 영토나 미개지를 개척(開拓)하여 자국민(自國民)을 이주시켜 정착하게 한다는 의미였다.

개 혁
改 革

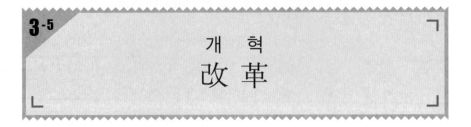

改・고칠 **개**
革・가죽 **혁**

짐승에서 벗겨 낸 가죽은 그대로는 사용할 수가 없고 그 날가죽에서 털과 기름을 뽑아내는 작업을 하여야 사용이 가능하다고 한다. 크고 새롭게 고치는 일을 일컫는 '개혁(改革)' '혁명(革命)' 등에 '가죽 혁(革)'자가 들어가는 이유이다. 제도나 기구 따위를 새롭게 뜯어고치는 일을 '고칠 개(改)' '가죽 혁(革)'자를 써서 '개혁(改革)'이라 한다.

고칠 개(改)는 시집갔던 여자가 다른 남자에게 다시 시집가는 일을 일컫는 '시집갈 가(嫁)'의 개가(改嫁), 나쁜 점을 고치어 좋게 한다는 '좋을 양(良)'의 개량(改良), 고치어 새로 만든다는 '지을 작(作)'의 개작(改作), 아침에 내린 명령을 저녁에 다시 고친다는 뜻으로 법령이나 명령이 자주 바뀌는 것을 일컫는 '아침 조(朝)' '명령 령(令)' '저녁 모(暮)' '고칠 개(改)'의 조령모개(朝令暮改), 이전의 잘못을 뉘우치고 고친다는 '뉘우칠 회(悔)'의 회개(悔改) 등에 쓰인다.

 관련 어휘

• 개가
• 개량
• 개작
• 조령모개
• 회개

'개과불린(改過不吝)'이라 하였다. '허물 과(過)' '아낄 린(吝)'으로 허물 고치는 일에 시간과 정성을 아끼지 말라는 말이다. '과즉물탄개(過則勿憚改)'라고도 하였다. '말 물(勿)' '곧 즉(則)' '꺼릴 탄(憚)'으로 잘못을 했을 때에 고치는 것을 꺼리지 말아야 한다는 말이다. '만단개유(萬端改諭)'라는 말도 있는데 만 가지 좋은 말로 고쳐서 깨우친다는 의미로 친절하게 가르치는 일을 일컫는다.

가죽 혁(革)은 가죽으로 만든 띠인 혁대(革帶), 묵은 것을 고쳐서 새롭게 한다는 혁신(革新), 바꾸어 새롭게 한다는 변혁(變革) 등에 사용된다. 조선의 건국을 역성혁명(易姓革命)이라고도 하는데 '바꿀 역(易)' '성씨 성(姓)'으로 타성(他姓)에 의한 왕조(王朝)의 교체, 즉 성씨가 왕(王)씨에서 이(李)씨로 바뀌었기 때문에 붙여진 이름이었다. 덕(德) 있는 사람은 천명(天命)에 의해 왕위(王位)에 오르고, 하늘의 뜻에 반하는 사람은 왕위를 잃는다는 고대 중국의 정치사상이기도 하였다.

허물을 고쳐서 착함에 옮김을 개과천선(改過遷善)이라 하고, 이전의 왕조를 뒤집고 새로운 왕조가 들어서는 일, 또는 비합법적인 수단으로 정치권력을 잡는 일, 그리고 종래의 관습·제도·방식을 깨뜨리고 새롭게 하는 일을 일러 혁명(革命)이라 한다. 고치는 것을 두려워해서는 안 된다. 변화 없이는 발전도 있을 수 없기 때문이다.

▲ 민중을 이끄는 자유의 여신(프랑스혁명) 출처: 루브르박물관, 외젠 들라크루아

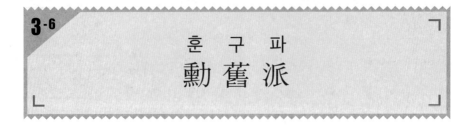

훈 구 파
勳 舊 派

勳 · 공 훈

舊 · 예 구

派 · 갈래(무리) 파

조선 초기, 세조를 도와 왕위에 오르게 한 유림의 한 파를 훈구파(勳舊派)라 하였는데 '공 훈(勳)' '옛 구(舊)' '갈래(무리) 파(派)'로 '옛날에 공을 세웠던 사람들의 무리'라는 의미이다. 훈구파라는 명칭은 훈구공신(勳舊功臣) 훈구대신(勳舊大臣) 등 오랫동안 임금 곁에서 관리로 지내면서 공로를 많이 세웠다는 의미를 지닌 일반 용어였으나, 세조 이래 기성 집권 정치세력을 지칭하기 위해 편의적으로 붙여진 명칭이다. 신진 정치세력인 사림파(士林派)와 대비되는 정치세력을 지칭하는 역사적 용어로 쓰인 것이다.

공 훈(勳)이라고 하였다. 뛰어난 공훈이라는 '뛰어날 수(殊)'의 수훈(殊勳), 전쟁에서 세운 공적인 '굳셀 무(武)'의 무훈(武勳) 등에 쓰인다. 국가 유공자(有功者) 예우(禮遇) 시책과 참전군인 및 제대군인 지원 사업을 시행(施行)하는 국무총리 산하의 중앙행정기관을 국가보훈처(國家報勳處)라 하는데, 국가에 공을 세운 일에 대해 보답해주는 곳(기관)이라는 의미이다.

관련 어휘

• 훈구파 ↔ 사림파
• 훈구공신
• 훈구대신

• 수훈
• 무훈
• 국가보훈처

'공 훈(勳)'에 '나타낼 장(章)'을 쓴 훈장(勳章)은 국가나 사회에 공로가 있는 사람에게 그 일을 기리기 위하여 내려 주는 휘장을 가리키는데 우리나라 최고 훈장은 무궁화대훈장이다. 독립운동에 목숨을 바쳤으면서도 훈장 하나도 받지 못한 사람도 있고 일제의 앞잡이 노릇을 하고서도 독립 유공자 훈장을 받은 사람도 있다는 말을 들으면서 세상에 엉터리가 많다는 생각을 다시 한 번 해 본다.

장(章)은 '글' '시문(詩文)'이나 악곡(樂曲) 따위의 한 절' '밝히다' '규칙이나 법률' '문체' '도장' '나타내다'는 의미로 쓰인다. 인간의 권리(權利)에 대한 문장(章)을 적어놓은 책(典)으로 영국의 명예혁명의 결과로 이루어진 인권선언인 권리장전(權利章典), 헌법의 규칙이나 이상으로서 규정한 원칙적인 규정인 헌장(憲章), 고려와 조선 시대에 궁중에서 나라의 공식적인 제향(祭享)이나 연향(宴享) 때에 쓰이는 가사를 일컫는 악장(樂章) 등에 쓰인다. 중국 한대(漢代) 훈고학(訓詁學)을 장구지학(章句之學)이라고도 하였는데 장(章)과 구(句)의 해석에만 치우쳐 전체의 대의(大義)에는 통하지 않는 학문이라는 의미였다. '단장취의(斷章取義)'라는 말이 있는데 남의 시문(詩文) 중에서 전체의 뜻과는 관계없이 자기가 필요한 부분만을 따서 마음대로 해석(解釋)하여 쓰는 일을 일컫는다.

▲ 영국의 권리장전(Bill of Rights)

3-7

방 조 제
防 潮 堤

防 · 막을 **방**
潮 · 조수 **조**
堤 · 둑 **제**

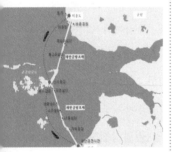

▲ 전북 새만금 방조제 조감도

 관련어휘

• 방부
• 방독
• 방수
• 예방
• 소방
• 제방
• 방역
• 방범

밀려드는 조수(潮水)로 인한 피해를 막기 위하여 바닷가에 쌓은 둑을 '막을 방(防)' '조수 조(潮)' '둑 제(堤)'를 써서 방조제(防潮堤)라 하는데, 방조제(防潮堤)는 국토를 확장하기 위하여 또는 바닷물로부터 농지를 보전하기 위하여 막는다. 가령 우리나라 전북 군산시와 고군산도~부안군을 잇는 새만금 방조제는 그 길이가 무려 33.9km에 달한다.

'막다'는 의미의 **'방(防)'**은 썩음을 막는다는 '썩을 부(腐)'의 방부(防腐), 독기를 막아낸다는 방독(防毒), 물을 막는다는 방수(防水), 미리 막는다는 '미리 예(豫)'의 예방(豫防) 등에 쓰인다. 불을 사라지게 하는(끄는) 일과 예방하는 일을 '사라질 소(消)'를 써서 '소방(消防)'이라 하고, 홍수(洪水)의 예방(豫防)이나 저수(貯水)를 위해 둘레를 흙 등으로 높이 막아 쌓은 언덕을 '둑 제(堤)'를 써서 제방(堤防)이라 한다. 전염병 따위가 퍼지지 않도록 예방함을 '전염병 역(疫)'을 써서 방역(防疫)이라 하고, 범죄 막음을 '범죄 범(犯)'을 써서 방범(防犯)이라 하며, 적의 군사적 침략이나 천재지변에 대해서 생명과 재산을

154

▲ 방파제

보호하기 위한 민간 차원의 조직적 방어행위를 '지킬 위(衛)'를 써서 민방위(民防衛)라 한다. 파도나 해일 따위를 막기 위하여 항만에 쌓아올린 둑을 '파도 파(波)'를 써서 방파제(防波堤)라 하고, 강풍을 막기 위하여 조성된 숲을 방풍림(防風林)이라 한다.

노동법 개정을 둘러싼 노사간 공방(攻防)과 갈등(葛藤)이 노사 관계 선진화를 지체시킬 가능성이 있다는 지적이 있고, 여당과 야당 사이에 책임 공방이 점차 가열되고 있어 국민들의 우려의 목소리도 높아지고 있다는 지적도 있는데, '칠 공(攻)' '막을 방(防)'자의 공방(攻防)은 적을 치는 일과 막는 일이라는 의미이지만 보통은 자신의 주장을 내세우면서 상대방을 몰아세우는 일을 일컫는다.

'방민지구심어방천(防民之口甚於防川)'이라 하였다. 백성들의 입을 막음은 흐르는 냇물을 억지로 막는 일보다 위험하다는 의미로 백성들의 언론 자유를 빼앗음을 경계할 때 쓰는 말이다. 소순(蘇洵)의 『관중론(管仲論)』에 '공지성 비성어성지일 개필유소유기(攻之成 非成於成之日 蓋必有所由起)'라는 말이 나온다. 공격하여 일이 성공한 것은 성공한 날에 갑자기 이루어진 것이 아니라 모두가 반드시 성공한(일어난) 이유가 있었기 때문이었다는 의미이다. 남들에게는 요행인 것처럼 보이는 것도 사실은 오랫동안 노력한 결과라는 이야기인 것이다.

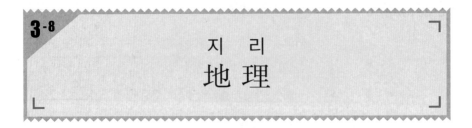

지 리
地 理

地 · 땅 **지**

理 · 이치 **리**

▲ 풍수지리에서의 명당

관련어휘

• 풍수지리

• 지하
• 지각
• 지대
• 지도
• 지뢰
• 지점
• 거주지
• 궁지
• 입지
• 지위
• 소지
• 여지

'땅 지(地)'자에 '이치 리(理)'자를 쓴 지리(地理)는 '지구의 표면에서 일어나는 자연과 인문 현상의 공간적 다양성과 이들 간의 상호 관련성, 주요 지역적 유형 따위를 연구하는 학문'이지만 '일정한 곳의 지형이나 길 따위의 형편'이라는 의미와 '지구상의 기후, 생물, 산과 강, 도시, 교통, 주민, 산업 따위의 상태'라는 의미로도 쓰인다. 산세(山勢), 지세(地勢), 수세(水勢) 따위를 판단하여 이를 인간의 길흉화복(吉凶禍福)에 연결시켜 설명하려는 이론이나 주장을 풍수지리(風水地理)라 한다.

지(地)가 지하(地下) 지각(地殼) 지대(地帶) 지도(地圖) 지뢰(地雷)에서는 '땅'이라는 의미이지만 '땅'이라는 의미로만 쓰이는 것은 아니다. 지점(地點) 거주지(居住地) 궁지(窮地) 입지(立地)에서는 '곳', 지위(地位)에서는 '처지', '본디의 바탕'이라는 소지(素地)에서는 '바탕'이라는 의미이다. '여지(餘地)'가 글자 그대로는 '나머지의 땅' '들어설 수 있거나 이용할 수 있는 땅'이라는 의미이지만, 일반적으로는 '무슨 일을 하거나 생각하거나 하는 여유'라는 의미로 많이 쓰인다.

'정지 작업 중'이라는 말을 듣는다. '가지런할 정(整)' '땅 지(地)'의 정지(整地)는 땅을 고른다는 의미이다. 동음이 의어에 중도에서 멈추거나 그친다는 '머무를 정(停)' '그칠 지(止)'의 정지(停止), 늘지도 줄지도 않는 인구인 '고요할 정(靜)'의 정지인구(靜止人口), 나무의 가지를 잘라 가지런히 다듬는다는 '가지 지(枝)'의 정지(整枝)가 있다.

이치 리(理)는 '다스리다' '깨닫다'는 의미로 많이 쓰인다. 알고 있는 사실을 바탕으로 알지 못하는 것을 미루어 생각하는 추리(推理)나 일을 개선하기 위해 마음속으로 이리저리 따져 깊이 생각하는 궁리(窮理)에서는 '이치'라는 의미이지만, 사람을 통솔하고 지휘 감독하는 일인 관리(管理), 대통령을 보좌하고 명을 받아 행정 각 부를 총괄하는 별정직(別定職) 공무원인 총리(總理), 사건이나 사물 등을 다루어 문제가 없도록 마무리를 짓는 일인 처리(處理)에서는 '다스리다'는 뜻이다. 사리를 잘 분별하여 아는 일을 이해(理解)라 하는데 이때는 '깨닫다'는 뜻이다. '지자정지본야(地者政之本也)'. 토지는 정치의 근본이라는 말이다. 토지가 있음으로 해서 물자가 생기고 물자가 생겨야 비로소 백성을 먹여 살릴 있기 때문이다.

'지부장무명지초(地不長無名之草)'라는 말도 있다. 대지(大地)는 이름 없는 풀, 즉 스스로 성장하려 하지 않는 풀은 성장시키지 않는다는 의미로 자력(自力)으로 번성하지 않는 것은 생육시키지 않는다는 말이다.

삼 권 분 립
三 權 分 立

三 · 석 삼
權 · 권력 권
分 · 나눌 분
立 · 세울 립

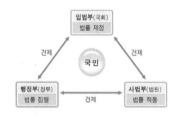

국가 권력을 입법, 사법, 행정의 삼권으로 나누어 서로 견제하고 균형을 유지하도록 하여 권력의 남용을 막고 국민의 권리와 자유를 확보하기 위한 국가 조직상의 원리를 삼권분립(三權分立)이라 하는데 '석 삼(三)' '권력 권(權)' '나눌 분(分)' '세울 립(立)'으로 세 권력을 나누어 세웠다는 의미이다.

세울 립(立)이다. '계획(案) 세움'을 입안(立案)이라 하고, 송곳의 끝을 세울만한 극히 좁은 땅을 '송곳 추(錐)' '땅 지(地)'를 써서 입추지지(立錐之地)라 하며, 모아서 쌓아둠을 '쌓을 적(積)'을 써서 적립(積立)이라 한다. 일어나서 서는 것을 기립(起立)이라 하고, 서서 타거나 서서 구경하는 자리를 입석(立席)이라 하며, 스스로의 힘으로 설 수 있다는 의미로 남의 도움을 받지 않고 생활해 나감을 자립(自立)이라 한다. 남의 도움 없이 홀로 서는 것을 독립(獨立)이라 하고, 두 가지의 것이 동시에 성립함을 양립(兩立)이라

관련어휘

- 입안
- 입추지지
- 적립
- 기립
- 입석
- 자립
- 독립
- 양립
- 국립

▲ 1919년 도쿄 2.8 독립선언서

하며, 나라에서 세우거나 운영함을 국립(國立)이라 한다. 한 국가가 완전한 주권을 행사할 수 있는 능력을 가졌음을 정식으로 국내외에 널리 알림을 독립선언(獨立宣言)이라 하고, 남의 보호나 간섭을 받지 않고 정치적으로 자주권을 가지게 됨을 자주독립(自主獨立)이라 하며, 남과 사귀지 않거나 남의 도움을 받을 데가 전혀 없음을 고립무원(孤立無援)이라 한다. 둘 이상의 정당이나 단체의 연합에 의하여 세워진 정권을 '이을 련(聯)' '세울 립(立)'자를 써서 연립정권(聯立政權)이라 하는데 둘 이상의 정당이 이어서 세운 정권이라는 의미이며 다수당이 의회에서 과반수를 차지하지 못했을 경우에 발생한다. 말단 공무원에서 차관 장관 등의 고위직까지 승진(昇進)하거나, 모진 가난과 어려움을 극복하고 성공한 사람들을 '입지전적(立志傳的)인 인물(人物)'이라고 한다. 입지전(立志傳)은 '뜻을 세운(이룬) 사람의 전기문'이라는 의미이고, 그러한 '입지전(立志傳)'의 인물 같은 사람이라고 해서 '입지전적(立志傳的) 인물'이라고 표현하는 것이다.

입신양명(立身揚名)이라는 말이 있다. 몸(身)을 세워(立) 이름(名)을 올린다(揚)는 의미로 출세하여 이름을 세상에 떨쳤을 때 쓰는 말이다. 입불교좌불의(立不敎坐不議)라는 말이 있는데 서 있어도 가르친 것 아니고 앉아 있어도 의논한 것 없다는 의미이다. 빈 마음으로 찾아갔던 자가 무엇인가를 얻어서 돌아왔다는 말로, 가르치지 않아도 스스로 깨달아 알 수 있게 되는 이치를 설명한 말이다.

자 유 의 지 론
自 由 意 志 論

自 · 스스로 **자**
由 · 말미암을 **유**
意 · 뜻 **의**
志 · 뜻 **지**
論 · 말할 **론**

'스스로 자(自)' '말미암을 유(由)'의 자유(自由)는 남에게 구속을 받거나 무엇에 얽매이지 않고 자기 뜻에 말미암아서(따라서) 행동하는 것을 일컫고, '뜻 의(意)' '뜻 지(志)'의 의지(意志)는 어떤 일을 이루려는 적극적이고 능동적인 마음이나 특정 목적의 달성을 지향하는 인간의 의식적인 노력을 일컫는다. 그리고 '말할 론(論)'은 일부 명사나 명사 구 뒤에 붙어, 주장, 이론, 학설의 뜻을 더하여 명사를 만드는 말로 많이 쓰인다.

'자유의지론(自由意志論)'은 그렇기 때문에 '인간은 자기의 의지를 자유로이 결정할 수 있다고 하는 이론'인 것이다.

스스로 자(自)이다. '높일 존(尊)' '마음 심(心)'의 자존심(自尊心)은 남에게 굽히지 않고 스스로의 가치나 품위를 높이려는 마음이고, '믿을 신(信)' '느낄 감(感)'의 자신감(自信感)은 어떤 일을 스스로의 능력으로 충분히 감당할 수 있다고 믿는 마음이며, '부끄러워할 괴(愧)'의 자괴감(自愧感)은 스스로 부끄러움을 느끼는 마음이다.

관련 어휘

• 자유
• 의지

• 자존심
• 자신감
• 자괴감

범죄자가 수사 기관에 자발적으로 자기의 범죄 사실을 신고하고 그 처분을 구함을 '머리 수(首)'를 써서 '자수(自首)'라 하는데 스스로 머리를 들어 올려 자신의 잘못을 알렸다는 의미이다. 스스로 다스린다 해서 자치(自治)이고, 자기와 남을 아울러 '자타(自他)'라 하며, 자신의 결함이나 잘못을 스스로 꾸짖고 책망함을 '꾸짖을 책(責)'을 써서 자책(自責)이라 한다.

뜻 지(志)이다. 어떠한 사람에게 잘 보이기 위해서나 특별한 혜택을 받기 위해 뇌물로 주는 금품을 '촌지(寸志)'라 하는데 글자 그대로는 '작은 뜻(정성)'이지만 실제는 작은 뜻이 아닌 경우가 많다. 싸우고자 하는 굳센 뜻을 '싸움 투(鬪)'를 써서 투지(鬪志)라 하고, 원칙과 신념을 지켜 끝까지 굽히지 않는 꿋꿋한 의지나 기개를 지조(志操)라 하며, 마음이나 뜻이 쏠려 향하는 목표를 지향점(指向點)이라 한다.

어떻게 오셨습니까?

사실은 제가 슈퍼에서 빵을 훔쳤거든요….

스스로 고매한 뜻을 품은 사람 또는 의(義)를 지키는 사람을 '선비 사(士)'를 써서 지사(志士)라 하고, 웅대한 뜻을 웅지(雄志)라 한다. 15세의 나이를 '뜻 지(志)'를 써서 지학(志學)이라 하는데 학문에 뜻을 두어야 하는 나이라는 의미이다.

탄 핵
彈 劾

彈 · 따질 **탄**

劾 · 캐물을 **핵**

죄상(罪狀)을 들어서 책망하는 것을 탄핵(彈劾)이라 하는데, 이는 법률(法律) 법학(法學) 용어로 일반 법원에 의해서는 소추(訴追)가 곤란한 대통령, 국무위원, 법관 등 신분이 보장되어 있는 공무원의 비행(非行)과 위법(違法)에 대해 국회의 소추(訴追)에 의해서 헌법재판소의 심판으로 처벌 또는 파면하는 제도를 일컫는다.

탄(彈)은 탄환(彈丸)에서는 '탄알', 탄력(彈力) 탄금대(彈琴臺)에서는 '퉁기다'는 의미이지만, 탄핵(彈劾)에서는 '따지다'는 의미이다. 탄성체(彈性體)가 그것에 가해지는 외부의 힘에 대해 반발하는 힘을 탄력(彈力)이라 하는데, 반응이 빠르고 힘이 넘치는 것에 대한 비유로도 많이 쓰인다.

핵(劾)은 '캐묻다' '꾸짖다'는 의미로 많이 쓰인다. 잘못이나 허물을 분석하여 탄핵함을 논핵(論劾)이라 하고, 특정 공무원의 직무상의 불법(不法) 행위에 대하여 탄핵의 소추를 의결(議決)할 수 있는 국회의 권리를 탄핵소추권(彈劾訴追權)이라 한다. 탄핵(彈劾)은 원래 조선시

· 풍문탄핵

대 사헌부(司憲府)와 사간원(司諫院)의 관원들이 시정(時政)의 잘못과 관리의 비위를 들어 논박하던 일을 일컫는 말이었다. 그런데 탄핵은 시정(市政)의 잘못에 대한 지적보다는 관원(官員)의 기강을 확립하기 위해, 부정을 저지르거나 법을 어긴 관원의 죄를 묻고 그 직위에서 물러나게 하기 위해 하는 경우가 많았다고 한다.

탄핵(彈劾)은 사실에 대한 확인 절차나 뚜렷한 근거 없이 소문에만 의지하여 행하는 풍문탄핵(風聞彈劾)도 종종 이루어졌기 때문에 나중에 정적(政敵)을 제거하는 수단으로 악용되는 등 많은 폐단을 가져왔다고도 하는데, 탄핵을 받으면 그 관원은 지위고하(地位高下)를 막론하고 직무수행이 중지되고, 다시 직무를 보기 위해서는 제수의 절차를 거쳐야 하는 만큼 정치 경력에 치명적인 흠이 되었기 때문이다. 탄핵활동은 그 직무와 관련되어 면책(免責)의 특권을 누리기도 하였다. 탄핵(彈劾)은 필요하다. 인간은 완벽할 수 없기 때문이고 간섭 받지 않으면 제멋대로 행동하는 존재가 인간이기 때문이다. 그러나 악용(惡用)되어서는 안 된다는 것도 분명하다 할 것이다.

▲ 국회의 대통령 탄핵소추안 표결 방송

순 상 지
楯 狀 地

楯・방패 순(楯)

狀・모양 상(장)

地・땅 지

▲ 대표적인 순상화산인 하와이의
마우아나로아 화산

관 련 어 휘

• 순상화산

• 고발장
• 신용장
• 초대장
• 연하장
• 위임장

• 형상
• 상황
• 상태

• 신용장

지각(地殼) 중에서 지질학적으로 가장 오래되어 안정된 땅을 순상지(楯狀地)라 하는데 '방패 순(楯)' '모양 상(狀)' '땅 지(地)'로 방패 모양의 땅이라는 의미이다. 선캄브리아대에 생긴 지층 중에서 심한 지각 변동을 받은 후 오랜 기간 침식을 받아서 전체적으로 기복이 작고 완만한 경사를 이룬다는 특징을 지니고 있다. 순상화산(楯狀火山, shield volcano)도 있다. 형태에 따른 화산 분류의 하나인데, 성층화산과 달리 유동성이 큰 용암이 완만하고 얇게 널리 분출하여 방패를 엎어 놓은 것 같은 모양을 한 화산을 일컫는다.

상(狀)은 '형상 상'으로 많이 쓰이지만 '문서'라는 의미로도 쓰이는데 '문서'라는 의미로 쓰일 때에는 '장'으로 발음한다. 가령 고발장(告發狀) 신용장(信用狀) 초대장(招待狀) 연하장(年賀狀) 위임장(委任狀)에서는 '문서'라는 의미로 쓰이면서 '장'으로 발음하고, 형상(形狀) 상황(狀況) 상태(狀態)에서는 '형상'이라는 의미로 쓰이면서 '상'으로 발음하는 것이다. '믿을 신(信)' '쓸 용(用)'의 신용장(信用狀)은 은행이 특정한 사람의 신용을 보증하기 위해 발행하는 증서나 어떤 은행이 그 거래처인 특정 은행이나 일반 은행 앞으로 신용장에 정해진 사람에게 일정한 범위 내의 금전을 지급할 것을 위임하는 지급 위탁서를 일컫는다.

지(地)는 '땅'이라는 의미뿐 아니라 '곳' '처지' '바탕'이라는 의미로 많이 쓰인다. 농경지나 주택 등으로 사용하는 지면을 일컫는 '토지(土地)', 농사를 짓는 데 쓰이는 땅을 일컫는 농지(農地), 군대나 탐험대 등의 활동 기점이 되는 근거지를 일컫는 기지(基地), 송장이나 유골을 묻고 봉분이나 비석을 세운 곳을 일컫는 묘지(墓地)에서는 '땅'이라는 의미이지만, 자연적 또는 사회적, 문화적 특성에 따라 일정하게 나눈 지리적 공간인 지역(地域)이나 한 나라의 수도 이외의 지역을 일컫는 지방(地方), 일정한 기준에 따라 여럿으로 나눈 땅의 한 구역을 일컫는 지구(地區)에서는 '곳'이라는 의미이다. 그리고 당하고 있는 사정이나 형편을 일컫는 처지(處地), 주로 관형격 조사 '~의'나 관형사형 어미 '~은, ~을, ~는'의 뒤에 쓰여 어떤 결과를 낳게 되는 빌미를 일컫는 소지(素地)에서는 '처지'라는 의미이다.

남과 처지를 바꾸어 생각함을 '역지사지(易地思之)'라 하는데 '바꿀 역(易)' '입장 지(地)' '생각 사(思)' '그것 지(地)'로 입장을 바꾸어서 그것을 생각한다는 의미이다.

기 업
企 業

企 · 꾀할 **기**
業 · 일 **업**

영리를 목적으로 경제활동 등의 일(業)을 꾀하는(企) 사업을 흔히 '기업(企業)'이라고 한다. 기업의 주식 모집이나 경영 내용을 일반에게 공개하는 일을 기업공개(企業公開)라 하고, 기업을 경영하는 데 필요한 자금을 융통하는 일을 기업금융(企業金融)이라 하며, 기업의 경영 실태 및 재정 상태를 밝히기 위하여 자산, 부채, 자본의 변동 사항을 기록 분류 총괄하는 계산 체계를 기업회계(企業會計)라 한다.

'사람(人)은 어떤 일을 하든지 중간에 한 번쯤 멈추고(止) 앞일을 점검하고 뒷일을 계획하여야 한다.'에서 나왔다고 볼 수 있는 **'꾀할 기(企)'**자는 일을 꾸며 계획한다는 '그을 획(劃)'의 기획(企劃), 어떤 일을 이루기 위하여 계획을 세우거나 그 계획의 실현을 꾀한다는 '꾀할 도(圖)'의 기도(企圖) 등에 쓰인다. 일정한 목적을 위하여 또는 특정의 주제를 담아 기획된 전시회나 전람회를 '펼칠 전(展)'을 써서 기획전(企劃展)이라 하고, 관청이나 회사 등에서 어떤 일을 꾸미고 계획하는 일을 맡아 하는 업무 부서를 기획부(企劃部)라 하며, 어떤 일을 계획

관련 어휘

• 기업공개
• 기업금융
• 기업회계

• 기획
• 기도
• 기획전
• 기획부

하고 꾸미는 능력을 기획력(企劃力)이라 한다.

업(業)은 생계를 위하여 일상적으로 하는 일인 **직업**(職業), 사업에 실패하거나 직장을 그만두거나 하여 **생업**(生業)을 잃는 일인 **실업**(失業), 농업(農業) 수산업(水産業) 공업(工業) 등 생산과 제작 또는 판매 등에 관한 사업인 **실업**(實業)에서처럼 '일' '업무'라는 의미로 많이 쓰이지만, 불교(佛敎)에서는 어떤 일의 원인을 결과로 만드는 소행, 그러니까 전세(前世)에 지은 악행(惡行)이나 선행(善行)으로 말미암아 현세(現世)에서 받은 응보(應報)를 일컫는 말로 쓰인다. 그래서 전세(前世)에서 저지른 악업의 갚음으로 받는 현세의 고통을 **업고**(業苦)라고 하는 것이다. 개인의 재능과 노력의 결과에 의하여 얻어진 사회적인 지위를 중요시하는 사상을 **업적주의**(業績主義)라 한다.

'**창업이수성난**(創業易守成難)'이라는 말이 있다. 일을 시작하기는 쉬워도 성공한 것을 지키기는 어렵다는 의미이다. 향약(鄕約)의 덕목 중에 **덕업상권**(德業相勸)이 있었는데 덕 있는 일, 즉 좋은 행실은 서로 권하여 함께 할 수 있어야 한다는 이야기였다. 당 한유(韓愈)의 『진학해(進學解)』에 '**업정우근황우희 행성우사훼우수**(業精于勤荒于嬉 行成于思毁于隨)'라는 말이 나온다. 학업은 열심히 하면 정통하게 되고, 놀면 거칠게 되며, 행적은 생각하면 이루고 제멋대로 하면 할수록 나빠진다는 말이다.

기 각
棄 却

棄 · 버릴 **기**

却 · 물리칠 **각**

'원고(原告)의 소송을 기각하
다.' '재판부는 원고의 항소
(抗訴)를 소명 자료 부족을
이유로 기각하였다.' '법원
은 상소 기각 이유를 조목조
목 명백히 밝혔다.'는 이야기를 듣곤 한다. '버릴 기(棄)'
'물리칠 각(却)'의 '기각(棄却)'은 '버린다'는 의미인데 이
는 소송을 수리한 법원이 이유가 없거나 부적합한 것
으로 판단하여 무효를 선고하는 일이라는 이야기이다.

기(棄)는 '버리다'는 의미로 권리를 버린다는 '권리 권
(權)'의 기권(棄權), 버리고 돌아보지 않는다는 '던질 포
(抛)'의 포기(抛棄), 폐지하여 버린다는 '그만둘 폐(廢)'의
폐기(廢棄) 등에 쓰인다. 어떤 사람에 대한 지금까지의
보호를 거부하여 보호받지 못하는 상태로 두는 일을
'버릴 유(遺)'를 써서 유기(遺棄)라 하고, 유기된 개를 '개
견(犬)'을 써서 유기견(遺棄犬)이라 한다. 깨뜨리거나 찢
어서 내어버림. 또는, 계약이나 약속한 일 등을 취소함
을 '깨뜨릴 파(破)'를 써서 파기(破棄)라 하고, 절망 상태

 관련 어휘

• 기권
• 포기
• 폐기

• 유기
• 유기견
• 파기

에 빠져서 자신을 스스로 해치고 버린다는 뜻으로 몸가짐이나 행동을 되는 대로 취함을 '스스로 자(自)' '해칠 포(暴)'를 써서 자포자기(自暴自棄)라 한다.

각(却)은 '물리치다' '물러나다'는 의미로 많이 쓰인다. 원서나 소송 따위를 받지 아니하고 물리치는 것을 각하(却下)라 하고, 잊어버리는 것을 망각(忘却)이라 하며, 팔아 버리는 것을 매각(賣却)이라 한다. 불에 태워서 없애버리는 것은 '태울 소(燒)'의 소각(燒却)이고, 뒤로 물러가는 것은 '물러날 퇴(退)'의 퇴각(退却)이다. 토지를 제외한 고정 자산에 생기는 가치의 소모를 셈하는 회계상의 절차를 '덜 감(減)' '값 가(價)' '갚을 상(償)'을 써서 감가상각(減價償却)이라 한다. 고대소설 등에서 말머리를 돌릴 때 각설(却說)이라는 말을 쓰는데 이때의 '각(却)'은 말을 꺼내는 데 쓰는 의미 없는 발어사(發語辭)이다. 또한 법률용어로 공소기각(公訴棄却)이라는 말을 자주 듣는다. 즉 법원(法院)이 공소(公訴)를 적당하지 않다고 인정(認定)할 때 이것을 무효로 하는 재판(裁判)을 일컫는다.

『좌전(左傳)』에 '기구불상(棄舊不祥)'이라는 말이 나온다. '예 구(舊)' '상서로울 상(祥)'으로 '오래된 것, 낡은 것, 특히 옛 친구나 친척들을 지금 소용없다는 이유로 버리거나 멀리하는 것은 성서롭지 못하고 바람직하지도 못하다는 이야기이다.

가 석 방
假 釋 放

假 · 임시 **가**
釋 · 풀 **석**
放 · 놓을 **방**

법에 의하여 구속하였던 것을 풀고 자유롭게 하는 일을 '풀 석(釋)' '놓을 방(放)'자를 써서 석방(釋放)이라 하고, 형(刑) 집행(執行)이 종료되지 않았으나 개전(改悛)의 정(情)이 뚜렷한 사람을 형기(刑期)가 끝나기 전에 행정처분으로 미리 석방하는 일을 '임시 가(假)'를 써서 '가석방(假釋放)'이라 한다. 임시로 석방해 주었다는 의미이다.

'사람 인(亻)'에 '뚫어질 가(叚)'자가 더해져서 '사람의 행실이 뚫어지면 거짓이다'라고 해석

가장행렬 ▶

해 볼 수 있는 **'거짓 가(假)'**는 '거짓'이라는 의미와 '임시'라는 의미로 쓰인다. 운동회나 축제 등에서 여러 사람이 갖가지 모습으로 꾸미고서 다니는 행렬을 '꾸밀 장(裝)'을 써서 가장행렬(假裝行列)이라 하고, 임시로 이름 지어 부름을 '일컬을 칭(稱)'을 써서 가칭(假稱)이라 하며, 임시로 빌리거나 꾸어 줌을 '빌릴 차(借)'를 써서

관련 어휘

· 석방
· 가석방

· 가장행렬
· 가칭

▲ 압류물을 표시한 가압류 딱지

假(가)자와 비슷한 글자

暇 틈 가
瑕 티 하
遐 멀 하
霞 노을 하
蝦 새우 하

가차(假借)라 한다. '오를 등(登)' '기록할 기(記)'를 쓴 등기(登記)는 기록에 올린다는 의미이고, 부동산의 본등기(本登記)를 하는 데 필요한 요건이 구비되어 있지 않을 경우 장래의 본등기의 순위를 보전하기 위하여 미리 하는 등기를 '임시 가(假)'를 써서 가등기(假登記)라 한다. 본 이름이 아닌 가짜 이름을 가명(假名)이라 하고 일반 담보가 되는 채무자의 재산을 압류하여 현상을 보존하고 그 변경을 금지하여 장래의 강제 집행을 보전하는 절차를 '누를 압(押)' '머무를 류(留)'자를 써서 가압류(假押留)라 한다. '가령 령(令)'의 가령(假令)은 '어떠한 일을 가정하고 말할 때에 쓰는 말이다. 비슷한 글자로 틈 가(暇), 티 하(瑕), 멀 하(遐), 노을 하(霞), 새우 하(蝦) 등이 있다.

석(釋)은 '풀다' '해석하다' '용서하다'는 의미로 법원에서 일정한 보증금을 내게 하고 구류 중인 피고인을 석방하는 일인 보석(保釋), 사물의 뜻이나 내용 따위를 자신의 논리에 따라 풀어서 이해한다는 해석(解釋), 미심쩍거나 꺼림칙한 일들이 완전히 풀려 마음이 개운하다는 석연(釋然) 등에 쓰인다.

독서를 강조하는 말에 '수불석권(手不釋卷)'이라는 말이 있는데, 손에서 책을 놓지 않는다는 의미로 항상 책을 가까이함을 일컫는다. 여기서 '석(釋)'자는 '석가모니'의 음차(音差)로 쓰이기도 한다.

강 화 조 약
講 和 條 約

講 · 화해할 강
和 · 화평할 화
條 · 가지 조
約 · 약속할 약

샌프란시스코 강화조약 ▶
1951년 연합국과 일본이
체결한 평화조약

전쟁(戰爭)을 하던 두 나라가 전투를 그치고 조약을 맺어 평화를 회복함을 '화해할 강(講)' '화평할 화(和)'를 써서 강화(講和)라 하고 문서에 의한 국가 간의 합의를 '가지 조(條)' '약속할 약(約)'을 써서 조약(條約)이라 하니까 '강화조약(講和條約)'은 싸우던 나라끼리 싸움을 끝내고 화의하기 위하여 맺는 조약을 가리킨다. 조약의 체결권(締結權)과 비준권(批准權)은 국가 원수에게 있고 비준에는 국회의 동의가 필요하다.

화(和)는 '화목하다' '온화하다' '가락 맞추다' '화해하다' '합계'라는 의미로 쓰인다. 서로 뜻이 맞고 정답다는 화목(和睦), 화목하자는 약속인 화약(和約)에서는 '화목하다'는 의미이고, 온화한 기색인 화기(和氣)에서는 '온화하다', 높낮이가 다른 둘 이상의 소리가 일시에 함께 어울리는 소리인 화음(和音)에서는 '가락 맞추다', 온화하게 갈등을 풀어낸다는 화해(和解), 화해하는 의논

관련어휘

· 강화

· 화목
· 화약
· 화기
· 화음
· 화해
· 화의
· 총화

172

(議論) 또는 채무자의 파산을 예방하기 위하여 채권자와 채무자 사이에 체결하는 강제 계약인 화의(和議)에서는 '화해하다'는 의미이다. 전체의 화합을 '총화(總和)'라 하고, 거문고와 비파가 어울려 좋은 소리를 낸다는 의미로 부부(夫婦)나 형제 사이가 좋음을 '금슬상화(琴瑟相和)'라 한다. 서로 뜻이 맞거나 사이좋게 지냄을 '친할 친(親)'을 써서 친화(親和)라 하고, 집안이 화목하면 모든 일이 잘됨을 가화만사성(家和萬事成)이라 하며, 서로 잘 어울리지 않음을 부조화(不調和)라 한다. 전쟁이나 갈등이 없이 평온함을 평화(平和)라 하고, 함께 평화를 누리는 나라를 공화국(共和國)이라 하는데 공화정치를 하는 나라, 주권이 다수의 국민에게 있는 나라를 일컫는다.

조선 고종 때 흥선 대원군이 서양인(西洋人)을 배척하기 위하여 서울과 지방의 각지에 세운 비(碑)를 척화비(斥和碑)라 하였는데 화해(和解)를 배척(排斥)하겠노라는 의지를 다짐하기 위한 비석이라는 의미였다. 또 구약시대에 하나님에게 동물을 제물로 바쳐 하나님과 사람과의 관계를 화목하게 하려고 행하던 제사를 화목제(和睦祭)라 하였고, 모든 논쟁을 화(和)로 바꾸는 불교사상을 '말로 다툴 쟁(諍)'을 써서 화쟁사상(和諍思想)이라 하였는데 우리나라 불교의 저변에 깔린 가장 핵심적인 사상 가운데 하나였으며 불교 교단의 화합을 위한 화쟁과 불교 교리의 화쟁으로 대별되었다.

▲ 부산 가덕도의 척화비

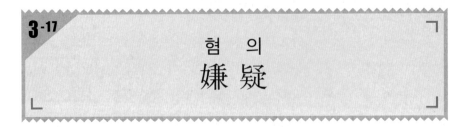

혐 의
嫌 疑

嫌 · 의심할 **혐**
疑 · 의심할 **의**

간혹 뉴스를 접하다보면 '피의자(被疑者)의 혐의(嫌疑)를 확인(確認)하고 소환(召喚)하여 구속(拘束)하였다'는 뉴스 보도를 만나곤 한다. 이때 '의심할 혐(嫌)' '의심할 의(疑)'의 '혐의(嫌疑)'는 범죄를 저지른 사실이 있으리라는 의심을 일컫는다.

혐(嫌)은 싫어하고 미워한다는 '미워할 오(惡)'의 '혐오(嫌惡)', 싫어서 버린다는 '버릴 기(棄)'의 혐기(嫌棄), 싫어하여 꺼린다는 '꺼릴 기(忌)'의 혐기(嫌忌), 산소를 싫어하는 세균의 성질인 '공기 기(氣)'의 혐기성(嫌氣性) 등에서처럼 '싫어하다'는 의미로 많이 쓰이지만 '범죄를 저질렀으리라는 의심'을 일컫는 '혐의'에서는 '의심하다'라는 의미이다.

의심할 의(疑)는 의심을 품는다는 회의(懷疑), 의심하면서 일을 하면 성공이 없다는 의사무공(疑事無功), 반쯤은

관련어휘

• 혐오
• 혐기
• 혐기
• 혐기성

• 회의
• 의사무공

믿고 반쯤은 의심한다는 반신반의(半信半疑) 등에서처럼 '의심하다'는 의미로 많아 쓰인다. 참고로 '손 수(扌=手)' 자가 더해진 **'擬(의)**'는 **'흉내낼 의'**이다.

『열자(列子)』의 설부편(說符篇)』에 '의심생암귀(疑心生暗鬼)'라는 말이 나온다. 마음 속에 의심나는 것이 있으면 여러 가지 무서운 망상(妄想)이 생긴다는 의미이다. 의심하기 시작하면 있지도 않는 것까지 보인다는 '잔 배(杯)' '가운데 중(中)' '뱀 사(蛇)' '그림자 영(影)'의 배중사영(杯中蛇影)과 통하는 말이라 할 수 있다. '의인막용용인물의(疑人莫用用人勿疑)'라고 하였다. 사람을 의심하고 있다면 쓰지(채용하지)를 말고 일단 사람을 썼다면 의심하지 말라는 이야기이다.

'의사필문 분사필란(疑思必問忿思必難)'이라는 말이 있다. 의심이 나면 반드시 물어볼 것을 생각하고 성나는 일이 생기면 반드시 어려운 일이 생길 것을 생각하라는 뜻이다. 『채근담(菜根談)』에 '의인자 인미필개사 기즉선사의(疑人者 人未必皆詐 己則先詐矣)'라는 말이 나온다. 사람을 의심하는 자는 남이 반드시 모두 속이는 것이 아닐지라도 자기가 자기 자신을 먼저 속이는 것이라는 의미이다. 세상에 중요한 가치가 많은데 믿음도 그 중 하나이다. 자녀 교육에서도 믿음은 대단히 중요하다. 믿음에 보답하고 싶은 마음은 누구에게나 있기 때문이다.

국 민 연 금
國 民 年 金

國 · 나라 **국**
民 · 백성 **민**
年 · 해 **년**
金 · 돈 **금**

영리를 목적으로 은행이나 보험회사에서 취급하는 금융상품으로 개인이 원할 경우 임의대로 가입하는 사적 (私的) 보험은 개인연금(個人年金)이고, 국민의 생활안정과 복지증진을 위해 국가에서 시행하는 사회보장제도로서 관리운영비를 국가에서 지원하며, 법에 정해진 가입요건에 해당하는 사람은 누구나 당연히 가입해야 하는 공적(公的) 보험은 국민연금(國民年金)이다. '해 년(年)' '돈 금(金)'의 '국민연금'은 국민(國民)에게 해(年)마다 주는 돈(金)이라는 의미로 국민의 생활 안정과 복지 증진에 이바지하기 위하여 가입자가 소득원을 잃을 경우에 일정한 소득을 보장해주는 제도인 것이다.

연(年)은 일 년간의 봉급인 '급료 봉(俸)'의 연봉(年俸), 새해 축하 인사를 적은 간단한 내용의 편지인 '축하할 하(賀)' '문서 장(狀)'의 연하장(年賀狀), 하던 일을 멈추어야 하는 나이라는 의미로 관청이나 회사 등에서 직원이 퇴직하도록 정하여진 나이를 일컫는 '머무를 정(停)'의 정년(停年), 한 해 동안에 일어난 여러 가지 일이나 기록을 모아 한 해에 한 번씩 내는 기록물인 '거울 감(鑑)'의

관련어휘

• 개인연금

• 연봉
• 연하장
• 정년

- 연감
- 연례
- 동년배
- 연공

- 연금
- 비금속
- 금관

연감(年鑑), 해마다 내려오는 전례인 '보기 예(例)'의 연례(年例), 같은 나이의 또래를 일컫는 '무리 배(輩)'의 동년배(同年輩), 여러 해 동안 근무한 공로인 '공로 공(功)'의 연공(年功)에서처럼 '해' '나이'라는 의미로 많이 쓰인다.

금(金)은 '돈' '쇠' '황금'이라는 의미로 많이 쓰인다. 정부나 회사 또는 단체가 일정 기간 어떠한 개인에게 해마다 주는 돈을 연금(年金)이라 하고, 공기 중에서 쉽게 산화되는 금속을 통틀어 비금속(卑金屬)이라 하며, 금으로 만들거나 장식한 관(冠)을 금관(金冠)이라 한다. 성씨를 나타내기도 하는데 이때는 '김'으로 발음한다.

연금(年金) 동음이의어

- 연금
- 연금
- 연금 = 의연금

연금(年金)의 동음이의어로 가택연금(家宅軟禁)처럼 신체의 자유는 구속하지 아니하고 다만 외부와의 연락을 제한 또는 감시하는 정도의 감금을 일컫는 '부드러울 연(軟)' '금할 금(禁)'의 연금(軟禁), 쇠붙이를 불에 달구어 단련한다는 '단련할 연(鍊)' '쇠 금(金)'의 연금(鍊金), 수재의연금(水災義捐金)처럼 사회적 공익을 위하여 기부하는 돈인 '옳을 의(義)' '줄 연(捐)'을 쓴 의연금(義捐金)의 준말인 연금(捐金)이 있다.

▲ 새해의 연하장

전 매
專 賣

專 · 오로지 전
賣 · 팔 매

관련어휘

• 전매특허
• 전매수입
• 전매행위
• 전매청

• 전매
• 전매행위
• 전매허용

專(전)자가 들어간 글자

轉 굴릴 전
傳 전할 전
塼 벽돌 전

'그 기술은 그 선수의 전매특허(專賣特許)였다.'라는 말을 듣기도 하고, 지방자치단체에서 '전매수입(專賣收入)'이 차지하는 비중이 높다는 말도 들으며, '전매행위(轉賣行爲)'를 한 사람에 대해 엄하게 다스리겠노라는 이야기를 듣기도 한다. 과거에 담배, 인삼 등의 판매에 관한 일을 맡은 관청을 '전매청(專賣廳)'이라 하였다.

'전매'는 두 가지의 의미로 쓰이는데 **'오로지 전(專)'**에 '팔 매(賣)'를 쓴 '독점하여 판매한다'는 '전매(專賣)'와 '굴릴 전(轉)' '팔 매(賣)'를 쓴 '샀던 물건을 다시 다른 사람에게 굴려서 팔아넘긴다'는 전매(轉賣)가 그것이다. 그러니까 전매특허(專賣特許), 전매청(專賣廳), 전매수입(專賣收入)에서는 '오로지 전'이고, 전매행위(轉賣行爲), 전매허용(轉賣許容)에서는 '굴릴 전(轉)'인 것이다. '오로지 전(專)'에 사람 인(人)이 들어가면 '전할 전(傳)'이고 '수레 거(車)'가 들어가면 '구를 전(轉)'이며 '흙 토(土)'가 들어가면 '벽돌 전(塼)'이다.

팔 매(賣)이다. 팔아서 물리쳐버림을 '물리칠 각(却)'을

▲ 경매(Aution)하는 모습

써서 매각(賣却)이라 하고, 개인의 이익을 위하여 적국 (敵國)과 내통(內通)하여 자기 나라에 손해 끼침을 나라 를 팔아먹었다는 의미로 매국(賣國)이라 하며, 돈이나 재물을 받고 벼슬시킴을 '벼슬 관(官)' '벼슬 직(職)'을 써서 '매관매직(賣官賣職)'이라 한다. 사려는 사람이 많 을 경우 그들을 서로 경쟁시켜 가장 비싸게 사겠다는 사람에게 물건을 파는 일을 '다툴 경(競)'을 써서 '경매 (競賣)'라 하고, 손해를 무릅쓰고 마구 싸게 팔아넘기는 일을 '던질 투(投)'를 써서 투매(投賣)라 한다.

살 매(買)이다. 물건을 사고파는 일을 '팔 매(賣)'를 써서 매매(賣買)라 하고, 물건이나 권리 등을 다른 사람으로 부터 넘겨받음을 '살 구(購)'를 써서 구매(購買)라 하며, 상품이나 서비스를 살 수 있는 능력을 구매력(購買力)이 라 한다. 거두어 사들임을 '거둘 수(收)'를 써서 수매(收 買)라 하고, 물건 사들임을 매입(買入)이라 한다.

『한비자(韓非子)』에 '매독이환기주(買櫝而還其珠)'라는 말 이 있다. 보석을 넣어 두는 보석함만 사고 그 안의 보석 은 되돌려 주었다는 의미로 화려함만 취하고 실용성은 무시한다는 말이다. 말만 그럴듯하게 하는 인물에게만 주의를 기울이고 인간성이 좋은 사람은 소중하게 생각 하려 하지 않음에 대한 비판이기도 하다.

선 거
選 擧

選 · 가릴 **선**
擧 · 들어 올릴 **거**

선거(選擧)를 민주주의의 꽃이라고 한다. 틀린 말은 아니지만 적지 않은 사람들은 이 말에 동의(同意)하지 않는 것 같다. 선거 결과 뿐 아니라 과정도 마음에 들지 않기 때문인 것 같고 열심히 일하겠노라 굽실거리며 약속해 놓고선 당선(當選)이 된 후에는 언제 그랬느냐는 듯 폼 잡고 권위를 내세우며 자신의 이익을 위해 눈치를 살피는 사람들을 많이 보았기 때문일 것이다.

가릴 선(選) 들어 올릴 거(擧)자의 선거는 좋은 사람, 훌륭한 사람을 가려서 큰일을 하라고 들어 올리는 일을 일컫는다. 그리고 그 선거에서 뽑힌 사람을 선량(選良)이라 하는데 '가릴 선(選)' '좋을 양(良)'으로 '가려서 뽑힌 좋은 사람'이라는 의미이다. 여럿 가운데 뽑힌 사람이라서 선수(選手)이고, 뽑힘에 들어갔다 해서 '들 입(入)'의 입선(入選)이며, 뽑힘에 떨어졌다 해서 '떨어질 낙(落)'의 낙선(落選)이다.

 관련어휘

• 선량
• 선수
• 입선
• 낙선

그렇다면 어떤 사람을 들어 올려야 하는가? 물론 좋은 사람이다. 좋은 사람은 어떤 사람인가? 양심 있는 사람이다. '좋을 양(良)' '아름다울 양(良)'의 '양심(良心)'은 좋은 마음, 아름다운 마음이다. 그런데 사람들은 왜 양심 있는 사람보다 허공에 이름이 많이 울려 퍼지는 후보자, 자신이 능력 있는 사람이라고 큰소리치는 후보자에게 표를 주는 것일까? 이름이 많이 떠돌아다닌다는 이유로, 목소리 크다는 이유로 표를 주는 것은 현명한 선택이 아니다. 양심에 따라 행동하고 불의와 타협하지 않는 용기 있는 사람, 개인의 이익이 아닌 공익을 생각할 줄 아는 사람에게 표를 주는 것이 현명하고 올바른 선택이다.

▲ 한 낙선사례 현수막

선거 후, 낙선(落選)한 후보자들 대부분은 '결과를 겸허하게 받아드리겠다'라고 하는데 이 말은 인사말로 받아들일 수 있지만, '존경하는 유권자(有權者)'라는 수식어는 받아들이기가 쉽지 않다. 진심에서 나오는 말이 아닐 것임이 분명하기 때문이다. 선거에 나서는 사람들 대부분은 표리부동(表裏不同)인 것도 같다. '표리부동'은 '겉 표(表)' '속 리(裏)' '아니 부(不)' '같을 동(同)'으로 겉과 속이 같지 않다는 의미이다. '존경하는 유권자'라는 거짓말 대신 '저의 부덕을 겸허하게 받아들이겠습니다.' '다음에는 저에게 일할 기회를 주시면 고맙겠습니다.'가 좋을 것 같은데.

차 관
借 款

借 · 빌릴 차
款 · 돈 관

외국의 실물자본(實物資本)이나 화폐자본(貨幣資本)을 일정 기간 빌리거나 대금(貸金) 결제(決濟)를 미루면서 자본을 도입하는 것을 '빌릴 차(借)' '돈 관(款)'을 써서 '차관(借款)'이라 하는데 '빌린 돈'이라는 의미이다.

차관(借款)은 그 형태에 따라 실물차관과 현금차관으로 구분되고, 실물차관은 다시 원자재차관과 자본재차관으로 나뉜다. 또 차관의 목적에 따라 재정차관과 상업차관으로, 차관의 주체에 따라 정부차관과 민간차관으로 구분하기도 한다. 차관(借款)은 통상적으로 선진국에서 후진국으로 공여(供與)되며 금리(金利) 차이(差異)에 의한 이자 수입, 유휴자본(遊休資本)의 운용(運用), 선진국에서 발달한 중화학분야 등의 시장(市場) 확보(確保) 등을 목적으로 한다. 후진국이 차관(借款)을 도입(導入)하는 목적은 경제발전에 필요한 자본을 국내에서 조달할 수 없기 때문이다.

관련어휘

• 차관

▲ 추사 김정희 세한도 낙관(원 안)

빌릴 **차**(借)라고 하였다. 삯을 주고 물건이나 돈을 빌려 쓰는 사람을 임차인(賃借人)이라 하고, 반대로 삯을 받고 타인에게 물품을 빌려주는 사람을 임대인(賃貸人)이라 하며 금전이나 물건을 빌려 쓰는 증거로 작성하는 문서를 차용증서(借用證書)라 한다. 남의 이름을 빌려 사용하는 것을 차명(借名)이라 하고, 돈이나 물건 등을 빌리는 일을 차입(借入)이라 하며, 임시로 빌린다는 의미로 주로 외래어를 표기할 때에 한자의 음만 빌려서 표기하는 것을 가차(假借)라 한다. '임시 가(假)'로 임시로 빌렸다는 의미이다.

친구를 푸대접함을 '닭 계(鷄)' '탈 기(騎)' '돌아갈 환(還)'을 써서 차계기환(借鷄騎還)이라고도 하는데 닭을 빌려 타고 돌아간다는 의미이다. 어떤 사람이 친구 집을 방문하였는데 술상에 채소뿐이었다. 마당에 닭들이 놀고 있는 모습을 본 손님이 자신이 타고 온 말을 잡아 술안주로 하자고 하자 주인이 그러면 무엇을 타고 돌아가려느냐고 물었고 그러자 닭을 빌려 타고 가면 되지 않겠느냐고 대답하였다는 이야기에서 나온 말이다.

돈 관(款)이라 했는데 '정성' '항목' '새기다'는 의미로 많이 쓰인다. 정성껏 대접함을 '관대(款待)'라 하고, 글씨나 그림 등에 이름을 쓰고 찍은 도장을 '낙관(落款)'이라 하며, 사업 목적과 조직 등에 대하여 규정해 놓은 문건이나 내용을 '정관(定款)'이라 한다.

야 경 국 가
夜 警 國 家

夜·밤 **야**

警·경계할 **경**

國·나라 **국**

家·집 **가**

관련어휘

• 자유방임주의
• 경찰국가

• 야근
• 야학
• 야뇨증
• 야시장
• 야경

자유주의가 전성하던 18~19세기에 자유방임주의에 입각하여 국가의 임무를 외적의 방어와 치안 유지 등에만 국한하려던 국가를 '밤 야(夜)' '경계할 경(警)'을 써서 '야경국가(夜警國家)'라 하였는데 밤, 즉 아주 긴박한 상황에만 국가가 국민을 통제한다는 의미였다. 야경국가는 외적(外敵)의 침략으로부터의 방어, 국내 치안의 유지, 개인 사유재산 및 자유에 대한 침해의 배제 등 필요한 최소한의 임무만을 수행해야 한다고 하는 자유방임주의(自由放任主義)에 근거한 자본주의 국가의 국가관인 것이다. 이와 상대되는 개념에 '경계할 경(警)' '살필 찰(察)'을 쓴 '경찰국가(警察國家)'가 있는데 이는 경찰권을 마음대로 행사하여 국민 생활을 감시하고 통제하는 국가 형태를 일컫는다.

밤 야(夜)이다. 밤에 하는 일을 야근(夜勤)이라 하고, 밤에 배우는 일을 야학(夜學)이라 하며, 밤에 자다가 무의식중에 오줌을 자주 싸는 증상을 야뇨증(夜尿症)이라 한다. 밤에 벌이는 시장을 야시장(夜市場)이라 하고, 밤의 경치를 야경(夜景), 밤이 되면 눈이 멀게 되어 물건을 식별하지 못하는 증상을 야맹증(夜盲症)이라 한다.

한밤중에 몰래 도망치는 것을 야반도주(夜半逃走)라 하고, 비단옷을 입고 밤길을 간다는 의미로 아무런 보람도 없는 일을 하는 것을 금의야행(錦衣夜行)이라 한다. 밤이 아닌 도시(城) 같다는 의미로 전등불이 많이 켜져 있어서 밤에도 대낮처럼 번화한 곳을 불야성(不夜城)이라 하고, 최저 기온이 섭씨 25도 이하로 내려가지 않는 더운 밤을 '이을 대(帶)'를 써서 열대야(熱帶夜)라 한다. 열기가 밤에까지 이어진다는 의미이다. 어떤 일을 함에 있어 밤낮을 가리지 않음을 불철주야(不撤晝夜)라 하는데 '거둘 철(撤)' '낮 주(晝)'로 낮에도 밤에도 거두지 않는다는 의미이다.

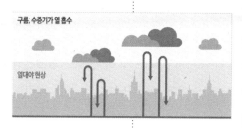

구름, 수증기가 열 흡수

열대야현상

경계할 경(警)이라 하였는데 '깨우치다'는 의미로도 많이 쓰인다. 경찰(警察) 경비원(警備員) 경비정(警備艇) 경보(警報) 경고(警告)에서는 '경계하다'는 의미이지만, 세상 사람들을 깨우친다는 경세(警世), 어떤 사상이나 진리를 간결하고도 날카롭게 표현한 글귀인 경구(警句), 잘못할 수 있는 일에 대해 미리 충고해주는 말인 경종(警鐘)에서는 '깨우치다'는 의미인 것이다.

지 하 경 제
地 下 經 濟

地 · 땅 **지**
下 · 아래 **하**
經 · 다스릴 **경**
濟 · 구제할 **제**

'땅 지(地)' '아래 하(下)'의 '지하(地下)'는 말 그대로 지면(地面)이나 지표(地表)를 기준으로 하여 그 아래 또는 땅 속을 가리키는 것이 일반적이지만 무덤을 완곡하게 이르는 말이기도 한다. 또 '지하(地下)에서 활동(活動)하다'나 '지하로 숨다'에서의 지하는 정치, 경제, 사회에서의 비합법적(非合法的)인 영역을 의미하기도 한다. 그러니까 세무관서에서 그 실태를 포착할 수 없는 경제활동의 분야, 사채시장에서의 돈의 움직임이나 암거래(暗去來) 따위를 일러 '지하경제(地下經濟)'라 하는 것이다. 그 중에는 범죄, 마약, 매춘, 도박 등 위법행위(違法行爲)에 의해 이루어지는 것과 정상적인 경제활동이면서도 세무서 등 정부기관에서 포착하지 못하는 것이 있다. 일반적으로 세율(稅率)이 높으면 지하경제(地下經濟)가 확대되어 간다고 하는데 지하경제는 일반적으로 세무서의 확인을 피하기 위해 현금으로 거래되는 부분이 많기에 '캐시 이코노미(cash economy)'라 하기도 하고, 법을 위반하는 것이기에 '블랙 이코노미(black economy)'라고도 한다.

어떤 목적을 위하여 비합법적으로 숨어서 하는 계획적

관련어휘

• 지면
• 지표

인 활동을 지하공작(地下工作)이라 하고, 정치적 탄압 때문에 공공연하게 활동하지 못하고 숨어서 하는 문학 활동을 지하문학(地下文學)이라 하며, 정부의 승인 없이 비합법적으로 숨어서 내는 신문을 지하신문(地下新聞)이라 한다.

속(俗)된 세상과는 아주 다른 세상, 즉 딴 세상을 지구와는 다른 땅이라는 의미로 별천지(別天地)라 하고, 하늘을 놀라게 하고 땅을 움직이게 한다는 뜻으로 세상을 몹시 놀라게 하는 일을 '놀랄 경(驚)' '움직일 동(動)'을 써서 경천동지(驚天動地)라 하며, 하늘의 방향과 땅의 방향을 모른다는 의미로 너무 급하여 방향을 잡지 못하고 함부로 날뛰는 일이나 못난 사람이 함부로 덤벙이는 일을 천방지방(天方地方)이라 한다. 하늘은 길고 땅은 오래간다는 의미로 하늘과 땅처럼 변함이 없음을 '천장지구(天長地久)'라 하는데 장수를 빌면서 하는 말이다. 일을 계획적으로 준비하고 다스림을 '다스릴 경(經)' '세상 천(天)' '다스릴 위(緯)'를 써서 경천위지(經天緯地)라 하는데 온 세상을 다스린다는 의미이다.

보 세 구 역
保 稅 區 域

保 · 보호할 보
稅 · 세금 세
區 · 구역 구
域 · 지역 역

국가나 지방자치단체가 그 경비에 충당(充當)할 재력(財力)을 얻기 위하여 반대급부(反對給付) 없이 일반 국민으로부터 강제적으로 징수하는 금전 또는 재물을 조세(租稅)라 하는데, 조세(租稅) 중에서도 세관(稅關)을 통과하는 화물에 대하여 부과하는 조세(租稅)를 관세(關稅)라 한다. 그리고 외국 물건 또는 일정한 내국 물건에 대하여 관세법에 의해 관세의 부과(賦課)가 유보(留保)되는 지역을 보세구역(保稅區域)이라 하는데 이는 '세금(稅)으로부터 보호(保)하여 주는 지역'이라는 의미이다. 보세구역 중 일반인이 가장 쉽게 접할 수 있는 장소가 보세판매장인데 우리가 흔히 면세점(免稅店, Duty Free Shop)이라고 칭하는 곳이다.

'보세공장(保稅工場)'이라는 것도 있다. 글자 그대로 '세금으로부터 보호해 주는 공장', 그러니까 세금을 부과하지 않는 공장이라는 의미이다. 수출을 위한 가공무역(加工貿易)을 관세제도를 통해 조장(助長)함으로써 국제

 관련어휘

• 조세
• 관세
• 면세점

• 보세공장

수지(國際收支)의 개선과 고용증대(雇傭增大), 국내 생산 시설의 가동률(稼動率)을 효율적으로 높이기 위하여 설정한 것으로 일반 공장과는 달리 관세(關稅)면에서 유리한 특전(特典)이 부여(賦與)된다.

보(保)는 '보호하다' '책임지다'는 의미로 많이 쓰인다. 오랜 습관이나 제도 등을 소중히 여겨 그대로 지키는 것을 '보수(保守)'라 하고, 온전하게 잘 간수하여 그대로 유지하는 것을 '보전(保全)'이라 하며, 어김없도록 하는 보장을 '담보(擔保)'라 한다. 일이 잘 되도록 보호하거나 뒷받침하는 일을 '가로막을 장(障)'을 써서 보장(保障)이라 하고, 간직하고 있다 해서 보유(保有)라 하며, 편안하도록 보전(保全)함을 안보(安保)라 한다. 위험을 보장해준다 해서 '위험 험(險)'의 보험(保險)이고, 보호하고 관리한다 해서 보관(保管)이며, 확실하게 보유한다 해서 '확실할 확(確)'의 확보(確保)이다. 어떤 일을 처리하지 않고 미루는 일을 '머무를 류(留)'를 써서 보류(保留)라 하고 총명하고 사리에 밝아서 일을 잘 처리하여 일신(一身)을 잘 보전(保全)함을 '밝을 명(明)' '밝을 철(哲)'을 써서 명철보신(明哲保身)이라 한다.

탈세(脫稅)하는 사람이 많다고 한다. 세금이 있기에 오늘 우리가 이렇게 안락한 삶을 살고 있음을 모르는 것일까? 납세(納稅)는 의무이기도 하지만 자신의 행복을 만들어주는 아름다운 행동임을 정말 모르는 것일까?

공 소 시 효
公 訴 時 效

公 · 관청 **공**
訴 · 고소할 **소**
時 · 시간 **시**
效 · 나타낼 **효**

의료인이 의료법을 위반하더라도 5년에서 7년이 지나면 면허정지 등 행정처분을 내릴 수 없게 하는 '의료인 공소시효제'가 국회 보건복지위원회 전체회의를 통과하였다고 한다. '관청 공(公)' '송사할 소(訴)'의 '공소(公訴)'는 관청이 고소한다는 의미로 공권력이 형사 사건의 재판을 청구하는 것을 일컫고, '시효(時效)'는 효력을 나타내는(갖는) 시간이라는 의미이다. 그러니까 죄를 범한 후 일정 기간이 지나면 검사의 공소권이 없어져 그 범죄에 대하여 공소를 제기할 수 없는 제도를 '공소시효(公訴時效)'라 하는 것이다.

시(時)는 '시간(時間)'이라는 의미 외에 '때'와 '철'이라는 의미도 지니고 있다. '새길 각(刻)'의 시각(時刻)은 '시간의 한 점을 새겼다'는 의미이고, '사이 간(間)'의 시간(時間)은 '시각에서 시각까지의 사이'를 가리킨다. 좋은 때를 놓쳐서는 안 된다는 '시불가실(時不可失)'이나, 좋은

 관련어휘

· 공소
· 시효

· 시각
· 시간
· 시불가실

기회는 얻기는 어렵고 잃기는 쉽다는 '시자난득이이실(時者難得而易失)'에서의 '시(時)'는 '때'라는 의미이다. '시의(時宜)에 맞는 정책'이라는 말을 듣는데 '마땅할 의(宜)'로, 때에 마땅한(딱 들어맞는) 정책이라는 의미이다.

『논어』의 첫 장에 '학이시습지불역열호(學而時習之不亦說乎)'라는 말이 나온다. '而'는 '말 이을 이', '之'는 대명사, '說'은 '기쁠 열'이고 '乎'는 감탄형 어조사이기에 '배우고 그리고 때때로 그것(배운 것)을 익히면 또한 기쁘지 아니한가?'라는 의미로 배움의 기쁨을 이야기한 말이다. 때늦은 한탄이라는 뜻으로 시기가 늦어 기회를 놓친 것이 원통해서 탄식(歎息)함을 '늦을 만(晚)' '한탄할 탄(歎)'을 써서 만시지탄(晚時之歎)이라 한다.

효(效)는 본받아서 법으로 삼는다는 '효칙(效則)'에서는 '본받다'는 의미이고, 죽을힘을 다한다는 '효사(效死)'에서는 '다하다'는 의미이다. 일의 좋은 보람을 일컬어 '효용(效用)'이라 하고, 한 일의 양과 소요된 에너지와의 비율을 일컫는 효율(效率)에서는 '효험'이라는 의미이다. 장자(莊子)는 '시기기포 달기노심(時其饑飽達其怒心)'이라 하였다. 맹수(猛獸)를 사육하는 비결은 그 맹수가 굶주렸을 때와 배부를 때를 잘 맞추어 맹수의 노기 띤 마음을 자극하지 않도록 인도하는 것에 있다는 의미이다. 인간관계도 이와 마찬가지 아닐까.

가 격 연 동 제
價 格 連 動 制

連 · 이을 **연**

動 · 움직일 **동**

制 · 제도 **제**

자본주의 사회에서는 거의 모든 상품에 가격연동제가 적용되고 있다. '이을 연(連)' '움직일 동(動)' '제도 제(制)'의 가격연동제(價格連動制)는 생산비나 사들이는 값이 상승하거나 하락하면 상품의 가격도 거기에 연결되어서 움직이게 되는 제도이다. 농수산물은 자연적 조건에 따라 생산량이 다르고 저장도 용이하지 않기에 가격연동제가 강하게 적용될 수밖에 없는데, '이을 연(連)' '움직일 동(動)'의 연동(連動)은 기계 따위에서 한 부분이 움직이면 그와 연결된 다른 부분도 함께 움직이는 일을 일컫는 말이다.

제(制)는 '제도(制度)' '다스리다'는 의미로 많이 쓰인다. 금융기관과 거래를 함에 있어 본인의 실제 명의, 즉 실명으로 거래하는 제도를 실명제(實名制)라 하고, 세금에 관한 제도를 세제(稅制)라 하며, 경쟁 대상이나 감시 대상이 지나치게 세력을 가지거나 자유롭게 행동하지 못하도록 다스림을 '끌 견(牽)'을 써서 견제(牽制)라 한다. 유능제강(柔能制剛)이라는 말이 있다. '부드러울 유(柔)' '능히 능(能)' '굳셀 강(剛)'으로 부드러운 것이 능히 굳

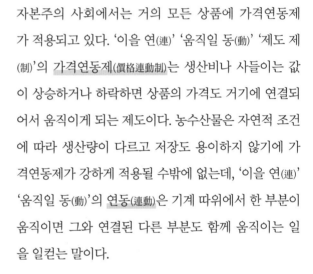

관련어휘

• 연동

• 제도
• 실명제
• 세제
• 견제
• 유능제강

• 이이제이
• 연결

센 것을 제압한다는 의미이다. 적을 이용하여 다른 적을 물리치는 일을 '오랑캐 이(夷)'를 써서 '이이제이(以夷制夷)'라 하는데 오랑캐를 이용하여 또 다른 오랑캐를 제압한다는 의미이다.

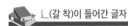

辶(갈 착)이 들어간 글자

道 길 도
迹 흔적 적
逕 지름길 경
通 통할 통
透 통할 투

達 통달할 달
速 빠를 속
遲 더딜 지
退 물러날 퇴
追 쫓을 추

逝 갈 서
進 나아갈 진
遵 쫓을 준
逐 쫓을 축

이을 연(連)자는 '수레(車)가 지나가는(辶) 자리에 바퀴자국이 계속 이어져 연결(連結)되어 있다'는 뜻이다. '辶'을 일반적으로 '책받침'이라고 하지만 원래 이름은 '쉬엄쉬엄 갈 착'이다. 그래서 이 '辶'이 들어간 글자는 '달리다' '뛰어넘다' '관통' '통행' '속도'라는 의미를 가진다. 道는 '길 도', 迹은 '흔적 적', 逕은 '지름길 경', 通은 '통할 통', 透는 '통할 투', 達은 '통달할 달', 速은 '빠를 속', 遲는 '더딜 지'인 것이다. 물러날 퇴(退), 쫓을 추(追), 갈 서(逝), 나아갈 진(進), 쫓을 준(遵), 쫓을 축(逐)에서 확인할 수 있는 바와 같이 '가다' '쫓다' '물러나다'는 의미를 지니기도 한다.

• 동용모 사원폭만의 정안색 사
  근신의 출사기 사원비배의

『논어』에 '동용모 사원폭만의(動容貌斯遠暴慢矣) 정안색사근신의(正顔色斯近信矣) 출사기 사원비배의(出辭氣斯遠鄙倍矣)'라는 말이 있다. 얼굴이나 몸을 움직이는 데 있어서 난폭하거나 거만함을 멀리해야 하고, 얼굴색을 바로잡을 때에는 신실함에 가까워야 하며, 말을 입 밖에 낼 때에는 비루(鄙陋)함과 도리에 어긋남은 멀리해야 한다는 의미이다.

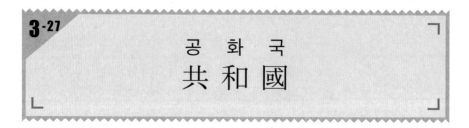

공 화 국
共 和 國

共 · 함께 **공**

和 · 화평할 **화**

國 · 나라 **국**

여러 사람이 함께 화평하게 일을 행함을 '함께 공(共)' '화평할 화(和)'를 써서 공화(共和)라 하고, 그러한 나라를 '나라 국(國)'을 써서 공화국(共和國)이라 한다. 함께 화평을 이루는 나라, 함께 화합하여 일하는 나라라는 의미이기도 하고, 주권이 다수의 국민에게 있는 나라를 일컫기도 하며, 백성에게 언론의 자유를 주어 자기 생각을 마음대로 표현할 수 있는 나라를 가리키기도 한다.

함께 공(共)은 공통(共通)의 목적을 위하여 서로 힘을 합해 이해(利害)가 상반(相反)되는 제3자에 대항하는 일인 '싸움 전(戰)' '줄 선(線)'의 공동전선(共同戰線), 두 사람 이상이 함께 어떠한 일을 꾀한다는 '꾀할 모(謀)'의 공모(共謀), 사회체제와 이념이 다른 적대적인 국가 사이에서 평화적으로 공존하는 상태나 그와 같은 상태를 실현하려는 정책이나 운동인 평화공존(平和共存), 서로 도우며 함께 살아가는 일인 공생(共生) 등에 쓰인다.

남의 의견에 대하여 자기도 그러하다고 느끼는 것, 또

관련어휘

· 공화

· 공동전선

· 공모

· 평화공존

· 공생

는 남과 똑같은 느낌을 가지는 것을 '느낄 감(感)'을 써서 공감(共感)이라 하고, 함께 살고 함께 번영한다는 의미로 함께 잘 살아가는 일을 '있을 존(存)' '영화로울 영(榮)'을 써서 공존공영(共存共榮)이라 한다.

사유재산제(私有財産制) 대신에 재산의 공유를 실현시킴으로써 계급 없는 평등 사회를 이룩하려는 사상 및 운동을 공산주의(共産主義)라 하는데 '만들어 낼 산(産)'으로 함께 생산(生産)하고 함께 소비(消費)한다는 의미이다. 둘 이상 사이에서 두루 같거나 통하는 요소를 공통점(共通點)이라 하고, 둘 이상 사이에서 두루 해당되고 관계되는 것을 공통적(共通的)이라 하며, 남의 주장이나 감정, 생각 따위에 찬성하여 자기도 그렇다고 느끼는 일을 공감(共感)이라 한다. '띠 대(帶)'의 '공감대(共感帶)'는 다른 사람과 의견, 감정, 생각, 처지 따위에 대하여 서로 같다고 느끼는 부분을 일컫는다.

'울 명(鳴)'자를 쓴 '공명(共鳴)'이 있는데, 함께 울린다는 의미로 물리에서는 진동계의 진폭이 두드러지게 증가하는 현상(함께 울리니까)을 일컫는다. 그 외 "이 격문에 공명한 농민들은 동학당과 함께 봉기하고 말았다."(출처 이무영, 농민)에서 처럼 남의 행동이나 사상 등에 깊이 동감하여 함께하려는 생각을 가진다는 의미로도 많이 쓰인다.

경 제
經濟

經 · 다스릴 **경**

濟 · 건널 **제**

인간의 생활에 필요한 재화나 용역을 생산·분배·소비하는 모든 활동을 경제(經濟)라 하는데 이는 세상을 다스리고 백성을 구제한다는 경세제민(經世濟民)에서 나왔다. '다스릴 경(經)' '세상 세(世)' '구제할 제(濟)' '백성 민(民)'이다. '적(的)'이 붙은 경제적(經濟的)은 '경제(經濟)'와 다르게 돈이나 시간을 적게 들인다는 의미이다. 생산력이나 자본 따위를 가지고 경제 행위를 해 나갈 수 있는 힘을 경제력(經濟力)이라 하고, 인간 사회의 경제 현상, 특히 재화(財貨)와 서비스의 생산, 교환, 소비의 법칙을 연구하는 사회 과학의 한 분야를 경제학(經濟學)이라 하며, 자유로운 경쟁 속에서 시장에서의 수요와 공급을 통해 상품의 가격이 형성되는 경제를 시장경제(市場經濟)라 한다.

다스릴 경(經)은 사업이나 기업 등을 계획적으로 관리하고 운영하는 '다스릴 영(營)'의 경영(經營)이나 어떤 기관이나 단체에서 재산의 관리, 회계, 금전의 출납 따위에 관한 사무 처리나 그 부서나 사람을 일컫는 '다스릴 리(理)'의 경리(經理), 세상을 다스린다는 '세상 세(世)'의

관련어휘

· 경세제민
· 경제적
· 경제력
· 경제학
· 시장경제

· 경영
· 경리
· 경세

경세(經世)에서는 '다스리다'는 의미이지만 '책' '경서' '날실' '평상' '지내다' '길·도리' '월경'이라는 뜻으로도 쓰인다. 그리스도를 믿는 사람에게 하나님의 언약이 담긴 경전인 성경(聖經), 경도와 위도를 아울러 이르는 말이나 일이 되어 온 과정이나 경로나 직물의 날과 씨를 일컫는 경위(經緯), 해마다 통상적으로 반복하여 지출되는 일정한 종류의 경비인 경상비(經常費), 실지로 보고 듣거나 몸소 겪은 일이나 거기에서 얻은 지식이나 기능을 일컫는 경험(經驗) 등이 그 예이다.

'물 수(水=氵)'변에 '가지런할 제(齊)'가 합쳐진 **'제(濟)'** 자는 '건너다' '구제하다'는 뜻으로 일체의 중생을 부처의 도(道)로써 고해(苦海)에서 건져 극락세계로 인도한다는 제도(濟度) 등에 쓰인다. 세상을 구제하고 백성을 편안하게 함을 '편안할 안(安)'을 써서 제세안민(濟世安民)이라 하고, 세상을 구제할만한 뛰어난 재주를 '세상 세(世)' '재주 재(才)'를 써서 '제세지재(濟世之才)'라 한다. 사망이나 화재 등 뜻하지 않는 사고에 대비하여 미리 일정한 보험료(保險料)를 내게 하고서 사고(事故)가 일어났을 때 일정한 보험금을 주어 그 손해를 보상하는 제도를 '지킬 보(保)' '위험 험(險)'을 써서 위험에서 지켜준다는 의미로 '보험(保險)'이라 한다. 그런데 협동조합이나 우체국 등에서는 보험과 같은 상품을 '함께 공(共)' '구제할 제(濟)'를 써서 '공제(共濟)'라 하는데 함께 힘을 합하여 어려움에서 구제해 준다는 의미이다.

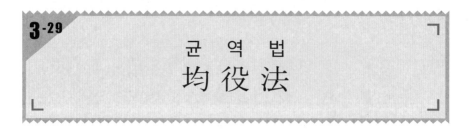

균 역 법
均 役 法

均 · 고를 **균**

役 · 부릴 **역**

法 · 법 **법**

영조 26년(1750)에 백성들이 지는 군역(軍役, 군인으로서의 역할, 군대에서 근무하는 일)의 부담을 줄이기 위하여 만든 납세(納稅) 제도를 '균역법(均役法)'이라 하였는데 '고를 균(均)' '군역 역(役)' '법 법(法)'으로 '군역(軍役)을 고르게 하는 법'이라는 의미였다. 종래의 군포를 두 필에서 한 필로 줄이고 부족한 액수는 어업세(漁業稅), 염세(鹽稅), 선박세(船舶稅), 결작(結作) 등을 징수하여 보충하였었다. 그 균역법의 시행을 맡아보았던 기관을 '관청 청(廳)'을 써서 균역청(均役廳)이라 하였다.

흙(土)을 고르게(勻)하여 '평평하게 하다'는 의미를 지니고 있는 '**균(均)**'은 차별 없이 고름을 일컫는 '가지런할 등(等)'의 균등(均等), 금액이나 수량 등이 하나같이 똑같다는 균일(均一), 똑같이 나눈다는 균할(均割), 여러 사물의 질이나 양 따위를 통일적으로 고르게 한 것인 평균(平均) 등에 쓰인다. 기울거나 치우치지 않고 고른 상

📖 관련어휘

· 군역
· 균역청

· 균등
· 균일
· 균할
· 평균

태를 '저울대 형(衡)'을 써서 균형(均衡)이라 하고, 어느 한쪽으로 기울거나 고르지 아니함을 불균형(不均衡)이라 하며, 여러 사물의 질이나 양을 고르게 한 것을 평균(平均)이라 한다. 연평균(年平均)은 한 해 동안의 평균값을 일컫는다. 무게가 어느 한쪽으로 치우치거나 기울지 않고 균형을 이루도록 하는 데 쓰는 물건을 균형추(均衡錘)라 하는데, 불균형한 힘을 막기 위하여 기계나 장치물에 설치하는 데 사용한다.

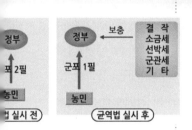

▲ 영조의 균역법 실시 전과 후

조선 말기의 실학자 이익(李瀷)을 비롯한 여러 지식인들이 주장한 토지 개혁론이 균전론(均田論)이었다. 관리들의 토지 겸병(兼倂)과 농장 확대의 폐해를 없애고 토지를 균등하게 분배하기 위하여 제기한 개혁론이었는데, 한 집에 필요한 기준량을 정하여 그에 상당한 논밭을 한정하고, 1가구에 영업전(永業田)을 줄 것, 제한된 영업전 이외의 논밭은 자유 매매를 허가할 것, 영업전의 매매 행위가 있을 때에는 처벌자는 정책이었는데 안타깝게도 실현되지 못하였었다.

『논어(論語)』에 '균무빈(均無貧)'이라는 말이 나온다. '없을 무(無)' '가난할 빈(貧)'으로 모든 사람들이 물질적으로 균등한 생활을 하고 있다면 가난하다는 생각은 생겨나지 않을 것이라는 의미로 인간은 절대적 빈곤(貧困)보다는 상대적 빈곤에 더 괴로워하고 마음 아파한다는 이야기이다.

신 사 참 배
神 社 參 拜

神 · 신 **신**

社 · 신 **사**

參 · 간여할 **참(삼)**

拜 · 절할 **배**

신사참배 모습 ▶
일제강점기 ▶

신사(神社)는 일본에서 황실의 조상이나 나라에 공이 큰 사람을 신으로 모셔 놓고 제사를 지내는 장소를 일컫고, '간여할 참(參)' '절할 배(拜)'의 참배(參拜)는 신(神)이나 부처에게 절하거나 영구(靈柩), 무덤, 기념비 등의 앞에서 추모나 공경의 뜻을 나타내는 일을 가리킨다. 일제 강점기, 일제가 우리의 종교와 사상, 자유를 억압하기 위하여 곳곳에 신사를 세우고 참배할 것을 강요하였었는데 이를 신사참배(神社參拜)라 하였다.

관련 어휘

· 신사
· 참배

· 참가
· 참고
· 참배
· 참작
· 참관

참(參)은 '참여하다' '살피다'의 의미일 때에는 '참'으로 발음하지만, '셋'이라는 의미로 쓰일 때에는 '삼'으로 발음한다. 관여하여 참석하거나 가입함을 '더할 가(加)'를 서서 참가(參加)라 하고, 살펴서 도움이 될 만한 자료로 삼는 것을 '살필 고(考)'를 써서 참고(參考)라 하며, 절하면서 기리는 것을 '절할 배(拜)'를 써서 참배(參拜)라 한다. '짐작할 작(酌)'을 쓴 '참작(參酌)'은 참고하여 알맞게 헤아린다는 의미이다. 어떤 자리에 직접 나가서 보는 것을 '참관(參觀)'이라 하고, 자기와 관계없는 일이나 말 따위에 끼어들어 쓸데없이 아는 체하거나 이래라저래라 함을 '참견(參見)'이라 하며, 참고로 비교하고 대조하여 봄을 '참조(參照)'라 한다.

긴급 참모회의(參謀會議)를 열어 의논하였다는 이야기도, 참모정치(參謀政治)라는 말도 가끔씩 듣는다. 무슨 일을 꾀하고 의논하는 것을 '모의(謀議)'라 하고, 그 모의(謀議)에 참여(參與)하는 일 또는 참여한 사람, 또는 지휘권 행사를 보좌하는 사람을 '참여할 참(參)' '꾀할 모(謀)'를 써서 '참모(參謀)'라 한다.

절할 배(拜)라 하였다. 경의나 공경의 뜻을 나타내기 위하여 공손히 절함을 경배(敬拜)라 하고, 개신교에서 성경을 읽고 기도와 찬송으로 하나님에 대한 존경과 숭배를 나타내는 의식을 예배(禮拜)라 하며, 훌륭히 여겨 우러러 공경함을 숭배(崇拜)라 한다. 설 무렵에 웃어른을 찾아뵙고 절함을 '해 세(歲)'를 써서 세배(歲拜)라 하고, 재물(財物)을 지나치게 숭배하여, 모든 판단의 기준을 재물에 두고 그것에 집착하는 경향이나 태도를 배금주의(拜金主義)라 한다. '단배식(團拜式)'을 한다는 이야기를 듣는다. '단체 단(團)'으로 단체의 구성원이 모두 모여서 한꺼번에 절을 하는 의식을 가리킨다.

물 가 지 수
物 價 指 數

物 · 사물 **물**

價 · 값 **가**

指 · 가리킬 **지**

數 · 숫자 **수**

'사물 물(物)' '값 가(價)'자를 쓴 물가(物價)는 사물의 값이라는 의미이고, '가리킬 지(指)' '숫자 수(數)'를 쓴 지수(指數)는 가리키는 숫자라는 의미인데 물가나 주식, 노임 등의 변동 상황을 시기에 따라 나타내고자 할 때 그 기준이 되는 때를 100으로 하여 비교하거나 나타내는 숫자를 가리킨다. '물가지수(物價指數)'는 물가(物價)의 변동(變動)을 종합적으로 파악하기 위해 나타내는 지수를 일컫는다. 생산자가 생산할 물건을 도매상에 판매하는 단계에서 산출한 물가 지수를 생산자물가지수(生産者物價指數)라 하고, 소비자가 구입하는 상품이나 서비스의 가격 변동을 나타내는 지수를 소비자물가지수(消費者物價指數)라 한다.

관 련 어 휘

• 물가
• 지수
• 생산자물가지수
• 소비자물가지수

• 불쾌지수)
• 주식
• 주주
• 종합주가지수

'상쾌할 쾌(快)'자를 쓴 불쾌지수(不快指數)도 있는데 이는 날씨에 따라 사람이 느끼는 불쾌감의 정도를 기온과 습도를 조합하여 나타내는 수치를 일컫고, '주식 주(株)'자를 쓴 종합주가지수(綜合株價指數)는 증권 시장에 상장된 모든 종목의 주가 변동을 날마다 종합한 지표를 일컫는다. 주식(株式)을 갖고 있는 사람을 주주(株主)

라고 한다.

손가락 지(指)는 손가락 끝마디의 안쪽에 이루어진 살갗의 무늬인 '무늬 문(紋)'의 지문(指紋), 손가락으로 가리켜 보이게 한다는 '보일 시(示)'의 지시(指示), 남쪽을 가리키는 쇠라는 의미로 자석(磁石)의 또 다른 이름인 '남녘 남(南)' '쇠 철(鐵)'의 지남철(指南鐵), 여러 사람 가운데 누구의 이름을 꼭 지정하여 가리키는 일인 '이름 명(名)'의 지명(指名), 손도장을 일컫는 '문장 장(章)'의 지장(指章), 잘못을 꼬집어 나무라거나 지목하여 비방한다는 '튕길 탄(彈)'의 지탄(指彈) 등에 쓰인다. 생활이나 행동의 방법이나 방향 따위를 가리키는 길잡이를 '지침(指針)'이라 하는데 '가리킬 지(指)' '바늘 침(針)'으로 가리키는 것이 바늘과 같이 날카롭다는 의미이다. '고기 육(肉=月)'변을 쓴 '脂'는 '기름 지'이다.

『사기(史記)』 진이세기(秦二世紀)에 '지록위마(指鹿爲馬)'라는 말이 있다. '가리킬 지(指)' '사슴 록(鹿)' '~할 위(爲)' '말 마(馬)'로 사슴을 가리켜서 말이라고 한다는 의미인데 사실(事實) 아닌 것을 사실로 만들어 강제로 인정(認定)하게 하는 권력남용(權力濫用)을 비판할 때에 쓰는 말이다. 또한 지동지서(指東指西)라는 말도 있다. 동쪽을 가리켰다가 서쪽을 가리킨다는 뜻으로 말하는 요지(要 요긴할 요, 旨 뜻 지)도 모르고 엉뚱한 소리를 하는 것을 일컫는다.

공 리 주 의
功 利 主 義

功 · 공로 공
利 · 이익 리
主 · 중심 주
義 · 뜻 의

공명(功名, 공을 세워 이름이 널리 알려짐)과 이욕(利慾, 개인적인 이익을 탐내는 마음)을 생활의 궁극적 기준으로 삼으려는 생각이나 태도, 최대 다수의 최대 행복을 추구함으로써 이기적 쾌락과 사회 전체의 행복을 조화시키려는 사상, 예술 역시 인생과 사회에 실제적으로 유익한 것이라야 한다는 예술론을 공리주의(功利主義)라고 하는데 '공로 공(功)' '이익 리(利)' '중심 주(主)' '뜻 의(義)'로 공을 세워 이름을 알리고 자신의 이익을 위해 애쓰는 마음을 목적으로 삼아야 한다는 생각을 일컫는다.

힘을 들여 이루어낸 결과 또는 어떤 일에 이바지한 공적과 노력을 '공(功)'이라 하고 잘못과 허물을 '과(過)'라 한다. 공로와 과실 그러니까 잘잘못을 '공과(功過)'라 하고, 일에 애쓴 공적을 공로(功勞)라 하며, 공적과 덕행 그러니까 현재 또는 미래에 행복을 가져올 선행을 공

📖 관련 어휘

• 공과
• 공로

▲ 영국의 법학자 제러미 벤담(공리주의 창시자)

덕(功德)이라 한다. 전쟁에서 세운 공을 무공(武功)이라 하고, 공을 새워 이름을 떨침을 공명(功名)이라 하며, 사업이나 나라를 위하여 두드러지게 세운 공을 공훈(功勳)이라 한다.

고생하면서 공부하여 성공한 사람을 일컬을 때 형설지공(螢雪之功)을 이야기하는데 '반딧불 형(螢)' '눈 설(雪)'로 고생을 견디면서 반딧불과 눈으로 이룬 성공이라는 의미이다. 공(功)이 있고 없음이나 크고 작음을 따져서 거기에 맞게 알맞은 상을 주는 것을 '논공행상(論功行賞)'이라 하는데 '논의할 논(論)' '행할 행(行)' '상줄 상(賞)'으로 공적을 논의하여서 상 주는 일을 행한다는 의미이다.

어떤 일에 공로가 있는 사람을 유공자(有功者)라 하고, 공을 세워 이름을 떨치려는 마음을 공명심(功名心)이라 하며, 근속연수(勤續年數)나 나이가 많아짐에 따라 지위가 올라가는 일을 연공서열(年功序列)이라 한다.

'성공지하불가구처(成功之下不可久處)'라고 하였다. 성공한 곳에서 오래 머물러서는 안 된다는 의미인데 오래 머무르다 보면 시기하고 질투하는 사람이 생겨서 화를 당하기 쉽기 때문이란다. '성대공자불모어중(成大功者不謀於衆)'이라는 말도 있는데, 큰 공을 이루려는 사람은 여러 사람과 모의하지 않는다는 의미로 뚜렷한 주관으로 신속하게 일을 처리해야 한다는 이야기이다.

국 무 총 리
國 務 總 理

國 · 나라 **국**

務 · 힘쓸 **무**

總 · 모두 **총**

理 · 다스릴 **리**

대통령을 보좌하고 대통령의 명을 받아 행정 각부를 통할하는 공무원을 '나라 국(國)' '힘쓸 무(務)' '모두 총(總)' '다스릴 리(理)'를 써서 국무총리(國務總理)라 하는데 글자 그대로는 나라의 일을 모두 다스리는 사람이라는 의미이다. 글자로는 엄청난 권력을 가지고 있지만 헌법 제86조에 '대통령의 명을 받아'라는 단서 조항 때문에 실제로는 독자적인 권한을 갖지 못하고 대통령의 명령을 받아 행정 각 부를 다스릴 뿐이다. 그렇기 때문에 권한(權限)과 책임(責任)에 한계(限界)가 있다고 할 수 있다.

모두 총(總)이라 하였다. 총선거(總選擧)의 준말로 국회의원 전체를 한꺼번에 선출하는 선거를 '뽑을 선(選)'을 써서 **총선(總選)**이라 하고, 전체를 지휘하는 사람을 '우두머리 수(帥)'를 써서 **총수(總帥)**라 하며, 여러 가지를 한데 모아서 아우름을 '감독할 괄(括)'을 써서 **총괄(總括)**이라 한다. 사물의 범위가 모든 것에 다 걸쳐 있음을 **총체적(總體的)**이라 하고, 전체의 사무를 관리하는 으뜸 벼슬이나 대학(大學)의 관리자를 **총장(總長)**이라 하며,

관련 어휘

• 총선거
• 총선
• 총수
• 총괄
• 총체적
• 총장

전체의 모든 힘을 총력(總力)이라 한다.

리(理)는 '다스리다'는 의미로도 많이 쓰이는데 '관리(管理)' '처리(處理)' '이사(理事)' '대리(代理)' '이발(理髮)' '감리(監理)' 등이 그 예이다. 사람을 통제하고 지휘 감독하는 일, 시설이나 물건의 유지를 꾀하는 것, 일을 맡아 처리하는 것을 관리(管理)라 하고, 일을 다스려 치러가거나 사건 또는 사무를 갈무리하여 끝장냄을 처리(處理)라 하며, 일정한 기구나 단체를 대표하여 그 일을 처리하는 직위를 이사(理事)라 한다. 남을 대신(代身)하여 일을 처리함을 대리(代理)라 하고, 머리털을 다듬어 깎음을 이발(理髮)

▲ 공사 현장의 감리 모습

이라 하며, 감독(監督)하고 관리(管理)하는 일을 감리(監理)라 한다.

권불십년(權不十年) 화무십일홍(花無十日紅)이라 하였다. 즉, 아무리 대단한 권력(權)도 십 년(十年)을 넘기기 어렵고(不) 아무리 붉고(紅) 아름다운 꽃(花)도 십 일(十日)을 넘기기 어렵다는 말이다. 아무리 영원할 것만 같았던 권력이나 아름다움도 흥함이 있으면 언젠가는 쇠하게 마련이라는 말인 것이다.

위 헌 법 률 심 사
違 憲 法 律 審 査

違 · 어길 **위**
憲 · 헌법 **헌**
法 · 법 **법**
律 · 법 **률**
審 · 살필 **심**
査 · 조사할 **사**

사법기관이 법률을 심사하여 헌법에 위배된다고 판단되는 경우에 그 효력을 잃게 하거나 그 법률의 적용을 거부하는 제도를 위헌법률심사(違憲法律審查)라 하는데, '어길 위(違)' '헌법 헌(憲)' '법 법(法)' '법 률(律)' '살필 심(審)' '조사할 사(査)'로 헌법을 위반한 법인지 아닌지를 살펴서 조사한다는 의미이다.

위(違)는 '어기다' '위반하다'는 의미를 지니고 있는데 헌법(憲法) 규정을 어긴다는 위헌(違憲)뿐 아니라 약속이나 명령 따위를 어기거나 지키지 아니한다는 위반(違反), 법을 어긴다는 위법(違法), 화목함을 위반했다는 의미로 서로 조화롭게 어울리지 못하는 어색한 느낌인 위화감(違和感), 계약의 당사자가 계약을 위반하였을 때, 그 제재로서 상대에게 지불하기로 약정한 돈인 위약금(違約金) 등에 쓰인다.

관련어휘

· 위헌
· 위반
· 위법
· 위화감
· 위약금
· 위법성조각사유

법률용어로 위법성조각사유(違法性阻却事由)라는 말이 있다. '말릴 조(阻)' 물리칠 각(却)'의 조각(阻却)이 말리고 물리친다는 의미이기에, 정당방위(正當防衛)나 긴급피난

(緊急避難)처럼 법률에서 형식상 불법 또는 범죄 행위의 요건을 갖추었으나 위법 또는 범죄로 인정하지 않는 경우를 가리킨다.

헌(憲)은 '법(法)'이지만 '헌법(憲法)'이라는 의미로 많이 사용된다. 헌법(憲法)은 법 중에서도 한 나라 최고의 상위법이다. 국가의 통치 체제에 관련된 기본적 원칙과 국민의 기본적 권리와 의무 등을 규정한 법이기 때문이다. 헌법을 고쳐서 다시 정함을 개헌(改憲)이라 하고, 헌법에 관한 분쟁이나 법률의 위헌 여부, 탄핵, 정당의 해산 등에 관한 것을 심판하는 특별재판소를 헌법재판소(憲法裁判所)라 하며, 어떠한 사실에 대하여 이상(理想)으로서 규정한 원칙을 선언한 규범을 헌장(憲章)이라 한다. 군대 안의 경찰 업무를 맡아보는 전투 지원 병과, 또는 그 병과에 소속된 군인을 헌병(憲兵)이라 하고, 헌법 정신에 위배된 법률에 의하여 기본권의 침해를 받은 사람이 직접 헌법 재판소에 구제를 청구하는 일을 '하소연할 소(訴)' '원할 원(願)'을 써서 헌법소원(憲法訴願)이라 하며, 정당의 강령이나 기본이 되는 방침을 정당 당(黨)을 써서 당헌(黨憲)이라 한다. 위도간예(違道干譽)라는 말이 있다. '구할 간(干)' '칭찬할 예(譽)'로 도리를 어기고 백성의 칭송을 구한다는 의미이다.

▲ 헌법재판소(종로구 북촌 소재)

경 기 부 양 책
景 氣 浮 揚 策

景 · 볕 경
氣 · 기운 기
浮 · 뜰 부
揚 · 올릴 양
策 · 방법 책

관련어휘

• 경기
• 부양
• 호황 ↔ 불황

• 부양가족
• 부양의무
→ 도울 부(扶)

• 부력
• 부랑
• 부동표

경기부양책(景氣浮揚策)을 내 놓아야 한다는 말을 한다. '볕 경(景)' '기운 기(氣)'의 경기(景氣)는 햇볕의 기운이 있느냐 없느냐는 의미로 매매나 거래 따위에 나타난 경제 활동의 상황을 일컫는데, 경제활동이 활발한 '좋을 호(好)' '상황 황(況)'의 호황(好況)과 그 반대인 불황(不況)으로 나눌 수 있다. '뜰 부(浮)' '올릴 양(揚)'의 부양(浮揚)은 띄워 올린다는 의미이고, '책(策)'은 방법이라는 의미이다. 그러니까 가라앉은 경기(景氣)를 띄워 올려 활성화(活性化)시키는 방법을 일러 경기부양책(景氣浮揚策)이라 하는 것이다. 부양가족(扶養家族)이 많다고도 하며 부양의무(扶養義務)가 있다고도 하는데 이때의 부양은 '도울 부(扶)' '기를 양(養)'으로 도와서 기르고 능력이 없는 사람의 생활을 돌보아준다는 의미이다.

뜰 부(浮)라 하였다. 공기나 액체 속에 있는 물체를 떠오르게 하는 힘을 '부력(浮力)'이라 하고, 일정한 주소와 직업이 없이 떠돌아다님을 '부랑(浮浪)'이라 하며, 선거 때에 특정한 입후보자나 정당에 투표될 것으로 확정지을 수 없는 변화 가능성이 많은 표를 '부동표(浮動票)'라 한다. 자리가 잡히지 않아 변동될 수 있는 성질을 부동성(浮動性)이라 하고, 일정한 자산으로 붙박여 있지 않고 투기적 이익을 얻고자 시장에 떠도는 자금을 부동자금(浮動資金)이라 한다. 어떤 사건이나 대상, 장면, 인물 따위를 두드러지게 나타냄을 '새길 각(刻)'을 써서 부각(浮刻)이라 하고, 사람들의 주목을 받거나 더 높은 자리로 올라섬을 '오를 상(上)'을 써서 부상(浮上)이라 한다. 선박의 안전 항해를 돕기 위해 항로를 지시하거나, 암초나 침몰선 따위의 위험물이 있음을 경고하기 위해 물 위에 띄우는 항로 표지를 '떠돌 표(漂)'를 써서 부표(浮漂)라 하고, 오래 굶어 살가죽이 들떠서 붓고 누렇게 되는 병을 '누를 황(黃)'을 써서 부황(浮黃)이라 한다.

▲ 바다 위의 부표

올릴 양(揚)이다. 칭찬하여 올림, 또는 아름다움을 기리고 착함을 표창함을 '칭찬할 찬(讚)'을 써서 찬양(讚揚)이라 하고, 권위나 명성 등을 드러내어 널리 떨치는 일을 '베풀 선(宣)'을 써서 선양(宣揚)이라 한다. 높이 거는 일을 '걸 게(揭)'를 써서 게양(揭揚)이라 하고, 북돋우어서 높이 올림을 고양(高揚)이라 한다. 문장의 표현 기법에 억양법(抑揚法)이 있다. '누를 억(抑)' '올릴 양(揚)'으로 처음에는 올렸다가 다음에 내리거나, 먼저 낮추었다가 나중에 올리는 방법으로 두 사실을 분명하게 대조시킴으로써 강조하는 방법을 일컫는다.

기 회 비 용
機 會 費 用

機 · 기회 **기**

會 · 기회 **회**

費 · 쓸 **비**

用 · 사용할 **용**

같은 시간에 가족 모임이 있고 친구들과의 모임도 있을 경우에, 가족 모임에 참석하느라 친구 모임에 참석하지 못하였다면 친구 모임에서의 즐거움을 얻을 기회를 잃어버린 것인데 이때 친구 모임에서 얻을 수 있었을 즐거움을 기회비용(機會費用)이라 한다. '다른 선택을 함으로써 포기한 기회'라는 의미이다. 무엇인가를 선택함으로써 포기해야 하는 것들 중에서 최선의 것의 가치라고 이해할 수 있다.

하나의 글자가 하나의 의미만을 지니는 것이 아니라는 것은 이미 여러 차례 이야기한 바 있다. '기(機)'도 일반적으로는 '기계'나 '기회'라는 의미로 많이 쓰이지만 과거에는 '베틀'의 의미로 많이 쓰였다. 문명이 발전하기 이전에는 '베틀'이 훌륭한 기계였기 때문에 '기계'라는 의미가 더하여진 것 같다. 또 기계는 중요하기 때문에 '중요하다'는 의미로, 그리고 물건을 만들 때에는 기회를 잘 보아야 하기 때문에 '기회'라는 의미까지 의미가 확대되지 않았나 생각해 본다. 중요하고도 비밀로 되어 있어 함부로 드러내지 못하는 일을 '중요할 기(機)'은

관련 어휘

· 기회비용(機會費用)

밀할 밀(密)'을 써서 '기밀(機密)'이라 한다.

생물체의 기관, 조직, 세포의 생활 활동이나 작용이나 능력을 기능(機能)이라 하고, 때나 기회가 생기기를 기다림을 '대기(待機)'라 하며, 어떤 일이 일어나거나 바뀌게 되는 원인이나 기회를 계기(契機)라 한다. 법인이나 단체의 의사를 결정하거나 그 실행에 참여하는 지위에 있고 그 행위가 법인의 행위로 간주되는 개인이나 단체를 기관(機關)이라 하고, 어떤 단체나 조직에서 그 단체의 목적과 취지에 입각하여 자신들의 주장과 입장을 대내적 또는 대외적으로 선전하거나 표명하기 위해 발행하는 신문을 '신문지 지(紙)'를 써서 기관지(機關紙)라 한다.

'기밀누설죄(機密漏泄罪)'가 있다. 정치 또는 군사에 관한 기밀(機密)을 드러내어 적군(敵軍)에게 제공한 범죄를 말한다. 근본이 되는 중요한 사무나 외부에 드러나서는 안 되는 비밀 사무를 '기무(機務)'라 하고, 더 없이 중요하여 외부에 드러내서는 안 될 중요한 비밀을 '기밀(機密)'이라 한다. 학문은 중도에 그만둠 없이 꾸준히 계속해야 한다는 가르침을 '단기지계(斷機之戒)'라 하는데 직역하면 '베를 끊어 깨우침을 주었다'는 의미이다. 맹자(孟子)가 공부를 마치지 않고 집으로 돌아왔을 때, 그 어머니가 짜고 있던 베를 자르면서 일을 중간에서 그만두는 어리석음을 훈계하였다는 고사(故事)에서 나온 말이다.

4장

과학의 원리를
깨치는 어휘

전 두 엽
前 頭 葉

前 · 앞 **전**
頭 · 머리 **두**
葉 · 잎 **엽**

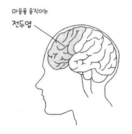

마음을 움직이는
전두엽

대뇌반구(大腦半球)의 전방(前方)에 있는 부분으로 기억력과 사고력 등의 고등 행동을 관장하며, 다른 영역으로부터 들어오는 정보를 조정하고 행동을 조절하는 대뇌피질의 일부를 전두엽(前頭葉)이라 하는데 전두엽의 활동이 정상치보다 떨어지게 되면 감정을 조절하는 기능을 제대로 하지 못하게 되고 또 행동을 억제하는 기능도 떨어지게 된다고 한다. 높은 수준의 정신 기능을 담당하는 것으로 알려진 전두엽은 다른 동물보다 사람에게 가장 발달되어 있는데 '앞 전(前)' '머리 두(頭)' '잎 엽(葉)'으로 머리 앞부분에 있는 잎과 같은 부분이라는 의미이다.

밀가루를 반죽하여 얇게 밀어서 고기나 야채 등을 넣고 만든 빵을 '만두'라 하는데 '만두(饅頭)'라는 이름은 제갈공명이 지었다고 전해져 온다. 제갈공명이 촉나라로 돌아오는 길에 노수라는 강까지 왔는데 갑자기 검은 구름이 몰려오고 거센 바람이 불어닥쳤다. 신에게

관련어휘

• 만두(饅頭)

- 만두(蠻頭)
- 만두(饅頭)
- 교자

▲ 만두(蠻頭) → 만두(饅頭)

▲ 일본식 교자

- 두발상지
- 두서
- 출두
- 고두사죄
- 용두사미
- 염두

- 거두절미
- 백척간두

사람을 바쳐야 강을 건널 수 있다는 말을 들은 공명은 사람의 머리 대신 밀가루를 반죽해서 사람 머리를 본 떠 뜨고 그 속에 소와 양의 고기를 다져넣고는 오랑캐의 머리라는 의미로 '만두(蠻頭)'라고 이름 붙였다는 것이다. 훗날에 너무 잔인한 이름이라는 생각이 들어 발음이 똑같은 '만두(饅頭)'로 고쳐 불렀고 현재 중국에서는 '교자(餃子)'라는 이름으로 부르고 있다. 우리나라에는 고려 시대에 전래되었고 원래는 정초(正初)에만 먹는 계절 음식이었다.

머리털이 곤두선다는 뜻으로 심하게 화난 모습을 '두발상지(頭髮上指)'라 하고, 일의 단서 또는 앞뒤의 순서를 '두서(頭緒)'라 한다. 관청 같은 곳에 몸소 나감을 '출두(出頭)'라 하고, 머리를 조아려 사죄함을 '고두사죄(叩頭謝罪)'라 한다. 머리는 용(龍)이고 꼬리는 뱀이라는 뜻으로 처음 시작은 좋았지만 갈수록 나빠짐을 비유한 말을 용두사미(龍頭蛇尾)라 하고 머리(頭)나 마음 속의 생각(念)을 염두(念頭)라고 한다.

머리와 꼬리를 잘라버린다는 뜻으로 앞뒤의 이야기를 빼고 요점(要點)만을 말함을 '제거할 거(去)' '끊을 절(截)' '꼬리 미(尾)'를 써서 거두절미(去頭截尾)라 하고, 백 자나 되는 높은 장대 위에 올라섰다는 뜻으로 위태로움이 극도에 달한 상태를 '자 척(尺)' '장대 간(竿)'을 써서 백척간두(百尺竿頭)라 한다.

관 성 의 법 칙
慣性 法則

慣・습관 **관**

性・성질 **성**

물체가 운동을 할 때 기본이 되는 법칙을 '운동의 법칙'이라 한다. 즉 물체가 아무리 복잡한 운동을 하고 있다고 하더라도 그 운동을 관찰해 보면 몇 가지의 간단한 운동으로 이루어져 있다는 주장이 그것이다. 제1법칙, 제2법칙, 제3법칙으로 구분하는데 제1법칙은 관성의 법칙이다.

'습관 관(慣)' '성질 성(性)'의 관성(慣性)은 '습관처럼 하려는 성질'이라는 의미다. 정지한 물체는 영원히 정지하려 하고 운동하고 있는 물체는 그 운동을 계속 유지하려 하는 성질이 있음을 '관성의 법칙(慣性의 法則)'이라 하며, 정지하고 있던 차가 갑자기 움직이면 안에 탄 사람이 뒤로 넘어지는데 이것은 차 안의 사람들은 계속 정지하려는 성질을 갖고 있기 때문이다.

제2법칙은 '가속도의 법칙(加速度의 法則)'인데 '더할 가(加)' '빠를 속(速)' '정도 도(度)'의 가속도(加速度)는 '빠르기의 정도(속도)가 더해진다.'는 의미로 물체에 외부로부터 힘이 가해지면 가해진 힘에 비례하여 물체의 속도가 변화한다는 이론이다. 운동의 제3법칙은 작용·반작용의 법칙(作用·反作用의 法則)인데 '만들 작(作)' '쓸 용

관 련 어 휘

• 관성

• 가속도의 법칙

• 가속도

• 작용 반작용의 법칙

用)'의 작용(作用)은 영향을 주거나 현상이나 행동을 일으킨다는 의미이고 '되받을 반(反)'의 반작용(反作用)은 작용을 되받는다는 의미이다. '작용이 있으면 반드시 반작용이 있게 된다'는 원리인데 롤러스케이트를 신고 손으로 벽을 밀었을 때에 벽이 사람을 미는 것처럼 몸이 밀려나는 원리, 즉 어떤 물체에 힘을 주면 그 물체로부터 힘을 받게 되는 원리를 일컫는다.

관(慣)은 이전부터 해 내려와서 습관처럼 되어 버린 일을 일컫는 '법식 예(例)'의 관례(慣例), 일정한 사회에서 오랫동안 지켜 내려와 인정되고 습관화되어 온 질서나 법칙인 '익숙할 습(習)'의 관습(慣習), 그리고 일반에 습관적으로 자주 쓰이는 말이라는 의미로 두 개 이상의 단어가 모여 그 자체의 의미가 아닌 다른 의미로 굳어져 쓰이는 말인 '사용할 용(用)' '말씀 어(語)'의 관용어(慣用語) 등에 쓰인다. 입법기관에 의해 정립된 것은 아니지만 습관이나 관행이 법적 확신을 가져서 법으로 인정되고 법과 동일한 효력을 갖는 법을 관습법(慣習法)이라 한다.

관행(慣行)이니까 죄가 아니고 문제될 것도 없다는 태도가 우리를 분노(憤怒)하게 만드는 경우가 여전히 많다. 이제부터라도 관행이니까 문제없고 남들도 하고 있으니 괜찮으며 지금까지 해 온 일이니까 잘못이 아니라고 말해서는 안 된다. '관행(慣行)'은 '버릇 관(慣)' '행할 행(行)'으로 예전부터 습관처럼 행하여지던 일을 일컫는다.

밀 도
密 度

密 · 빽빽할 **밀**

度 · 정도 **도**

'빽빽할 밀(密)'자에 '정도 도(度)'를 쓴 밀도(密度)는 일정한 면적이나 공간 속에 포함된 물질이나 대상의 **빽빽**한 정도, 또는 일정한 범위 안에서 다루고 있는 내용이 충실히 갖추어진 정도를 일컫는다. 물리학(物理學)에서는 한 물질의 부피와 질량의 비례를 가리킨다.

우리나라 인구밀도를 조사해보면...

예상대로 서울이 가장 높고요.

부산, 광주, 대구, 대전, 인천 순...

밀(密)은 '빽빽하다'는 뜻 외에 '은밀하다' '자세하다'는 의미로도 쓰인다. 밀도(密度)에서는 '빽빽하다'는 의미지만, 남에게 알리지 않고 숨기는 일인 '비밀(秘密)'에서는 '은밀하다'는 의미고, 세밀한 곳까지 빈틈이 없고 정확하다는 정밀(精密)에서는 '자세하다'는 의미이다. 남몰래 하는 이야기를 '말씀 담(談)'을 써서 밀담(密談)이라 하고, 나무들이 빽빽하게 들어선 깊은 숲을 '수풀 림(林)'을 써서 밀림(密林)이라 하며, 자세하고 빈틈없이 꼼꼼함을 '가늘 세(細)'를 써서 세밀(細密)이라 한다. 거래가 금지된 물건을 몰래 파는 일을 '팔 매(賣)'자를 써서 밀매(密賣)라 하고, 남모르게 모이거나 만나는 일을 '모일 회(會)'를 써서 밀회(密會)라 하며, 나라를

🏠 관련어휘

• 비밀
• 정밀
• 밀담
• 밀림
• 세밀
• 밀매
• 밀회

220

대표하여 일정한 사명을 주고 외국에 비밀스럽게 보내는 사람을 '사신 사(使)'를 써서 밀사(密使)라 한다. 외부의 공기나 습기가 스며들지 않게 또는 내용물이 샐 틈이 없도록 꼭 닫거나 막음을 '닫을 폐(閉)'를 써서 밀폐(密閉)라 하고, 인구나 건물, 산업 따위가 한곳에 지나치게 많이 몰려 있음을 '지나칠 과(過)'자를 써서 과밀(過密)이라 하며, 뼈 안에 기질이나 무기질 따위가 들어 있는 양이나 정도를 '뼈 골(骨)'을 써서 골밀도(骨密度)라 한다.

도(度)는 '정도'와 '제도, 규정'이라는 의미로 많이 쓰인다. 일이 진행되는 빠른 정도인 '빠를 속(速)'의 속도(速度), 뜨거움의 정도인 '따뜻할 온(溫)'의 온도(溫度), 어렵고 쉬운 정도인 '어려울 난(難)' '쉬울 이(易)'의 난이도(難易度), 높음의 정도인 '높을 고(高)'의 고도(高度) 등에서는 모두 '정도'의 의미이지만, 토지제도 신분제도 조세제도 등과 같이 법이나 관습에 의하여 세워진 모든 사회적 규약의 체계인 '만들 제(制)'의 제도(制度)에서는 '제도, 규정'이라는 의미인 것이다.

국민 각자가 직면하고 있는 실업(失業), 질병(疾病), 재난(災難) 등의 위험에 대해 그 위험과 불행의 책임이 개인에게만 있지 않으며, 국가나 사회가 그 책임을 부담해야 한다는 배경하에 국가 또는 사회가 공공자원의 일부를 보태 개인의 생활을 보장하는 제도를 사회보장제도(社會保障制度)라 하는데 '사회가 개인의 생활을 보장해주는 제도'라는 의미이다.

현 기 증
眩 氣 症

眩 · 어지러울 **현**

氣 · 기운 **기**

症 · 병 증세 **증**

'현기증이 나는 자는 세계가 빙빙 돌고 있다고 생각한 다'라는 말이 있다. 사람들은 자기중심으로 세상의 이 치를 해석한다는 의미이다. 어지러운 증세와 어지럼증 을 '어지러울 현(眩)' '기운 기(氣)' '증세 증(症)'을 써서 현기증(眩氣症)이라 한다.

'눈 목(目)'에 '검을 현(玄)'이 더해져서 '눈앞이 검게 되 었다'는 의미를 지니게 된 **'어지러울 현(眩)'**은 제정신 을 못 차리고 홀리거나 홀리게 한다는 '미혹할 혹(惑)' 의 '현혹(眩惑)' 정도에 쓰인다.

흔히 '기운 기'라고 일컫는 **'氣(기)'**는 '기운'이라는 의미 외에 '힘' '숨' '기체' '자연현상'의 의미로도 많이 쓰인 다. 숨 쉴 때에 공기의 통로가 되는 호흡기를 '대롱 관 (管)'을 써서 '기관(氣管)'이라 하고, 일을 감당할 수 있는 정신과 육체의 힘을 '기력(氣力)'이라 하며, 대기(大氣) 중 에서 일어나는 공기의 흐름을 '기류(氣流)'라 한다. 희로 애락(喜怒哀樂) 감정의 작용으로 얼굴에 나타나는 감정 의 변화를 기색(氣色)이라 하고, 숨이 끊어지는 일을 '끊 을 절(絶)'을 써서 기절(氣絶)이라 하며, 같은 기운을 타

관련어휘

• 현혹

• 기관
• 기력
• 기류
• 기색
• 기절

고난 사람이라는 의미로 '같을 동(同)'자를 써서 '동기(同氣)'라 한다. 기운이 없고 맥이 풀림을 '다할 진(盡)' '맥박 맥(脈)'을 써서 '기진맥진(氣盡脈盡)'이라 하는데 이는 '기운이 다하였고 맥박이 다하였다'는 의미이다. 기세(氣勢)가 대단하여 세상 사람을 압도함을 '역발산기개세(力拔山氣蓋世)'라 하는데 '뽑아낼 발(拔)' '덮을 개(蓋)'로 '힘은 산을 뽑아낼 만하고 기운은 세상을 덮을 만하다'는 의미다. 공명정대(公明正大)하여 조금도 부끄러울 바 없는 도덕적 용기, 사물에서 해방된 자유로운 마음을 '클 호(浩)' '자연스러울 연(然)'을 써서 '호연지기(浩然之氣)'라 하는데 크고 자연스러운 기운이라는 의미이다. 호연지기를 갖추었을 때에 보다 자유롭고 너그러워 질 수 있고 세상을 크게 바라볼 수 있게 되며 여유를 갖고 자신의 미래를 개척할 수 있게 된다고 한다.

병 증세 증(症)이라 하였다. 몸에 아픔을 느끼는 증세를 통증(痛症)이라 하고, 병에 걸렸을 때 신체에 나타나는 이상 현상을 증상(症狀)이라 하며, 병을 앓을 때의 형세나 병의 조짐이 드러나는 여러 가지 모양을 증세(症勢)라 한다. 어떤 일을 치르고 난 뒤에, 그로 인해서 생기는 부작용을 '끼칠 유(遺)'를 써서 후유증(後遺症)이라 하고, 목이 말라 물을 마시고 싶은 느낌을 '목마를 갈(渴)'을 써서 갈증(渴症)이라 하며, 어떤 공통성이 있는 몇 가지 증후가 함께 나타나는 병적 증세를 '조짐 후(候)' '무리 군(群)'을 써서 증후군(症候群)이라 한다.

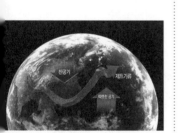

▲ 제트기류(지구가 자전하면서 대기권 윗쪽에 나타나는 빠르고 좁은 공기의 흐름)

4-5

농 축
濃 縮

濃 · 짙을 **농**
縮 · 오그라들 **축**

'농축 우라늄' '농축 주스'라는 말을 듣게 되는데 '짙을 농(濃)' '오그라들 축(縮)'을 쓴 '농축(濃縮)'은 용액 등이 진하게 오그라들었다는 의미이다. 진하게(짙게) 하고 부피를 오그라들게 한다는 의미로 액체가 진하게 엉기어 바짝 졸아들거나 액체를 진하게 졸였다는 말이 농축(濃縮)인 것이다. 동음이의어에 농업과 축산업을 함께 일컫는 '농사 농(農)' '짐승 축(畜)' '일 업(業)'을 쓴 '농축업(農畜業)'이 있다.

짙을 농(濃)이다. 혼합 기체나 용액 가운데에 존재하는 각 성분의 양의 비율을 진함의 정도라는 의미로 '정도 도(度)'를 써서 '농도(濃度)'라 하고, 빛깔이 매우 짙음 또는 액체가 묽지 않고 진함, 또는 가능성이 다분히 있음을 '두터울 후(厚)'를 써서 '농후(濃厚)'라 하며, 짙은 안개를 '안개 무(霧)'를 써서 '농무(濃霧)'라 한다. 화사하리만큼 아름다움을 '예쁠 염(艶)'을 써서 '농염(濃艶)'이라

관련어휘

· 농도
· 농후
· 농무
· 농염

224

고 하는데 '진하게 예쁘다'는 의미이다. 혈액 가운데에 들어가 있는 성분의 진한 정도를 혈중농도(血中濃度)라 하고, 알콜 성분이 피 속에 얼마만큼 있느냐를 '알콜혈중농도'라 한다.

오그라들 축(縮)이라 하였다. 원형(原形)보다 작게 줄여서 그린 그림을 '그림 도(圖)'를 써서 축도(縮圖)라 하며, 늘어나고 오그라드는 성질을 '펼 신(伸)'을 써서 신축성(伸縮性)이라 한다. 도서관에 가면 '축쇄판(縮刷版)'이라고 하는 책을 볼 수가 있는데 '인쇄할 쇄(刷)' '책 판(版)'으로 오그라뜨려서 인쇄한 판본이라는 의미이고, 서적, 서화 등의 원형을 축소하여 만든 출판물을 가리킨다. 도술(道術)로 지맥(地脈)을 축소하여 먼 거리를 가깝게 하는 술법을 '축지법(縮地法)'이라고 하는데 '땅 지(地)' '방법 법(法)'으로 땅을 오므라들게 하는 술법이라는 의미이다. 마르고 시들어서 오그라지고 쪼그라듦을 '마를 위(萎)'를 서서 위축(萎縮)이라 하고, 줄여서 작아짐 또는 작게 함을 '작을 소(小)'를 써서 축소(縮小)라 하며, 덜어서 적어지게 하는 것을 '덜 감(減)'을 써서 감축(減縮)이라 한다.

『채근담』에 '농불승담속불여아야(濃不勝淡俗不如雅也)'라는 말이 있다. 짙은 것은 담박(淡泊)한 것을 이길 수가 없고 속된 것은 우아한 것만 같지 못하다는 의미로 짙은 것과 속된 것을 가까이 하지 말라는 이야기이다.

변 태
變 態

變 · 변할 변
態 · 모양 태

분명히! 같은
풍종이었는데 모양이
달라졌는걸

'변태(變態)'라는 말을 '비정상적인 성적 욕망이나 그런 사람'이라는 의미로 쓰기도 하지만, '변할 변(變)' '모양 태(態)'자로 '모양이 변했다'는 의미이다. 동물이 성체(成體)와는 모양이나 기관, 생태가 전혀 다른 유생(幼生)의 시기를 거치는 경우에, 유생에서 성체로 변하는 일이나 그 과정, 또는 식물의 뿌리, 줄기, 잎 등의 기관이 본래의 것과는 아주 다른 형태로 변하여 그 상태로 종(種)으로서 고정되는 일이라는 의미인 것이다.

관련어휘

· 변화
· 변절

변(變)은 '변할 변' 또는 '재앙 변'이다. 사물의 형상이나 성질이 달라지는 것을 '될 화(化)'를 써서 변화(變化)라 하고, 정상적이 아닌 상태로 달라지는 것을 '모양 태(態)'자를 써서 변태(變態)라 하며, 절개를 저버리거나 내세워오던 주의나 주장을 바꾸는 것을 '절개 절(節)'을 써서 변절(變節)이라 한다. 재앙(災殃)이나 사고(事故), 또는 병 이외의 재앙으로 인한 죽음을 '사고 고(故)'를 써

・변고
・봉변
・변화무쌍
・용감무쌍

서 변고(變故)라 하고, 뜻밖의 재앙 당함을 '만날 봉(逢)'을 써서 봉변(逢變)이라 한다. 비슷한 글자에 '그리워할 연(戀)' '불꽃 섭(爕)'이 있다.

변화가 더할 수 없이 많거나 심함을 '변화무쌍(變化無雙)'이라 하는데 '변할 변(變)' '될 화(化)' '없을 무(無)' '짝 쌍(雙)'으로, 변화를 견줄만한 짝이 없다는, 변화가 둘도 없이 썩 뛰어나다는 의미이다. 아주 많이 용감함을 '용감무쌍(勇敢無雙)'이라 한다.

變(변)과 비슷한 글자

戀 그리워할 연
爕 불꽃 섭

모양 태(態)라고 하였다. 어느 환경 안에서 생육하는 생물군(生物群)과 그 생물들을 제어하는 제반 요인을 포함하는 복합 체계를 '생태계(生態系)'라 하고, 생물들 간의 관계 및 생물의 생활 상태, 환경과의 관계를 과학적으로 연구하는 생물학의 한 분야를 생태학(生態學)이라 하며, 천 가지 모습과 만 가지 형상이라는 뜻으로 사물의 모양이나 현상이 한결같지 않고 각각 모습과 모양이 다름을 '모양 상(象)'을 써서 천태만상(千態萬象)이라 한다.

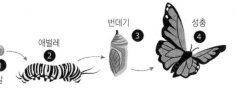

번데기
애벌레
성충
③
②
④
알
①

▲ 나비의 변태 과정

・생태계
・생태학
・천태만상

'변화는 고통스럽다. 그러나 항상 필요한 것이다'는 말이 있고, '하찮은 변화라도 단조로움이 지속되는 것보다 낫다'는 말도 있다. 또, '다양한 변화는 인생의 향신료(香辛料)이다'라는 말도 있다. 걸작(傑作) 창작을 원한다면 변화(變化)를 두려워하지 말아야 할 것이다.

수 정
受精

受 · 받을 수
精 · 정자 정

암수의 생식 세포가 새로운 개체를 이루기 위해 하나로 합쳐지게 되는 현상을 '받을 수(受)' '정자 정(精)'을 써서 수정(受精)이라 하는데 정자(精子)를 받아들였다는 의미이다. 수정(受精)이 이루어진 상태에서 낳은 알을 '알 란(卵)'을 써서 수정란(受精卵)이라 하고, 수정(受精)이 이루어지지 않은 상태에서 낳은 알은 '없을 무(無)'를 써서 무정란(無精卵)이라 하는데 무정란은 당연히 부화(孵化)가 되지 않는다. 다 자란 난세포가 난소에서 떨어져 나오는 일을 '밀칠 배(排)'를 써서 배란(排卵)이라 하고, 물고기나 새와 같은 동물이 알을 낳는 장소를 '낳을 산(産)' '장소 지(地)'를 써서 산란지(産卵地)라 하며, 계란으로 돌을 친다는 뜻으로 아주 약한 것으로 매우 강한 것에 대항하려는 어리석음을 '써 이(以)' '던질 투(投)'를 써서 이란투석(以卵投石)이라 한다.

세포막이나 세포 내에 존재하며 호르몬이나 항원이나 빛 따위의 외부 인자와 반응하여 세포 기능에 변화를 일으키는 물질을 수용체(受容體)라 하고, 암컷의 체외에서 이루어지는 수정을 체외수정(體外受精)이라 한다. 체

관련 어휘

• 수정란
• 무정란
• 배란
• 산란지
• 이란투석

• 수용체
• 체외수정

외수정은 수서 동물(水棲動物)에서 많이 볼 수 있는 수정 방법으로 물속에 정자와 난자를 방

출하여 수정이 이루어지는데 사람의 경우 시험관 아기가 여기에 해당한다.

받을 수(受)라 하였다. 물건이나 권리 따위를 넘겨받음을 '끌 인(引)'을 써서 인수(引受)라 하고, 남의 요청이나 제안 등을 받아들여서 자기 것으로 삼음을 '담을 용(容)'을 써서 수용(受容)이라 하며, 전화기에서 음성을 받고 보내는 부분을 '말할 화(話)' '기계 기(器)'자를 써서 수화기(受話器)라 한다. 자극을 받아들여 느끼는 성질이나 성향은 '느낄 감(感)'의 감수성(感受性)이고, 시험을 치르는 사람은 '시험 험(驗)' '접미사 생(生)'의 수험생(受驗生)이며, 이익을 얻은 사람은 '이익 익(益)'의 수익자(受益者)이다. '손 수(扌)'자가 더해진 **'授'**는 '줄 수'이다.

정(精)을 '정자 정(精)'이라 하였는데 '깨끗하다' '마음' '정기' '정성' '자세하다' '날래다' '찧다' 등 다양한 의미로 쓰인다. 몸과 마음의 힘이나 능력을 정력(精力)이라 하고, 정제한 석유를 정유(精油)라 하며, 사물의 본질을 이루는 알짜나 알맹이를 정수(精髓)라 한다.

4-8

波 動
파 동

波 · 물결 **파**

動 · 움직일 **동**

'물결 파(波)' '움직일 동(動)'의 파동(波動)은 물결의 움직임이라는 의미로 진동(振動)이 멀리 퍼져나가는 현상을 일컫는다. 호수 면에 돌을 던졌을 때 돌이 호수 면에 닿는 자리를 중심으로 원형 모양의 물결이 퍼져 나가는 것을 확인할 수 있는데 이렇듯 한 지점에서 생긴 물결이 진동하여 사방으로 퍼져 나가는 현상을 파동(波動)이라고 부른다. 파동의 가장 간단한 형태는 공기, 결정성 고체, 늘어진 줄과 같은 탄성 매질의 진동이다. 소리와 빛, 원자구성 입자 등의 운동이 모두 파동성을 보이므로 파동에 대한 연구는 모든 자연과학과 공학에서 중요한 주제가 되었다.

파(波)는 원래 '물결'이라는 의미였는데 '진동하는 결과'라는 의미가 덧붙여졌다. '파도(波濤)'가 '큰 물결'을 가리켰지만 '힘찬 기세로 일어나는 어떤 사회적 운동이나 현상'이라는 의미로 많이 쓰이고 있는 것이다. '파동(波動)' 역시 물결의 움직임이라는 의미에서 수면파, 전자파 등에까지 범위가 확대되어 쓰이고 있고, '풍파(風波)' 역시 세찬 바람이 불어 일어나는 험한 물결이라는 의미뿐 아

관 련 어 휘

• 파동
• 진동

• 파도
• 파동
• 풍파

230

니라 험한 분쟁이나 분란, 그리고 세상살이의 어려움이나 고통의 의미로도 많이 쓰이고 있다.

'물결 파(波)'에 '큰 물결 란(瀾)'을 쓴 파란(波瀾)은 순조롭지 아니하게 일어나는 여러 가지 곤란한 일이나 사건을 가리키고, 만장(萬丈)은 만 장(약 30㎞)만큼의 높이로 올라간다는 의미이므로 '파란만장(波瀾萬丈)'은 인생을 살아가는 데 곤란한 일이 많고 사건의 기복과 변화가 심함을 일컫는다. '굽을 곡(曲)' '꺾을 절(折)'의 파란곡절(波瀾曲折)은 그 파란(波瀾)이 굽고 꺾이고 하였다는 의미로 생활이나 일의 진행에서 일어나는 많은 곤란과 변화를 일컫는다. '무늬 문(紋)'의 파문(波紋)도 수면에 일어나는 물결 무늬라는 의미이지만 어떤 일이나 주위에 동요를 일으킬 만한 영향이라는 의미로 많이 쓰인다. 은근한 정을 나타내는 아름다운 눈짓을 '가을 추(秋)'를 써서 추파(秋波)라 하는데 가을철의 잔잔하고 맑은 물결에 비유한 표현이다.

뜻밖의 분쟁이 일어남을 '평지풍파(平地風波)'라 하는데 평지에 바람과 물결이 일어난다는 의미로 뜻밖에 일어나는 분쟁을 비유한 말이다. 훌륭한 임금이 있어 나라가 태평함을 '해불양파(海不揚波)'라 하는데 '바다 해(海)' '아니 불(不)' '올릴 양(揚)'으로 바다에 물결이 올라가지(일어나지) 않는다는 의미이다. 많이 모여서 움직이는 사람의 모양을 '인파(人波)'라 하는데 '사람 인(人)' '물결 파(波)'로 사람이 물결처럼 움직인다는 의미이다.

▲ 여의도 불꽃놀이축제의 인파

굴 성
屈 性

屈·굽을 **굴**
性·성질 **성**

식물체의 일부가 외부의 자극을 받아 그 자극의 방향과 관계되는 쪽으로 굽어 자라는 성질을 '굽을 굴(屈)' '성질 성(性)'을 써서 굴성(屈性)이라 하는데 '굽는 성질'이라는 의미이다. 자극이 오는 방향으로 굽으면 양굴성(陽屈性)이라 하고 자극의 반대 방향으로 굽으면 음굴성(陰屈性)이라 한다. 굴성(屈性)의 하나로 식물체가 빛의 자극에 의하여 그 빛과 관계된 방향으로 굽어 자라는 성질을 굴광성(屈光性)이라 하는데, 광원(光源)의 방향으로 굴곡 운동이 일어나면 양성(陽性) 굴광성을 지닌다 하고 광원의 반대 방향으로 굴곡이 일어나면 음성(陰性) 굴광성을 지닌다고 한다.

굴성(屈性)에는 '굴광성(屈光性)' 외에도 굴지성(屈地性), 굴습성(屈濕性), 굴수성(屈水性) 등이 있는데, 중력(重力)이 자극이 되어 일어나는 식물의 굴성(屈性)은 굴지성(屈地性) 또는 굴중성(屈重性)이고, 식물의 기관이 습도(濕度)가

관련어휘

• 양굴성
• 음굴성
• 굴광성

• 굴지성
• 굴습성
• 굴수성
• 굴중성

▲ 빛의 굴절

 屈(굴)자와 비슷한 글자

窟 움 굴
掘 파낼 굴
屆 신고할 계
尾 꼬리 미
尿 오줌 뇨

屍 주검 시
屋 집 옥
展 펼 전
屛 병풍 병

있는 쪽이나 그 반대쪽으로 자라는 성질은 굴습성(屈濕性) 또는 굴수성(屈水性)이다.

힘이 모자라서 주장이나 뜻을 굽히고 복종함을 '복종할 복(服)'을 써서 굴복(屈服)이라 하고, 광파(光波), 음파(音波), 수파(水波)가 한 매질(媒質)에서 다른 매질로 들어갈 때, 접촉하는 경계면에서 그 진행 방향이 변하는 현상을 굴절(屈折)이라 하며, 남에게 억눌려 업신여김이나 모욕을 받음을 굴욕(屈辱)이라 한다. 이리저리 굽어 꺾인다는 '굽을 곡(曲)'의 굴곡(屈曲), 제 뜻을 굽혀 복종한다는 '좇을 종(從)'의 굴종(屈從), 줏대가 없고 떳떳하지 못하다는 '낮을 비(卑)'의 비굴(卑屈) 등에도 '굽을 굴(屈)'이 쓰인다. '꺾일 절(折)'을 쓴 '백절불굴(百折不屈)'이라는 말이 있다. 백 번 꺾여도 굴하지 않는다는 뜻으로 어떤 어려움에도 굽히지 않는다는 의미이다. 비슷한 글자에 움 굴(窟), 파낼 굴(掘), 신고할 계(屆), 꼬리 미(尾), 오줌 뇨(尿), 주검 시(屍), 집 옥(屋), 펼 전(展), 병풍 병(屛) 등이 있다.

'굴지(屈指)의 기업(企業)'이나 '굴지(屈指)의 인물'이라는 말도 들어보았을 것이다. '굽힐 굴(屈)' '손가락 지(指)'자를 써서 손가락을 굽힌다는 의미인데 숫자를 셀 때에 손가락을 굽히는 것에서 나왔다고 볼 수 있다. 굴지(屈指)는 즉, 다섯 손가락 또는 열 손가락 안에 든다는 의미로 매우 뛰어나서 수많은 가운데 손꼽힘을 말할 때 쓰인다.

절 연 체
絶 緣 體

絶 · 끊을 **절**

緣 · 인연 **연**

體 · 몸 **체**

열(熱)이나 전기(電氣)를 전달하지 못하는 물체를 '끊을 절(絶)' '인연 연(緣)' '몸 체(體)'를 써서 절연체(絶緣體)라 하는데 유리, 에보나이트, 다이아몬드, 고무 따위는 전기에 대한 절연체(絶緣體)이고 솜, 석면, 재 따위는 열에 대한 절연체(絶緣體)이다.

절(絶)은 절교(絶交) 절망(絶望) 절필(絶筆) 등에서처럼 일반적으로 '끊다' '끊어지다' '떨어지다'는 의미로 많이 쓰이지만 절세미인(絶世美人)이나 절찬(絶讚)에서는 '으뜸' '뛰어나다'는 의미이다. 뛰어난 명창(名唱)을 절창(絶唱)이라 하고, 뛰어나게 좋음을 절호(絶好)라 하며, 매우 뛰어난 경치를 절경(絶景)이라 한다. 배를 안고 넘어진다는 뜻으로 몹시 우스워서 배를 안고 몸을 가누지 못할 만큼 웃는 것을 '안을 포(抱)' '배 복(腹)' '뒤집어질 도(倒)'를 써서 포복절도(抱腹絶倒)라 하고, 궁지(窮地)에 몰려서 살아날 가망이 없게 된 막다른 처지를 '몸 체(體)' '목숨 명(命)'을 써서 몸이 끊어지고 목숨이 끊어진다는 의미로 절체절명(絶體絶命)이라 하며, 육지에서 아주 멀리 떨어져 있는 외로운 섬을 '외로울 고(孤)' '섬 도(島)'를 써서 절해고도(絶

관련어휘

• 절교
• 절망
• 절필

• 절세미인
• 절찬
• 절창
• 절호
• 절경

• 포복절도
• 절체절명

海孤島)라 한다.

인연 연(緣)이라 하였다. 사람과 사람 사이의 연분 또는 사람이 상황이나 일이나 사물과 맺어지는 관계를 인연 (因緣)이라 하고, 같은 핏줄로 이어진 인연을 혈연(血緣) 이라 하며 복잡하게 얽힌 일의 앞뒤 사정이나 그 내용 을 사연(事緣)이라 한다. 일의 까닭이나 이유를 연유(緣 由)라 하고, 혈통(血統), 정분(情分) 또는 법률 따위로 인 연을 맺은 관계를 연고(緣故)라 하며, 살고 있는 지역 을 바탕으로 하는 연고(緣故)를 지연(地緣)이라 한다. 같 은 학교 출신의 사람들끼리 맺고 있는 인연은 '학교 학 (學)'의 학연(學緣)이고, 나쁜 결과를 가져오는 인연 또 는 맺어서는 안 되는 잘못된 인연은 '악할 악(惡)'의 악 연(惡緣)이며, 하고자 하는 말이나 편지의 내용은 '말 사 (辭)'의 사연(辭緣)이다.

불가능한 일을 무리해서 굳이 하려 함을 비유적으로 표현하는 말이 '연목구어(緣木求魚)'인데 이때의 '연(緣)' 은 '오르다'는 뜻으로 나무에 올라 물고기를 구한다는 의미이다. 1980년대 이후 없어진 제도 중에 연좌제(緣 坐制)라는 제도가 있다. '앉을 좌(坐)'로 같은 자리에 앉 아있었던 인연으로 인한 제도라는 의미로 특정한 사람 의 범죄에 대하여 일가친척이나 그 사람과 일정한 관 계에 있는 사람이 연대 책임을 지고 처벌을 당하던 제 도였다.

氣 • 공기 **기**

壓 • 누를 **압**

대기의 무게로 인하여 대지(大地)의 표면에 생기는 압력을 기압(氣壓)이라 하는데 '공기 기(氣)' '누를 압(壓)'으로 '공기의 누름'이라는 의미이다. '증기 기(汽)'를 쓴 기압(汽壓)은 증기기관에서 생긴 증기의 압력을 일컫는다. 동일한 고도의 영역에서 주위에 비해 기압이 상대적으로 낮은 구역을 '낮을 저(低)'를 써서 저기압(低氣壓)이라 하고, 이와는 반대로 동일한 고도의 영역에서 주위에 비해 기압이 상대적으로 높은 구역을 '높을 고(高)'를 써서 고기압(高氣壓)이라 한다. 그런데 저기압(低氣壓)은 기분이 좋지 못한 상태나 형세가 평온하지 않고 무슨 일이 생길 것 같은 분위기를 비유적으로 일컬을 때 쓰기도 한다.

기(氣)는 사람이 몸으로 활동할 수 있는 힘인 기력(氣力), 환경이나 대상에 따라 저절로 생기는 단순한 감정인 '구별할 분(分)'을 쓴 기분(氣分), 희로애락(喜怒哀樂) 등 마

관련 어휘

• 기압
• 저기압
• 고기압

• 기력
• 기분

- 기색
- 기세
- 동기
- 기관
- 기화
- 기상
- 천기

- 기절
- 기개세
- 기승

음의 작용으로 나타나는 얼굴빛인 '얼굴빛 색(色)'의 기색(氣色), 남이 두려워할 만큼 세차게 뻗치는 힘인 '세력 세(勢)'의 기세(氣勢), 같은 기운을 가졌다는 의미로 형제자매를 통틀어 일컫는 '같을 동(同)'의 동기(同氣)에서처럼 대부분 '기운' '힘'의 의미로 많이 쓰인다. 그렇지만 숨 쉴 때 공기가 흐르는 관인 기관(氣管)에서는 '숨'이라는 의미이고, 대기의 압력인 **'누를 압(壓)'**의 기압(氣壓)이나 액체가 기체로 변하는 일을 일컫는 '될 화(化)'의 기화(氣化)에서는 '기체'라는 의미이며, 바람, 비, 구름, 눈 등 대기(大氣) 중에서 일어나는 모든 현상을 일컫는 '모양 상(象)'의 기상(氣象)이나

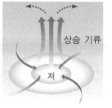

하강 기류 상승 기류

고 저

▲ 고기압과 저기압,
출처: 천재학습백과

하늘에 나타나는 조짐인 천기(天氣)에서는 '자연 현상'이라는 의미이다.

- 호연지기

기(氣)가 끊어진다는 의미로 두려움, 놀람, 충격 등으로 한동안 정신을 잃음을 '끊을 절(絶)'을 써서 기절(氣絶)이라 하고, 기세가 세상을 압도함을 '덮을 개(蓋)' '세상 세(世)'를 써서 기개세(氣蓋世)라 하며, 남에게 굽히지 않는 굳세고 억척스러움을 '기운 기(氣)' '뛰어날 승(勝)'을 써서 기운이 뛰어나다는 의미로 '기승(氣勝)'이라 한다. 공명정대(公明正大)하여 조금도 부끄러울 바 없는 도덕적 용기를 '클 호(浩)' '옳을 연(然)' '~의 지(之)' '기운 기(氣)'를 써서 호연지기(浩然之氣)라 하는데 '크게 옳게 되는 기운'이라는 의미이다.

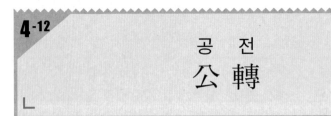

공 전
公 轉

公 · 공평할 **공**
轉 · 구를 **전**

한 천체(天體)가 다른 천체의 둘레를 주기적으로 도는 일. 행성이 태양의 둘레를 돌거나 위성이 행성의 둘레를 도는 일을 공전(公轉)이라 하는데 '공평할 공(公)' '구를 전(轉)'으로 공평하게 돈다는 의미이다. '스스로 자(自)'자를 쓴 '자전(自轉)'은 천체(天體)가 스스로 고정된 축을 중심으로 회전하는 일을 일컫는데 스스로(저절로) 돈다는 의미이다.

공(公)은 '공평하다' '여러' '벼슬' 등의 의미로 많이 쓰인다. 일반 사회 공중(公衆)에 다 같이 관계되는 일을 일컫는 '공공(公共)', 사사로움 없이 공정하고 명백하다는 공명(公明), 관청이나 공공단체에서 설립하였다는 공설(公設), 사회 전체의 이익이라는 공익(公益) 등이 그 예이다. 사(私)를 버리고 공(公)을 위하여 힘써 일함을 '없앨 멸(滅)' '받들 봉(奉)'을 써서 멸사봉공(滅私奉公)이라 하고, 먼저 공적인 일을 하고 나중에 사적인 일을 한다는 의미로 사사로운 일이나 이익보다 공익(公益)을 앞세움을 선공후사(先公後私)라 하며, 국가나 사회의 심부름꾼이라는 의미로 공무원을 '종 복(僕)'을 써서 공복(公僕)이

관련 어휘

· 자전

· 공공
· 공명
· 공익
· 멸사봉공
· 선공후사

- 공복

- 전가
- 전전
- 전전불매
- 자전
- 회전

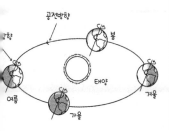

▲ 지구의 공전과 자전

- 전역
- 전화위복
- 공전
- 공전

라 하는 것 등이 그 예이다.

'수레 거(車)'에 '오로지 전(專)'이 더해진 '**전(轉)**'은 '옮기다' '돌리다' '구르다' '돌다'는 의미로 많이 쓰인다. 자기의 허물을 다른 사람에게 덮어씌운다는 '떠넘길 가(嫁)'의 전가(轉嫁), 이리저리 굴러다닌다는 전전(轉轉), 몸을 구르고 구르면서 잠을 이루지 못한다는 '구를 전(輾)' '잠잘 매(寐)'의 전전불매(輾轉不寐), 저절로 굴러간다는 자전(自轉), 어떤 축을 중심으로 빙빙 돌거나 일정한 과정을 순환식으로 돈다는 '돌 회(回)'의 회전(回轉) 등이 그것이다.

현역(現役)에서 예비역(豫備役)으로 신분이 바뀜을 전역(轉役)이라 하는데, '현(現)'에서 '예비(豫備)'로 '역(役)'을 바꾸었다는 의미이다. '역(役)'은 '부리다'는 의미로 많이 쓰이지만 여기에서는 '병사'라는 의미이다. '지금 현(現)' '미리 예(豫)' '준비할 비(備)'이기 때문에 '현재의 병사'에서 '미리 준비된 병사'로 신분이 바뀌었다는 의미인 것이다. 재앙이 굴러 복이 됨을 '재앙 화(禍)' '~될 위(爲)' '복 복(福)'을 써서 전화위복(轉禍爲福)이라 한다.

'공전'의 동음이의어에 꾀하는 일이 진행되지 못하고 헛되이 제자리걸음한다는 '헛될 공(空)' '구를 전(轉)'의 공전(空轉), 이전에는 없었던 일이라는 '없을 공(空)' '앞 전(前)'의 공전(空前) 등이 있다.

중 독
中 毒

中 · 걸릴 중
毒 · 독 독

우리나라 청소년들의 상당수가 스마트폰 중독 증세를 보이는 것으로 나타났다고 한다. 스마트폰 때문에 공부를 제대로 하지 못하고 잠도 제대로 못 자며 친구 사이에 갈등도 발생한다는 것이다. 전자기기의 부정적 측면에 대한 진지한 논의가 필요하다는 생각을 해 본다. 중독(中毒)이란 '걸릴 중(中)' '독 독(毒)'으로 글자 그대로는 독에 걸렸다는 의미인데, 생체가 음식이나 약물의 독성에 치여서 기능 장애를 일으키는 일 또는 술이나 게임 따위를 계속적으로 지나치게 하여 그것 없이는 견디지 못하는 병적인 상태가 되는 일을 가리킨다.

中(중)이 '가운데'라는 의미로 많이 쓰이긴 하지만 '안' '속' '사이' '범위' '진행' '중용'이라는 의미로도 쓰이고 '걸리다' '맞다'는 의미로도 쓰인다. 흉중(胸中)에서는 '안' '속'이라는 의미이고, 중간(中間)에서는 '사이'라는 의미이며, 복중(伏中)에서는 '범위'라는 의미이다. 작업중(作業中)에서는 '진행'이라는 의미이고, 적중(的中)에서는 '맞다'의 의미이다. '낭중지추(囊中之錐)'라는 말이 있다. '주머니 낭(囊)' '송곳 추(錐)'로 주머니 속에 있는 송

 관련어휘

· 흉중
· 중간
· 복중
· 작업중
· 적중
· 낭중지추

240

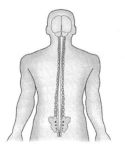

▲ 사람의 중추신경계인 뇌와 척수
(출처: 서울아산병원)

곳이란 뜻인데 재능이 아주 빼어난 사람은 숨어 있어도 저절로 남의 눈에 드러남을 비유로 표현한 말이다.

서로 반대되는 두 성질의 어느 쪽도 아닌 중간의 성질을 '성질 성(性)'을 써서 '중성(中性)'이라 하고, 지나치거나 모자라지 않고 떳떳하며 알맞은 상태나 정도를 '떳떳할 용(庸)'을 써서 '중용(中庸)'이라 하며, 술에 취하여 있는 동안을 '취할 취(醉)'를 써서 '취중(醉中)'이라 한다. 사물의 중심이 되는 중요한 부분이나 자리를 '중요할 추(樞)'를 써서 '중추(中樞)'라 하고, 말이나 글의 중간을 줄이는 것을 '생략할 략(略)'을 써서 '중략(中略)'이라 한다. 배중사영(杯中蛇影)이라는 말이 있다. '잔 배(杯)' '뱀 사(蛇)' '그림자 영(影)'으로 술잔 속의 뱀 그림자라는 뜻이고 자기 스스로 의혹된 마음이 생겨 고민하는 일이나 아무 것도 아닌 일에 의심을 품고 지나치게 근심을 함을 일컫는 말이다.

『맹자(孟子)』 이루(離婁) 하편(下篇)에 '중야양부중 재야양부재 고인락유현부형야(中也養不中 才也養不才 故人樂有賢父兄也)'라는 말이 있다. 중용의 덕이 있는 사람이 중용의 덕을 갖추지 못한 사람들을 가르치고 재주 있는 사람이 재주 없는 사람을 가르친다. 그러므로 세상 사람들은 중용(中庸)이 있고 재주가 있는 현명한 부형(父兄)의 존재를 기뻐한다는 의미이다.

골 다 공 증
骨 多 孔 症

骨 · 뼈 **골**

多 · 많을 **다**

孔 · 구멍 **공**

症 · 증세 **증**

칼슘을 충분히 섭취하지 못하고 운동도 제대로 하지 않는 여성은 골다공증에 걸릴 가능성이 높다는 연구 결과가 나왔다. 울트라 마라톤이 골다공증을 사라지게 하고 피부도 좋아지게 하는 효과가 크다는 이야기도 있다. 칼슘 섭취와 운동이 골다공증(骨多孔症) 예방을 위해 필수라는 이야기이다. '뼈 골(骨)' '많을 다(多)' '구멍 공(孔)' '증세 증(症)'의 골다공증(骨多孔症)은 뼈 조직에 석회 성분이 줄어들어 구멍이 많이 나타나는 증세를 일컫는다.

골(骨)자가 골격(骨格)·늑골(肋骨)·두개골(頭蓋骨)·골절(骨折)에서는 '뼈', 병골(病骨)·노골(老骨)·약골(弱骨)에서는 '몸'이라는 의미이고, 기골(氣骨)에서는 '인품'이라는 의미이며, 골자(骨子)나 골재(骨材)에서는 '사물의 중심'이라는 의미이다.

고등동물의 몸 모양을 이루고 몸을 지탱하는 뼈의 조직을 '자리 격(格)'자를 써서 골격(骨格)이라 하고, 뼈에

관련 어휘

• 골격

• 늑골

• 두개골

• 골절

• 병골

• 노골

• 약골

• 기골

• 골자

• 골재

• 골격

▲ 건강한 뼈(좌) 골다공증 뼈(우)

새기어 잊기 어려움을 '새길 각(刻)' '어려울 난(難)' '잊을 망(忘)'을 써서 각골난망(刻骨難忘)이라 한다. 부자(父子) 형제(兄弟) 등 가까운 친족끼리 서로 싸움질 하는 것을 '서로 상(相)' '다툴 쟁(爭)'을 써서 골육상쟁(骨肉相爭)이라 하고, 세균 감염에 의하여 뼈의 내강에 차 있는 연한 조직에 생기는 염증을 '골수 수(髓)' '염증 염(炎)'을 써서 골수염(骨髓炎)이라 한다.

많을 다(多)는 많고 적다는 '적을 과(寡)'의 다과(多寡), 갈림길이 많아 찾는 양을 결국 잃고 말았다는 의미로 학문의 어려움을 일컫는 '갈림길 기(岐)' '잃을 망(亡)' '양 양(羊)'의 다기망양(多岐亡羊), 공적(公的)인 일과 사적(私的)인 일로 매우 바쁘다는 '바쁠 망(忙)'의 공사다망(公私多忙), 많은 사건과 많은 어려움이 있다는 '어려울 난(難)'의 다사다난(多事多難) 등에 쓰인다. '**공(孔)**'은 '구멍 공'으로 눈동자인 동공(瞳孔), 털구멍인 모공(毛孔), 식물의 잎이나 줄기의 겉껍질에 있는 작은 구멍인 기공(氣孔) 등에 쓰인다. 구멍을 뚫음을 '뚫을 천(穿)'을 써서 천공(穿孔)이라 하고, 지질조사 등의 목적으로 땅속 깊숙한 곳까지 뚫은 구멍을 '시험할 시(試)' '송곳 추(錐)' '구멍 공(孔)'을 써서 시추공(試錐孔)이라 한다. 가전체소설(假傳體小說)에 『공방전(孔方傳)』이 있는데 '공(孔)'은 '둥글다'는 의미이고 '방(方)'은 '네모지다'는 의미이기에 겉은 둥글고 안은 네모진 동전(銅錢)을 의인화한 작품임을 이해할 수 있다.

고 엽 제
枯 葉 劑

枯 · 말릴 고
葉 · 잎사귀 엽
劑 · 약 제

베트남의 통일 과정에서 미국과 벌인 베트남전쟁 (1960~1975)에서 미군이 베트남 밀림과 숲에 대량으로 살포했던 산림파괴용 제초제인 고엽제를 1961~1962년 일본 오키나와(沖繩)에 있는 미군 북부 훈련장 등지에도 살포했음이 미국 정부 공식 문서에서 확인되었다고 한다. 고엽제(枯葉劑)는 '말릴 고(枯)' '잎사귀 엽(葉)' '약 제(劑)'로 잎사귀를 말라 버리도록 만드는 독성의 제초제를 가리킨다.

'나무 목(木)'에 '옛 고(古)'가 더해져서 이루어진 **'말릴 고(枯)'**는 물이 바짝 말랐다는 '목마를 갈(渴)'의 고갈(枯渴), 말라죽은 나무라는 고목(枯木), 마른나무에서 꽃이 핀다는 의미로 불운한 사람이 행운을 만났음을 일컫는 '날 생(生)' '꽃 화(花)'자의 고목생화(枯木生花), 번영했다가 말랐다가 융성(隆盛)했다가 쇠퇴한다는 의미로 사물의 성함과 쇠함이 서로 뒤바뀜을 일컫는 '꽃필 영(榮)' '채울 성(盛)' '쇠할 쇠(衰)'의 영고성쇠(榮枯盛衰) 등에 쓰

관 련 어 휘

· 고갈
· 고목
· 고목생화
· 영고성쇠

인다.

잎사귀 엽(葉)이다. 잎사귀처럼 작은 종이에 쓰는 글이라 해서 '글 서(書)'의 엽서(葉書)이고, 잎을 따서 만든 차이기에 '차 차(茶)'의 엽차(葉茶)이며, 배추 시금치 파 미나리 등과 같이 잎사귀를 식용으로 하는 채소이기에 '나물 채(菜)'의 엽채(葉菜)이다. '하나의 잎사귀처럼 작은 배'라 해서 '조각 편(片)' '배 주(舟)'의 일엽편주(一葉片舟)이고, **'劑(제)'**는 '약 조제할 제'이다. 여러 가지 약제를 조합하여 약을 만든다고 해서 '조절할 조(調)'의 조제(調劑)이며, 약사가 약을 조제하는 방이기에 '방 실(室)'의 약제실(藥劑室)이다. '금 금(金)' '가지 지(枝)' '옥옥(玉)' '잎 엽(葉)'의 금지옥엽(金枝玉葉)은 '금 가지에 옥잎사귀'라는 뜻으로 임금의 자손이나 집안, 또는 귀한 자손을 일컬을 때에 쓴다. 세력 따위가 갑자기 기울거나 시듦을 추풍낙엽(秋風落葉)이라 하는데 가을바람에 떨어지는 잎사귀 같다는 의미이다.

프랑스의 시인이자 소설가 구르몽은 "시몬 너는 좋으냐, 낙엽 밟는 소리가? 가까이 오라 우리도 언젠가는 가련한 낙엽이리라."라고 노래한 바 있고, 이효석은 "갈퀴를 손에 들고서 어느 때까지든지 연기 속에 우뚝 서서 타서 흩어지는 낙엽의 산더미를 바라보며 향기로운 냄새를 맡고 있노라면 별안간 맹렬한 생활의 의욕을 느끼게 된다."라고 말하기도 하였다.

4-16

변 이
變 異

變 · 변할 **변**
異 · 다를 **이**

같은 종류의 개체 사이에서 형질(形質)이 달라짐, 또는 그러한 현상을 '변할 변(變)' '다를 이(異)'를 써서 '변이(變異)'라 하는데 '변하여 다르게 되었다', 또는 '다르게 변하였다'는 의미이다. 변이에는 교배(交配)변이, 환경(環境)변이, 돌연(突然)변이 등이 있다. '사귈 교(交)' '짝지을 배(配)'의 교배(交配)는 계통이나 품종이 서로 다른 생물의 암수를 인위적으로 수정(受精)시키거나 수분(受粉)시키는 일을 가리키고, '갑자기 돌(突)' '그럴 연(然)'의 돌연(突然)은 갑자기 그렇게 되었다는 의미이다.

나를 라이거라 부르지만 난 누구인가? 돌연변이인가?

난 사자야? 호랑이야?

...

관련 어휘

· 교배
· 돌연

· 변태
· 사변
· 봉변
· 변사
· 변신
· 변화

변(變)은 '변하다' '재앙' '고치다' '움직이다' '놀라게 하다'는 의미를 가지고 있으며 정상적이 아닌 상태로 달라졌다는 변태(變態), 천재(天災)나 그 밖의 큰 변고인 사변(事變), 뜻밖의 사고를 당했다는 봉변(逢變) 등에 쓰인다. 변사(變死)는 뜻밖의 재난으로 죽는다는 의미이고, 변신(變身)은 몸이나 모습을 다르게 바꾼다는 의미이다.

사물의 모양이나 성질이 바뀌어 달라짐을 '될 화(化)'

- 변동
- 변경
- 변혁
- 변수
- 병변

- 이변
- 변고
- 수주대토

를 써서 변화(變化)라 하고, 바뀌어 달라지거나 움직임을 '움직일 동(動)'을 써서 변동(變動)이라 하며, 다르게 바꾸어 새롭게 고침을 '고칠 경(更)'을 써서 변경(變更)이라 한다. 급격하게 바뀌어 아주 달라짐을 변혁(變革)이라 하고, 어떤 정세나 상황의 가변적 요인을 변수(變數)라 하며, 병이 원인이 되어 일어나는 생체의 변화를 병변(病變)이라 한다.

다를 이(異)를 쓴 이변(異變)은 '다르게 움직이는 일' '예상하지 못한 사태' '괴이한 변고(變故)' '예상(豫想)과 다른 상태' '예상이 변한 상태'를 일컫는다. 과학기술 문명의 발전과 더불어 지구의 환경오염과 기상 이변(異變)으로 사람들은 위기감을 느끼고 있다. 온갖 오염 물질로 대기권의 오존층에 구멍이 뚫리고 기상 이변이 속출하고 있는데 옛날에는 기상 이변이 생기면 군주가 하늘의 뜻을 어겨 벌을 받는 것이라 생각했다고도 한다.

기대 이상의 결과가 나왔을 때, 이변(異變)이었노라 생각하는 겸손이 필요하지 않을까? 세상이 그런대로 재미있는 것은 수시로 이변(異變)이 일어나기 때문이라고 생각하면 좋지 않을까? 이변(異變)도 노력하는 사람에게만 온다는 사실을 알아야 하지 않을까? 나무그루를 지키면서 토끼가 달려와 죽어주기만을 기다리다가 굶어죽었다는 '수주대토(守株待兎)'의 주인공처럼 마냥 이변(異變)만을 기대해서는 안 되는 것 아닐까?

공 생
共 生

共 · 함께 공
生 · 살 생

생태계의 기본 원리는 약육강식(弱肉强食)이나 적자생존(適者生存)이 아니라 공생(共生)이나 상부상조(相扶相助)라는 주장이 있는데 정치에서도 여야(與野)가 정책 대결을 펼치면서 '공생(共生)의 미학(美學)'을 실천해야 할 것이라는 생각을 해본다. 공동의 운명 아래 함께 살거나 서로 이익을 주고받으며 공동생활 하는 것을 '함께 공(共)' '살 생(生)'을 써서 '공생(共生)'이라 한다.

 관련 어휘

· 공화국
· 공저
· 공조
· 공존공영

共(공)과 비슷한 글자

供 이바지할 공
拱 팔짱낄 공
恭 공손할 공
洪 홍수 홍
異 다를 이

공(共)은 '함께' '모두' '한 가지로'라는 의미를 지니고 있는데, 여러 사람이 함께 화평을 누린다는 의미로 주권이 다수의 국민에게 있는 나라를 '화평할 화(和)' '나라 국(國)'을 써서 공화국(共和國)이라 하고, 한 권의 책을 두 사람 이상이 함께 저술함을 '지을 저(著)'를 써서 공저(共著)라 한다. 여러 사람이 함께 도와줌을 '도울 조(助)'를 써서 공조(共助)라 하고, 함께 살고 함께 번영함을 공존공영(共存共榮)이라 한다. 비슷한 글자에 이바지할 공(供), 팔짱낄 공(拱), 공손할 공(恭), 홍수 홍(洪), 다를 이(異)가 있다.

남의 의견, 생각, 감정 등에 대하여 자기도 그러하다고 느끼는 일을 '느낄 감(感)'을 써서 공감(共感)이라 하고, 공산주의를 허용했다는 의미로 공산주의의 주장을 받아들이거나 그 운동에 동조함을 '담을 용(容)' 공산주의 공(共)'을 써서 용공(容共)이라 하는데 공산주의 사상을 담았다는 의미이다.

생(生)은 생산(生產)에서는 '낳다', 생명(生命)에서는 '살다', 생장(生長)에서는 '기르다', 생소(生疎)에서는 '싱싱하다'는 의미이다. 또한 '백성' '익히지 않는 것'이라는 의미로 쓰이기도 하고 단어 끝에 붙어 '선비' 또는 '사람'을 가리키기도 하며 '소생(小生)'에서처럼 자신의 겸칭(謙稱)으로 쓰이기도 한다. 활발하고 생생한 기운을 '기운 기(氣)'를 써서 생기(生氣)라 하고, 생기 있게 살아 움직이거나 살아 움직이는 것처럼 보이는 것을 '움직일 동(動)'을 써서 생동(生動)이라 한다.

'사생취의(捨生取義)'라고 하였다. '버릴 사(捨)' '취할 취(取)' '의로울 의(義)'자로 삶을 버리고 의로움을 취한다는 의미이다. 즉 정의나 의로움을 위해서라면 자신의 목숨까지도 아끼지 않는 선비의 곧은 기상이나 기개를 나타내는 말이다. 엉뚱한 곳에서 불가능한 일을 이루려 하는 것을 '마를 건(乾)'자를 써서 건목생수(乾木生水)라 하는데 마른 나무에서 물을 만들어내려 한나는 의미이다.

퇴 적 암
堆 積 巖

堆 · 쌓을 **퇴**

積 · 쌓을 **적**

巖 · 바위 **암**

퇴적층 ▶

사암(砂巖)이나 혈암(頁巖) 석회암(石灰巖)과 같이 부스러진 암석의 작은 덩어리나 생물의 유해 따위가 수중(水中)이나 육상(陸上)에 침전 퇴적하여 만들어진 암석을 '쌓을 퇴(堆)' '쌓을 적(積)' '바위 암(巖)'을 써서 '퇴적암(堆積巖)'이라 한다. 쌓고 쌓여서 만들어진 바위라는 의미이다. 퇴적 작용에 의하여 이루어진 지층을 '퇴적층(堆積層)'이라 하고, 쌓인 물건 사이에서 생기는 열(熱)을 '퇴적열(堆積熱)'이라 하며, 퇴적 작용에 의하여 이루어진 평야를 '퇴적평야(堆積平野)'라 한다. 풀이나 짚 등 유기물질을 쌓아서 썩도록 하여 만든 거름을 '거름 비(肥)'를 써서 '퇴비(堆肥)'라 한다.

적(積)은 '쌓다' '거듭하다'는 의미이다. 모아서 쌓아 두는 것을 '적립(積立)'이라 하고, 자동차나 기차 따위에 물

관련어휘

• 퇴적층
• 퇴적열
• 퇴적평야
• 퇴비

• 적립

건을 쌓아 싣는 것을 '실을 재(載)'를 써서 '적재(積載)'라 하며, 산더미처럼 쌓았다고 해서 '산적(山積)'이라 한다. 모여 쌓이는 것, 또는 모아 쌓는 것을 '모을 집(集)'을 써

▲ 노적가리

서 집적(集積)이라 하고, 곡식 등의 물건을 한데에 쌓아 두는 것을 '드러낼 로(露)'를 써서 '노적(露積)'이라 하며, 입체가 차지하고 있는 공간의 크기를 '담을 용(容)'을 써서 '용적(容積)'이라 한다. 오랫동안 소식이 막힘을 '막힐 조(阻)'를 써서 '적조(積阻)'라 하는데 쌓여서 막혔다는 의미이다. 오랜 기간 여러 사람을 통해 전승되면서 계속 변화되어 이루어진 문학, 설화, 민요, 무가, 판소리, 민속극 등을 '쌓을 적(積)' '겹칠 층(層)'을 써서 적층문학(積層文學)이라 하는데 한 사람이 지은 것이 아니라 여러 사람들이 겹쳐 쌓아서 만든 문학이라는 의미이다. '적소성대(積小成大)'라 하였다. 작은 것도 쌓으면 큰 것을 만든다는 의미이다.

『역경』에 '적선지가필유여경 적불선지가필유여앙(積善之家必有餘慶 積不善之家必有餘殃)'이라는 말이 나온다. 즉 선(善)을 쌓은 집에는 반드시 자자손손에 이르기까지 경사로움의 남음이 있고, 불선(不善), 즉 악(惡)을 쌓은 집안에는 반드시 후세에까지 재앙(災殃)의 남음이 있다는 의미이다. 선(善)을 쌓는 것이 자신이나 후손을 위해 중요한 일이라는 말인 것이다.

촉 매
觸 媒

觸 • 닿을 **촉**

媒 • 매개할 **매**

화학 반응에서 자신은 변화하지 아니하면서 다른 물질의 화학 반응을 매개하여 반응 속도를 빠르게 하거나 늦추는 일, 또는 그런 물질을 '닿을 촉(觸)' '매개할 매(媒)'를 써서 '촉매(觸媒)'라 하는데, 닿게 해서 변화를 매개하는 물질이라는 의미이다. 어떤 일을 유도하거나 변화시키는 일 등을 비유적으로 일컫는 말이기도 하다.

촉(觸)은 '닿다' '부딪치다' '받다' '느끼다'라는 의미로 많이 쓰인다. 무엇에 닿는 느낌을 '느낄 감(感)'을 써서 '촉감(觸感)'이라 하고, 사물에 맞닥뜨려 어떤 느낌이 일어나는 것을 '일어날 발(發)'을 써서 '촉발(觸發)'이라 하며, 무척추동물의 몸의 일부분이나 입 주위에 있는 가늘고 긴 돌기 모양의 기관을 '손 수(手)'를 써서 '촉수(觸手)'라 한다. 대상물을 향하여 야심(野心)을 품고 위협적인 행동을 하는 것을 '촉수를 뻗치다'라고 하는데 이때의 '촉수(觸手)'는 사물에 손을 댄다는 의미이다. 촉수엄

 관련어휘

- 촉감(觸感)
- 촉발(觸發)
- 촉수(觸手)
- 촉수엄금(觸手嚴禁)

▲ 민들레 씨(풍매화)

▲ 때죽나무 꽃(충매화)

금(觸手嚴禁)이라는 안내문을 보게 되는데 손대는 것을 엄격히 금한다는 의미이다. 서로 부딪침 또는 법률이나 규칙에 위배되거나 거스름을 '거스를 저(抵)'를 써서 '저촉(抵觸)'이라 한다.

매개할 매(媒)라고 하였다. 중간에서 관계를 맺어주는 것을 '끼일 개(介)'를 써서 '매개(媒介)'라 하고, 남녀 사이에 끼어들어가서 혼인을 이루게 하는 일을 '가운데 중(仲)'을 써서 '중매(仲媒)'라고 하며, 혼인을 중매(仲媒)하는 노파를 '할미 파(婆)'를 써서 '매파(媒婆)'라 한다. 한 곳에서 다른 곳으로 물리적 작용을 전하여 주는 매개물을 '매질(媒質)'이라 하고, 바람에 의하여 수분(受粉)이 되는 꽃을 '풍매화(風媒花)'라 하며, 곤충의 매개로 다른 꽃의 꽃가루를 받아서 생식 작용을 하는 꽃을 '충매화(蟲媒花)'라 한다. 신문 잡지 영화 텔레비전 등과 같이 많은 사람에게 대량으로 정보와 사상을 중매해주는 물체나 수단을 '매스미디어' 또는 '대중매체(大衆媒體)'라 한다.

송(宋)나라 진종황제(眞宗皇帝)의 『권학문(勸學文)』에 '취처막한무양매 서중유여안여옥(取妻莫恨無良媒 書中有女顔如玉)'이라는 말이 있다. '아내를 얻으려 하는데 좋은 중매가 없음을 한탄하지 마라. 글 가운데 여인이 있으니 그 얼굴이 옥(玉)과 같도다'라는 의미이다.

糖 · 사탕 **당(탕)**
尿 · 오줌 **뇨**
病 · 병 **병**

관련어휘

· 설탕
· 제당
· 혈당

· 미수

糖(당)과 비슷한 글자

粧 단장할 장
糧 곡식 량
糠 겨 강
精 깨끗할 정
塘 연못 당

간접흡연에 노출된 사람들 가운데 무려 17%가 혈당을 조절하는 인슐린 생산에 문제가 발생하는 것으로 조사되었다고 한다. 흡연자들이 당뇨병에 걸릴 위험이 높다는 것은 이미 밝혀진 사실이지만 간접흡연자도 당뇨병 위험이 높다는 사실이 확인된 것이다. '사탕 당(糖)' '오줌 뇨(尿)' '병 병(病)'의 당뇨병(糖尿病)은 사탕(당분)이 체내에 흡수되지 못하고 소변으로 배설(排泄)되는 병을 일컫는다.

사탕 당(糖)은 '탕'으로 읽기도 한다. 눈처럼 흰 사탕이라는 설탕(雪糖), 설탕을 만드는 일인 제당(製糖), 핏속에 섞여 있는 당분인 혈당(血糖) 등에 쓰인다. 비슷한 글자에 단장할 장(粧), 곡식 량(糧), 겨 강(糠), 깨끗할 정(精), 연못 당(塘)이 있다. '쌀 미(米)'자는 '사람 손이 八十八(여든 여덟)번 들어가야 벼가 익는다'는 데서 나왔다고 하나 한편 수긍이 가기도 하지만 이는 속설일 뿐이다. 팔십팔(八十八) 세의 나이를 '미수(米壽)'라고 부른다. 쌀(米)이 몸속으로 들어가 소화되어 달라진(異) 형태로 나온 것이 '똥 분(糞)'자이고, 쌀 한 톨을 나누게 되면 '가

尸(시)자가 들어간 글자

루 분(粉)'자가 된다.

'주검 시(尸)'에 '물 수(水)'가 더해진 **'오줌 뇨(尿)'**는 방광(膀胱)에 있는 오줌을 몸 밖으로 내보내는 길인 '길 도(道)'의 요도(尿道), 방 안에 두고 오줌을 누는 그릇인 '항아리 강(堈)'의 요강(尿堈), 오줌에 피가 섞여 나오는 병인 '피 혈(血)'의 혈뇨(血尿) 등에 쓰인다. '尸(주검 시)'가 들어 있는 글자는 대부분 몸, 죽음, 음식이 썩어 생긴 찌꺼기, 집, 방과 관계되는 경우가 많은데 시체 시(屍), 죽일 도(屠), 꼬리 미(尾), 신발 리(履), 똥 시(屎), 부분 국(局), 살 거(居), 집 옥(屋), 겹 층(層) 등이 그 예이다.

똥과 오줌을 분뇨(糞尿)라 하고, 오줌을 만들고 배설하는 기관을 '샘물 흐르는 모양 비(泌)' '그릇 기(器)'를 써서 비뇨기(泌尿器)라 하며, 길에서 오줌을 누는 일을 노상방뇨(路上放尿)라 한다. 오줌이 자주 마려운 증세를 '자주 빈(頻)'을 써서 빈뇨증(頻尿症)이라 하고, 밤에 잠자는 동안 무의식적으로 오줌을 지리는 일을 야뇨증(夜尿症)이라 한다.

잠시 효력이 있을 뿐 곧바로 그 효력은 없어지고 마침내는 일이 더 나쁘게 되는 것을 동족방뇨(凍足放尿)라 하는데 '얼 동(凍)' '발 족(足)' '놓을 방(放)'으로 언 발에 오줌을 눈다는 의미이다. 잠시 동안은 발이 따뜻하겠지만 더 꽁꽁 얼어버리기 때문이다.

연 체 동 물
軟 體 動 物

軟 · 부드러울 **연**

體 · 몸 **체**

動 · 움직일 **동**

物 · 무리 **물**

▲ 연체동물(달팽이)

 관련 어휘

• 연골
• 연금
• 연약
• 유연
• 연수
• 연타 ↔ 강타
• 연고

오징어, 문어, 달팽이, 조개 등과 같이 부드러운 몸을 가진 움직이는 무리를 '부드러울 연(軟)' '몸 체(體)' '움직일 동(動)' '무리 물(物)'을 써서 연체동물(軟體動物)이라 한다.

부드러울 연(軟)이다. 부드러운 뼈이기에 연골(軟骨)이고, 부드럽게 금지한다는 의미로 신체적 자유는 구속하지 않고 다만 외부와의 연락을 금지하는 일이기에 연금(軟禁)이다. 부드럽고 약하기에 연약(軟弱)이고, 부드럽고 연하기에 유연(柔軟)이며, 광물질이 들어있지 아니한 순수하고 부드러운 물이기에 연수(軟水)이다. 또 있다. 배구 경기를 중계할 때에 아나운서가 '연타 성공'이라고 해설할 때가 있는데 '이을 연(連)'의 연타(連打)가 아니라 '부드러울 연(軟)'의 연타(軟打)이다. '강타(强打)'의 반대말로 부드럽게 때린다는 의미인 것이다.

외상(外傷)이나 피부질환 등에 많이 쓰이는 바르는 약제로 지방(脂肪)이나 바셀린 따위를 섞어 만든 무른 상태의 약품을 '고약 고(膏)'를 서서 연고(軟膏)라 하고, 어떤 일을 대할 때 원리 원칙에 얽매이지 않고 형편과 상황에 따라 융통성 있게 대응하는 성질을 '부드러울 유(柔)'를 써서 유연성(柔軟性)이라 하며, 완두콩 빛깔과 같이 연한 초록색을 '콩 두(豆)'를 써서 연두색(軟豆色)이라한다. 외부와의 접촉이나 외출은 허가하지 않으나 일정한 장소 안에서의 신체의 자유는 구속하지 않는, 정도가 비교적 가벼운 감금을 '금할 금(禁)'을 써서 연금(軟禁)이라 하고, 부드럽고 연하게 됨을 유연화(柔軟化)라하며, 칼슘이나 마그네슘 따위의 이온을 없앰으로써 센물을 단물로 변환시키는 화학약품을 연화제(軟化劑)라한다. 나이 어린 이성(異性)의 사람을 속되게 '영계'라하는데 '부드러울 연(軟)' '닭 계(鷄)'로 원래는 '연계(軟鷄)'였는데 언중(言衆)들에 의해 '영계'로 불리게 되었다.

'연착'과 '연착륙'은 비슷할 것 같지만 다르다. 의미가다르기 때문에 쓰임 역시 다르다. '착'은 '도착할 착(着)'으로 같지만 '연착'에서의 '연'은 '끌다' '늘이다' '미루다'는 의미의 '延'이고 '연착륙'에서의 '연'은 '부드럽다'는 의미의 '軟'이다. 그러니까 **'끌 연(延)'**의 연착(延着)은 정한 시간보다 늦게 도착한다는 의미이고, '부드러울 연(軟)' '도착할 착(着)' '땅 륙(陸)'의 연착륙(軟着陸)은 충격을 피하면서 부드럽게 육지에 내려앉은 일이라는 의미인 것이다.

가 수 분 해
加 水 分 解

加 · 더할 **가**

水 · 물 **수**

分 · 나눌 **분**

解 · 풀 **해**

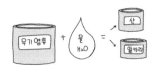

식염 황산암모늄 등의 무기염류(無機鹽類)가 물의 작용으로 산(酸)과 알칼리로 분해되는 일이나 유기화합물이 물과 반응하여 알코올과 유기산으로 분해되는 일을 '더할 가(加)' '물 수(水)' '나눌 분(分)' '풀 해(解)'를 써서 가수분해(加水分解)라 하는데, 어떤 물질에 물이 더해져서 나누어지고 풀어지는 일이라는 의미이다.

가(加)는 '더하다'는 의미이다. 더하기 빼기 곱하기 나누기를 가감승제(加減乘除)라 하고, 더 보태어서 셈하는 것을 가산(加算)이라 하며, 세금 등을 납부 기한까지 내지 아니하였을 경우에 덧붙여 내게 하는 금액을 '셀 산(算)' '세금 세(稅)'를 써서 가산세(加算稅)라 한다. 형(刑)의 선고(宣告)에 있어서 형량을 더 보태어 선고하는 처벌을 가중처벌(加重處罰)이라 하고, 일정한 제품을 만들기 위하여 소재나 원료에 인공(人工)을 더하는 일을 가공(加工)이라 한다.

 관련어휘

• 가감승제
• 가산
• 가산세
• 가중처벌
• 가공

잔잔한 수면처럼 한쪽으로 치우치지 않고 균형이 맞는 평평한 상태를 '평평할 평(平)'을 써서 수평(水平)이라 하고, 물속에 사는 여러 가지 동물들을 길러서 그 생태를 연구하거나 관람할 수 있도록 만든 시설을 '무리 족(族)' '집 관(館)'을 써서 수족관(水族館)이라 한다. 수상운송(水上運送)의 편리 또는 음료수나 관개용 등으로 물을 이용하는 일을 '이로울 리(利)'를 써서 '수리(水利)'라 하고, 수해(水害)를 악마에 비유하여 '마귀 마(魔)'를 써서 '수마(水魔)'라 한다. 친한 친구를 '수어지교(水魚之交)'라 하는데 물과 물고기의 관계처럼 서로 떨어질 수 없는 친밀한 관계라는 의미이다. '아전인수(我田引水)'라는 말이 있다. '나 아(我)' '밭(논) 전(田)' '끌 인(引)'으로 자신의 논에만 물을 끌어넣는다는 뜻인데, 자신의 이익만을 생각하고 행동한다는 말이면서 억지로 자기에게 이롭도록 꾀함을 이르는 말이기도 하다.

『논어』 위령공(衛靈公)편에 '가여언이불여지언 실인(可與言而不與之言 失人)'이라는 말이 나오는데 더불어 말할 수 있는 기회가 주어졌는데도 그와 함께 더불어 말하지 않는 것은 사람을 잃는 것이라는 의미이다. 또한 '불가여언이여지언 실언(不可與言而與之言 失言)'이라는 말이 이어지는데 더불어 말할 수 없는데 더불어 말하는 것은 말을 실수하는 것이라는 의미이다.

일 식
日 蝕

日 · 태양 일
蝕 · 좀먹을 식

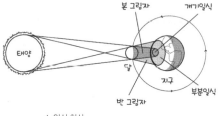

▲ 일식 현상

달이 태양과 지구 사이에 끼어 태양의 일부 또는 전부를 가리는 현상을 '일식(日蝕)'이라 하는데 '태양 일(日)' '좀먹을 식(蝕)'으로 '태양이 좀먹었다'는 의미이다. 태양이 달에 의하여 좀먹힌 것처럼 보이는 현상이 '일식(日蝕)'인 것이다. 일식(日蝕)에는 완전하게 가려진 상태를 가리키는 '모두 개(皆)' '이미 기(旣)'의 '개기일식(皆旣日蝕)', 일부만 가려진 상태인 '부분일식(部分日蝕)', 그리고 금반지 모양으로 가려진 '금 금(金)' '고리 환(環)'을 쓴 '금환일식(金環日蝕)'이 있다.

관 련 어 휘

• 개기일식
• 부분일식
• 금환일식

• 일광
• 일과
• 일용
• 일취월장

日(일)은 '태양' '날짜' '낮' 그리고 '일본'이라는 의미로 쓰인다. 햇빛을 '일광(日光)'이라 하고, 날마다 하는 일의 과정을 '일과(日課)'라 한다. 날마다 사용함을 '일용(日用)'이라 하고, 날로 나아가고 달로 발전해 나감을 '나아갈 취(就)' '발전할 장(將)'을 써서 '일취월장(日就月將)'

이라 한다. '연하일휘(煙霞日輝)'라는 말이 있다. '안개 연(煙)' '노을 하(霞)' '빛날 휘(輝)'로 안개와 노을과 빛나는 햇살이라는 의미로 아름다운 자연을 일컫는 말이다. '일일삼성(一日三省)'이라는 말도 있다. 하루에 세 번씩 자신의 행동을 반성한다는 의미이다.

제삿날을 '죽은 날 기(忌)'를 써서 '기일(忌日)'이라 하고, 좋은 날을 '좋을 길(吉)'을 써서 '길일(吉日)'이라 하며, 다음날을 '이튿날 익(翌)'을 써서 '익일(翌日)'이라 한다. 늙고 쇠약한데 할 일은 아직 많음을 '일모도원(日暮途遠)'이라 하는데 '저물 모(暮)' '길 도(途)' '멀 원(遠)'으로 '날은 저물었는데 갈 길은 아직 멀다'는 의미이다. 늙어서 죽을 때가 가까워짐을 '일박서산(日薄西山)'이라 하는데 '엷을 박(薄)'으로 햇볕이 엷어져서 서산에 걸려 있다는 의미이다.

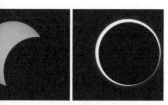

▲ 부분일식과 금환일식(출처: 한국천문연구원)

식(蝕)을 '좀먹다'는 의미라고 하였다. 썩고 벌레가 먹음, 또는 썩어서 먹어 들어감을 '썩을 부(腐)'자를 써서 **부식(腐蝕)**이라 하고, 조금씩 먹어 들어감을 '습격할 침(侵)'을 써서 '침식(侵蝕)'이라 한다.

집안의 가훈이나 좌우명으로 흔히 쓰이는 '일신우일신(日新又日新)'이는 말이 있다. 날로 새롭게 하고 또 날로 새롭게 한다는 의미로 '날마다 잘못을 고치어 그 덕 닦는 일에 게으르지 않는다'는 말이다.

건 망 증
健 忘 症

健 · 잘할 **건**
忘 · 잊을 **망**
症 · 병 증세 **증**

관 련 어 휘

• 건강
• 보건
• 건아
• 건전
• 건투
• 건치
• 건각
• 강건
• 보건

• 건투
• 보건
• 건아
• 건각

나이가 들면 기억력이 나빠지는 것이 일반적인데 심리적으로 큰 충격을 받거나 한꺼번에 너무 많은 생각을 한 경우에도 뇌가 모든 기억을 감당하지 못해서 건망증이 나타난다고 한다. 지루한 일상에서 벗어나 두뇌 활동을 활발하게 하는 생활 습관이 건망증 예방과 치료에 좋다는 연구 결과도 있다. 잘 기억하지 못하거나 잊어버리는 정도가 심한 증세를 '잘할 건(健)' '잊을 망(忘)' '병 증세 증(症)'을 써서 건망증(健忘症)이라 한다. 잘 잊어버리는 증세라는 의미이다.

'사람(亻)이 자세를 똑바로 세우고(建) 있으면 굳세고 건강한(健) 것이다'에서 나왔다고 할 수 있는 '건(健)'은 건강(健康), 보건(保健), 건아(健兒), 건전(健全), 건투(健鬪), 건치(健齒), 건각(健脚), 강건(剛健), 보건(保健) 등에서처럼 대부분 '건강하다' '굳세다'는 의미로 많이 쓰이지만, 건망증(健忘症)이나 건투(健鬪)에서는 '잘' '잘하다'는 의미이다. 보건(保健)은 건강을 잘 지켜 온전하게 하는 일을 일컫고, 건아(健兒)는 씩씩한 사나이, 혈기가 왕성한 남자를 일컬으며, 건각(健脚)은 튼튼한 다리, 잘 걷는 다리를 일컫는다.

'마음(心)에 없어졌다(亡)'에서 나왔다고 생각해 볼 수 있는 '잊다'는 의미의 **'망(忘)'**은 잊어버린다는 '물리칠 각(却)'의 망각(忘却), 잊을 것에 대비하여 적어두는 기록인 '준비할 비(備)' '기록할 록(錄)'의 비망록(備忘錄), 한 해 동안의 괴로움을 잊어버리자는 뜻으로 연말에 갖는 연회(宴會)인 망년회(忘年會, 송년회 권장) 등에 쓰인다.

'병질 엄(疒)'이 들어간 글자는 모두 '병(病)'과 관계가 있다. 병들 병(病), 염병 역(疫), 허물 자(疵), 병 질(疾), 피곤할 피(疲), 가려울 양(痒), 아플 통(痛), 홍역 마(痲), 부스럼 창(瘡), 병 증세 증(症) 등이 그것이다.

증(症)은 갈증(渴症), 통증(痛症), 불임증(不姙症), 증상(症狀), 증세(症勢), 염증(厭症), 그리고 몸의 한 부분이 붉게 붓고 아프며 열이 나는 증세인 염증(炎症) 등에 쓰인다. 자식이 부모를 생각하는 정보다는 부모가 자식을 생각하는 정이 훨씬 더 깊다는 것을 이야기할 때 『장자(莊子)』에 나오는 '망친이 사친망아난(忘親易 使親忘我難)'이라는 말을 인용하곤 하는데 어버이를 잊는 것은 쉽지만 어버이로 하여금 자신을 잊도록 하는 일은 어렵다는 이야기이다.

- 망각
- 비망록
- 망년회

 엄(疒)자가 들어간 글자

病 병들 병
疫 염병 역
疵 허물 자
疾 병 질
疲 피곤할 피

痒 가려울 양
痛 아플 통
痲 홍역 마
瘡 부스럼 창
症 병증세 증

- 갈증
- 통증
- 불임증
- 증상
- 증세
- 염증
- 염증

- 망친이 사친망아난

경 칩
驚 蟄

驚 · 놀랄 **경**

蟄 · 겨울잠 자는 벌레 **칩**

24절기의 하나로 우수(雨水)와 춘분(春分) 사이에 있는 양력 3월 5일경을 경칩(驚蟄)이라 한다. 이는 '놀랄 경(驚)' '숨을 칩(蟄)'으로 개구리가 겨울잠에서 깨어날 정도로 날씨가 풀리는 날이라는 의미이다.

놀랄 경(驚)은 '공경 경(敬)'자에 '말 마(馬)'자가 더해져서 만들어졌는데 몹시 놀란다는 경악(驚愕), 매우 놀라거나 놀라서 탄식한다는 경탄(驚歎), 어린아이가 경련을 일으키는 병(病)인 경기(驚氣) 등에 쓰인다. 세상 사람들을 매우 놀라게 하였을 때 '경천동지(驚天動地)'라는 말을 쓰는데 하늘을 놀라게 하고 땅을 움직인다는 의미이다. '말 마(馬)'자 대신에 '말씀 언(言)'자가 들어 간 **'警'**은 '경계할 경'자인데 조심하도록 미리 주의를 준다는 경고(警告) 등에 쓰인다.

몹시 놀라며 감탄함을 '노래할 탄(歎)'을 써서 경탄(驚歎)이라 하고, 놀라고 당황하여 허둥지둥함을 '당황할 황

관련 어휘

• 경악
• 경탄
• 경기
• 경천동지

• 경고

• 경탄

惶)'을 써서 경황(驚惶)이라 하며, 주로 어린이들에게 나타나는 증상의 하나로 풍(風)으로 인해 갑자기 의식을 잃고 경련이 이는 병증을 '기운 기(氣)'를 써서 경기(驚氣)라 한다. 엄청난 것을 말할 때에 미리 내세우는 말이 '물경(勿驚)'인데 '놀라지 마라'는 의미이다.

1998년도 미국 《피플》지 선정 '세계에서 가장 아름다운 50인' 중 한 사람이었으며, 세계에서 가장 경이(驚異)롭고 아름다운 사람이라는 찬사를 받은 재미교포 2세 환경운동가 '대니 서(서지윤, Danny Seo)'는 이렇게 말한 바 있다. '그 누구라도 낼 수 있는 15분 정도의 짧은 시간을 우리 모두가 바라는 바람직한 지상의 낙원을 건설하기 위한 일에 투자할 수 있다면 그 작은 실천은 작은 기적이 되고 그 많은 사람들이 투자한 작은 실천과 작은 기적은 모이고 쌓여 세상을 바꾸는 큰 기적을 이룰 수 있다고 나는 믿는다.' 놀라 이상스럽게 여김을 '놀랄 경(驚)' '다를 이(異)'를 써서 '경이(驚異)'라 하고, 놀랍고 이상스럽게 여길만한 일을 흔히 '경이적(驚異的)'이라 한다.

『채근담(菜根譚)』에 '경기희이자 무원대지식(驚奇喜異者無遠大之識)'이라는 말이 있다. 진기(珍奇)한 것에 경탄(驚歎)하고 이상한 것을 즐기는 사람은 위대한 식견이 없다는 의미이다.

5장

시사 상식
높이는 어휘

횡 령
橫 領

橫 · 가로지를 **횡**
領 · 차지할 **령**

불황(不況)에 따른 명예퇴직 등으로 평생직장의 개념이 무너지고 황금만능주의가 팽배해지면서 배임(背任)과 횡령(橫領) 등의 범죄가 극성을 부리고 있다. '배반할 배(背)' '맡음 임(任)'의 배임(背任)은 자신의 또는 제3자의 이익을 위하여 임무를 배반하였다는 의미이고, '가로지를 횡(橫)' '차지할 령(領)'의 횡령(橫領)은 '남의 재물을 불법(不法)으로 중간에 가로질러서 불법적(不法的)으로 차지해 버린다'는 의미이다.

'가로지른다'는 말은 정상적으로 가는 것이 아니라는 의미이기에 '비정상적으로 일을 이룬다'는 의미가 파생되었고, 여기에 '사납다' '제멋대로이다'는 의미가 첨가되었다. '가로로 끊음' 또는 '가로로 지나감'을 '횡단(橫斷)'이라 하고, 노력을 들이지 않고 뜻밖의 재물 얻음을 횡재(橫財)라 하며, 제멋대로 굴며 난폭하게 행동하는 것을 횡포(橫暴)라 한다. 권세를 제 마음대로 휘두름을 전횡(專橫)이라 하고, 거리낌 없이 멋대로 행동함

관련어휘

· 배임

· 횡단
· 횡재
· 횡포
· 전횡

을 횡행(橫行)이라 한다. 가로질러 말하고 세워서 말한다는 의미로 조리 없는 말을 함부로 지껄임을 횡설수설(橫說竪說)이라 하고, 뜻밖의 재난이나 사고로 죽는 것을 비명횡사(非命橫死)라 하며, 가로로 세로로 마음 내키는 대로 자유자재로 행동함을 종횡무진(縱橫無盡)이라 한다.

포유류의 복강(腹腔)과 흉강(胸腔)과의 경계에 있는 근육성 막을 횡격막(橫膈膜)이라 하고, 차도 위를 가로질러 사람이 건너가게 마련한 길을 '끊을 단(斷)' '걸을 보(步)' '길 도(道)'를 써서 횡단보도(橫斷步道)라 한다. '가유현처장부부조횡사(家有賢妻丈夫不遭橫事)'라는 말이 있다. 집안에 어진 아내가 있으면 남편이 횡사(橫事, 잘못된 일)를 만나지 않는다는 의미이다.

거느릴 령(領)이다. 일을 해 나가는 데 으뜸이 되는 줄거리를 강령(綱領)이라 하고, 크게 통솔하여 다스리는 사람을 '거느릴 통(統)'을 써서 대통령(大統領)이라 하며, 일정한 땅이나 대상을 차지하여 자기 것으로 만드는 일을 점령(占領)이라 한다. 거느려 이끌어 간다고 해서 '이끌 도(導)'의 영도(領導)이고, 그 나라가 점령하여 소유하고 있는 땅이라 해서 영토(領土)이다. 돈이나 물건 등을 받는 일을 영수(領受)라 하고, 재소자(在所者)가 교도소에 맡겨 두는 돈을 영치금(領置金)이라 한다.

5-2

선 서
宣 誓

宣 · 널리 펼 **선**
誓 · 맹세할 **서**

여러 사람 앞에서 굳게 약속하거나 다짐하여 말함, 또는 성실함을 확실히 보증하기 위하여 굳게 다짐하는 일이나 증언이나 직무를 바르게 하기로 다짐하는 말을 '선서(宣誓)'라 하는데 '널리 펼 선(宣)' '맹세할 서(誓)'로 널리 펴서 사람들에게 알리는 맹세라는 의미이다.

▲ 국회의원 선서

국회의원들은 다음과 같이 선서를 하고 임기를 시작한다. "나는 헌법을 준수하고 국민의 자유와 복리의 증진 및 조국의 평화적 통일을 위해 노력하며 국가 이익을 우선으로 하여 국회의원의 직무를 양심에 따라 성실히 수행할 것을 국민 앞에 엄숙히 선서합니다."

관련 어휘

· 선언
· 선전
· 선포

선(宣)은 '베풀다' '널리 펴다'는 의미를 지녔는데 일반 사람에게 밝혀 말한다는 '말씀 언(言)'의 선언(宣言), 일정한 사상 이론 지식 사실 등을 대중에게 널리 인식시키는 일인 '전할 전(傳)'의 선전(宣傳), 세상에 널리 알린다는 '펼 포(布)'의 선포(宣布) 등에 쓰인다. 흥분된 민심을 어루만져 가라앉히는 작업을 '어루만질 무(撫)'를 써서 선무공작(宣撫工作)이라 한다. 터무니없이 비밀리에 하는 선전을 흑색선전(黑色宣傳)이라 하고, 믿을 만한 출처나 자료를 가지고 하는 선전을 백색선전(白色宣傳)이라 한다. 비슷한 글자에 '마땅히 의(宜)' '즐길 연(宴)' 등이 있다.

▲ 〈인간과 시민의 권리 선언〉이라는 명칭으로 선포한 1789년 8월 26일 프랑스 인권 선언

서(誓)는 '꺾을 절(折)'에 '말씀 언(言)'자가 더해져서 '손가락을 끊어 피로써 맹세하다'라고 해석할 수 있는데 '맹세하다' '결의하다'는 의미로 쓰인다. '굳은 약속'을 '약속할 약(約)'을 써서 서약(誓約)이라 하고, 꼭 이루거나 지키겠다고 굳게 다짐함을 '맹세할 맹(盟)'을 써서 맹세(盟誓, 본디말은 '맹서')라 하며, 자기가 하고자 하는 일을 맹세하고 그것이 이루어지기를 기원하는 일을 '원할 원(願)'을 써서 서원(誓願)이라 한다. 서로 맺은 맹세가 쇠나 돌같이 굳음을 '굳을 견(堅)' '같을 여(如)' '쇠금(金)' '돌 석(石)'을 써서 견여금서(堅如金石)라 하고, 영구히 존재하는 산이나 바다에 굳게 맹세한다는 뜻으로 썩 굳은 맹세를 맹산서해(盟山誓海)라 한다. 인간은 자신이 한 말에 대한 책임만큼은 지고 싶어 한다. 선서(宣誓)를 하게 하는 이유이다.

5-3

고 문
拷 問

拷 · 두드릴 고
問 · 물을 문

관련 어휘

· 고문치사

扌(手)가 들어간 글자

打 칠 타
技 재주 기
扶 도울 부
抑 누를 억
折 꺾을 절
抄 베낄 초
投 던질 투
把 잡을 파
拒 막을 거
拘 잡을 구
拉 끌고 갈 랍
拍 손뼉 칠 박
抽 뽑을 추
拾 주울 습

▲ 중세시대의 고문

안울하고 어두웠던 시절, 독재 권력의 하수인(下手人)이 되어 고문(拷問)을 지시하고 직접 고문을 가했던 사람들은 국민과 역사 앞에 고문의 실상을 샅샅이 밝히고 용서를 빌어서 더 이상 우리 역사에서 고문(拷問)이 없도록 하여야 한다는 생각을 해 본다. 두드리면서 묻는다는 의미로 자백(自白)을 받기 위해 육체적 고통을 가하는 일을 '때릴 고(拷)' '물을 문(問)'을 써서 '고문(拷問)'이라 한다. 심한 고문으로 사람을 죽음으로 보내는 일은 '보낼 치(致)' '죽을 사(死)'자를 써서 고문치사(拷問致死)라고 한다.

'손 수(扌=手)'자가 들어간 글자는 모두 손(扌)으로 하는 일과 관계가 있는데 칠 타(打), 재주 기(技), 도울 부(扶), 누를 억(抑), 꺾을 절(折), 베낄 초(抄), 던질 투(投), 잡을

272

파(把), 막을 거(拒), 잡을 구(拘), 끌고 갈 랍(拉), 손뼉 칠 박(拍), 뽑을 추(抽), 주울 습(拾) 등이 그것이다.

문(問)은 '묻다'는 의미로 많이 쓰이지만 '신문(訊問)하다'와 '방문하다'는 의미로도 쓰인다. 묻고 대답한다는 '답할 답(答)'의 문답(問答), 의문이나 이유를 캐묻는다는 '바탕 질(質)'의 질문(質問), 물어 보고 의논한다는 '의논할 의(議)'의 문의(問議)에서는 '묻다'는 의미이지만, 일의 잘못을 따져서 책임을 추궁(追窮)하는 일인 '꾸짖을 책(責)'의 문책(問責), 죄인을 신문하는 일인 '얽어맬 초(招)'의 문초(問招)에서는 '신문(訊問)하다'는 의미이다. 그리고 죽음에 대하여 애도(哀悼)의 뜻을 표하는 일인 '죽을 상(喪)'의 문상(問喪)이나, 앓는 사람을 찾아보고 위로한다는 '질병 병(病)'의 문병(問病)에서는 '방문하다'는 의미이다.

'문여하사서벽산 소이부답심자한(問余何事棲碧山 笑而不答心自閑)'는 이백(李白)의 「산중문답(山中問答)」에 나오는 유명한 시구이다. '나에게 세상 사람들이 무슨 일로 푸른 산에 사느냐고 묻거늘 웃으면서 대답하지 아니하니 마음 스스로 한가하다'로 해석되는데, 세상의 부귀영화(富貴榮華)를 물리치고 자연과 더불어 살아가는 삶에 대해 사람들이 이해하지 못한다 할지라도 자신은 신경 쓰지 않고 자연을 즐기겠다는 말이다.

5-4

함 정
陷穽

陷 · 빠질 **함**

穽 · 허방다리 **정**

불우한 처지에 놓인 사람을 가혹하게 괴롭힐 때 '함정(陷穽)에 빠진 놈 돌로 친다'라 하고, 권세(權勢)를 가졌던 사람이 그것을 잃고 나자 세상 사람들이 그를 깔볼 때 '함정(陷穽)에 빠진 호랑이는 토끼도 깔본다.'라고 한다. 그리고 빠져나갈 수 없는 극단적 곤경에 빠져 있음을 '함정에 빠진 호랑이다'라고 한다. 또 자기가 한 일로 인하여 자기가 해를 입음을 '함정 파고 그 함정에 빠졌다'라고 한다.

 관련어휘

• 함락
• 함몰
• 결함
• 모함

함(陷)은 '빠지다' '무너뜨리다'는 의미로 중요한 곳이나 성(城)을 빼앗거나 빼앗긴다는 함락(陷落), 땅이나 물속으로 빠지거나 재난을 당하여 멸망한다는 함몰(陷沒), 부족하거나 완전하지 못하여 흠이 되는 부분인 결함(缺陷), 꾀를 써서 남을 어려운 처지에 빠뜨린다는 모함(謀陷) 등에 쓰인다. '구멍 혈(穴)'이 들어간 글자는 '구멍' '구더기' '창' '뚫다'는 뜻과 관계가 깊다. '텅 빌 공(空)' '창문 창(窓)' '동굴 굴(窟)' '기와 굽는 가마 요(窯)' '뚫을 천(穿)' '훔칠 절(竊)'등이 그것이다. 또 구멍 속은 깊고 심원하기에 '혈(穴)'이 들어간 글자는 '깊게 연구하다'

 穴(구멍 혈)이 들어간 글자

空 텅 빌 공
窓 창문 창
窟 동굴 굴
窯 기와 굽는 가마 요
穿 뚫을 천
竊 훔칠 절

는 의미를 만들기도 한다. '깊을 요(窈)' '궁구할 구(究)' '다할 궁(窮)' 등이 그것이다.

흠이 있어 완전하지 못함을 '이지러질 결(缺)'을 써서 결함(缺陷)이라 하고, 물이나 땅속에 모조리 빠짐을 '빠질 몰(沒)'을 써서 함몰(陷沒)이라 하며 공격하지 않고서도 함락하는 것을 불공함락(不攻陷落)이라 한다. '인무책우이함불의(人無責友易陷不義)'라는 말이 있다. 사람에게 꾸짖어주는 친구가 없으면 불의에 빠지기 쉽다는 의미이다.

중국 한(漢)나라의 무장 한신(韓信)은 '최후의 결심을 굳힌다면 또한 다른 방책이 나오기 마련이다'는 의미로 '함지사지이후생 치지망지이후존(陷地死地而後生 置之亡地而後存)'이라 하였는데 '한 번 살아나올 길 없는 어려운 곳에 빠진 다음에야 비로소 살 길을 찾을 수 있다'는 의미이다. '함정'의 동음이의어에 크고 작은 군함을 통틀어 일컫는 '싸움배 함(艦)' '작은배 정(艇)'의 함정(艦艇)이 있다.

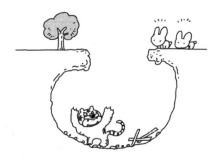

공 시 최 고
公 示 催 告

公 · 여러 **공**

示 · 보일 **시**

催 · 재촉할 **최**

告 · 알릴 **고**(곡)

관 련 어 휘

• 공시
• 최고

• 시범
• 시사
• 시위
• 암시

• 시달
• 고시
• 시사

• 최고
• 최고
• 최고

'공시최고(公示催告)'라는 광고를 보게 된다. 법원이 불분녕한 이해관계자(利害關係者)의 권리나 청구를 신고하도록 재촉하는 통지를 일컫는데, 공시(公示)는 일반에게 공개하여 널리 알리는 일을 일컫고 '재촉할 최(催)' '알릴 고(告)'의 '최고(催告)'는 일정한 결과를 일으키기 위하여 상대편의 행위를 재촉하는 일을 일컫는다.

시(示)**는** 시범(示範), 시사(示唆), 시위(示威), 암시(暗示)에서는 '보이다'는 의미이지만, 시달(示達), 고시(告示)에서는 '지시하다'는 의미이다. 시사(示唆)는 미리 넌지시 암시하여 알려 준다는 의미이다. '최고'에는 가장 높거나 좋다는 최고(最高), 가장 오래되었다는 최고(最古), 재촉하는 뜻을 나타내어 알린다는 최고(催告)가 있다. '最'는 '가장'이라는 의미이고, '**催**(최)'는 '독촉하다' '열다'는 의미이다. 눈물이 나오도록 재촉하는 일은 '눈물 루(淚)'

의 최루(催淚)이고, 잠이 오게 하는 일은 '잠잘 면(眠)'의 최면(催眠)이며, 어떤 모임이나 행사 따위를 주장하여 여는 일은 '열 개(開)'의 개최(開催)이다.

고(告)는 '알리다' '하소연하다'는 의미이다. 숨긴 일이나 생각한 바를 사실대로 솔직하게 말하는 일을 고백(告白)이라 하고, 국가 기관이 개인에게 어떤 일을 통지하는 문서를 고지서(告知書)라 하며, 일반에게 널리 알리는 일을 포고(布告)라 한다.

'무고죄(誣告罪)'라는 것이 있는데 '거짓 무(誣)'로 다른 사람에게 형사처분이나 징계처분을 받게 하려고 허위로 신고함으로써 성립하는 죄(罪)를 일컫는다. 외출할 때에는 반드시 부모를 뵙고 가는 곳을 알려야 한다는 '출필곡(出必告)'이라는 말이 있는데 이때의 '告'는 '뵙고 청하다'는 의미이고 '곡'이라 읽는다. '이실직고(以實直告)'라는 말이 있다. '써 이(以)' '사실 실(實)' '곧을 직(直)'으로 사실로써 곧게 말한다는 의미이다.

『춘추좌씨전』에 '공사유공리무사기(公事有公利無私忌)'라는 말이 나온다. 공무(公務)에는 공공(公共)의 이익이 있을 뿐 사사로운 이해가 있어서는 안 된다는 말이다. 공무를 집행함에 오직 공익(公益)을 생각하여야지 자기의 사사로운 원한이나 노여움 등이 개입되어서는 안 된다는 이야기이다.

산 발
散 發

散 · 흩어질 산
發 · 발생할 발

10개의 안타(安打)를 쳤으나 산발(散發)이었기에 집중(集中) 5안타를 친 상대팀에 패배하고 말았다는 이야기를 들은 적이 있다. '안전할 안(安)'에 '칠 타(打)'를 쓴 '안타(安打)'는 안전하게 쳤다는 의미로 타자(打者)가 안전하게 베이스에 나아갈 수 있도록 친 타구를 일컫고, '흩을 산(散)' '발생할 발(發)'을 쓴 '산발(散發)'은 흩어져서 발생하였다는 의미로 안타가 한꺼번에 나오지 않고 중간중간 간헐적으로 나오는 것을 일컫는다. 한군데로 모이거나 모으는 일은 '모을 집(集)'을 쓴 '집중(集中)'이다. '머리털 발(髮)'을 쓴 산발(散髮)도 있는데 이는 머리를 풀어헤치는 일이나 풀어헤친 머리를 일컫는다.

야구(野球)에 용어 중, 수비가 우왕좌왕하는 사이에 안타가 되는 경우가 있는데 이를 '야수선택(野手選擇)'이라 한다. 글자 그대로는 '야수(수비수)의 선택'이라는 의미이지만 '야수(野手)의 잘못된 선택(選擇)'을 줄여서 쓴 용어라고 보는 것이 옳다. 1루에 던졌다면 타자를 아웃시킬 수 있었음에도 2루나 3루에 던짐으로 해서 아웃시키지 못하였다는, 잘못된 선택을 하였다는 의미인 것

 관련 어휘

· 집중
· 안타(安打)

· 산발
· 야수선택

이다.

산(散)은 따로따로 나뉘어 흩어진다는 분산(分散)처럼 대부분 '흩어지다'는 의미로 쓰이지만 가벼운 기분으로 이리저리 걷는 일을 일컫는 '산책(散策)'에서는 '한가하다'는 의미이다. 글자 수나 운율 따위에 구애됨 없이 자유롭게 쓴 보통의 문장을 산문(散文)이라 하고, 이곳저곳에 흩어져 있음을 산재(散在)라 하며, 어지럽고 어수선함을 산란(散亂) 또는 산만(散漫)이라 한다. '어지러울 란(亂)'이고 '흩어질 만(漫)'이다. 꽃이 떨어져서 흩어짐을 산화(散華)라 하고, 혼백이 날아 흩어진다는 의미로 몹시 놀라 어찌할 바를 모르는 지경을 '날 비(飛)'를 써서 혼비백산(魂飛魄散)이라 한다. 모였던 사람들이 따로따로 흩어짐을 '풀 해(解)'를 써서 해산(解散)이라 하고, 안개가 걷히면서 흩어진다는 의미로 어떤 일이 성사되지 못하여 없었던 일처럼 되는 것을 '안개 무(霧)'를 써서 무산(霧散)이라 한다.

'산산이 부서지다' '산산이 깨어지다' '산산조각 나다'라고 할 때의 '산'도 우리말이 아니라 한자 '흩을 산(散)'이고, 회의를 마치고 헤어짐을 일컫는 '산회(散會)'의 '산'도 마찬가지다.

5-7

삽 화
插 畵

插 · 끼일 **삽**
畵 · 그림 **화(획)**

신문(新聞)이나 잡지(雜誌), 그리고 서적(書籍)에서 문장의 내용을 보완하거나 이해(理解)를 돕도록 장면을 묘사하여 그린 그림을 '끼일 삽(揷)' '그림 화(畵)'를 써서 끼워 넣은 그림이라는 의미로 삽화(揷畵)라 한다.

삽(揷)은 이야기나 사건 등의 줄거리 사이에 끼워 넣는 짧은 이야기인 삽화(揷話), 꺾꽂이의 다른 이름인 삽지(揷枝), 식물의 가지 줄기 잎 뿌리 등을 흙 속에 꽂아서 뿌리가 내리게 하는 일을 일컫는 삽목(揷木, 꺾꽂이), 그리고 틈이나 구멍 사이에 다른 물체를 끼워 넣거나 글 따위에 다른 내용을 끼워 넣는 일인 삽입(揷入) 등에 쓰인다. 인쇄할 때 종이를 기계에 먹이는 일이나 신문 등에 넣는 광고지를 삽지(揷紙)라 한다.

관련어휘

• 삽화
• 삽지
• 삽목(꺾꽂이)
• 삽입
• 삽지

• 화보
• 화중지병

화(畵)는 '그림'이라는 의미 외에 '긋다' '꾀하다' '획'이라는 의미로도 쓰인다. 그림이나 사진을 위주로 하여 편집한 지면(紙面) 또는 인쇄물 화보(畵報), 실지로 이용할 수 없거나 차지할 수 없는 것을 이르는 '그림의 떡'이라는 화중지병(畵中之餠), 쓸데없는 짓을 덧붙여 하다가 도리어 실패한다는 화사첨족(畵蛇添足)에서는 '그림' 이라는 의미이지만, 사물이 똑같이 고르거나 한결같다 는 획일(畵一)에서는 '긋다'는 의미이다. 꾀로써 일을 계 획한다는 획책(畵策)에서는 '꾀하다', 글씨를 쓸 때의 순 서를 일컫는 획순(畵順)에서는 '획'이라는 의미이다.

반복된 설명이지만 '그림의 떡'이라는 뜻으로 보기만 했지 실속이 없음을 '떡 병(餠)'을 써서 화중지병(畵中之 餠)이라 하고, 자기 그림을 자기가 칭찬한다는 의미로 자기가 한 일을 자기가 칭찬함을 자화자찬(自畵自讚)이 라 한다. 뱀을 그린 후에 발을 더해 그린다는 의미로 하 지 않아도 될 일을 필요 이상으로 하여 결국은 실패함 을 '뱀 사(蛇)' '더할 첨(添)'을 써서 화사첨족(畵蛇添足)이 라 한다.

문장이나 그림에서 가장 중요한 부분에 손을 대어 효 과를 내거나, 마지막으로 중요한 곳에 손을 가하여 사 물을 완성시킴을 화룡점정(畵龍點睛)이라 하는데, '그릴 화(畵)' '용 용(龍)' '점찍을 점(點)' '눈동자 정(睛)'으로 용 을 그릴 때에 눈동자를 점 찍었더니 용이 되어 하늘로 날아갔다는 고사에서 나왔고 어떤 일의 완성이라는 의 미로 쓰인다. 고생해도 효과가 없음을 '기름 지(脂)' '새 길 루(鏤)'를 써서 '화지루빙(畵脂鏤氷)'이라 하는데, 기름 위에 그림을 그리는 일과 얼음에 조각하는 일이라는 의미이다.

화 투
花 鬪

花 · 꽃 **화**
鬪 · 싸움 **투**

중국의 카드놀이가 서양으로 유입되었다가 다시 일본으로 역수입된 트럼프의 변형이 화투(花鬪)인데, 그 뿌리는 16세기경 포르투갈 상인들이 일본에 전래시킨 서양 트럼프라고 한다. 일본 정부가 금지령을 내리고 수거하여 없애버리자 모방의 능수인 일본인들이 새롭게 만들어 낸 것이 화투(花鬪)이고, 이것이 19세기 말에 대마도 상인에 의해 우리나라에 들어왔다는 것이다. 화투(花鬪)는 '꽃 화(花)' '싸움 투(鬪)'로 꽃 그림이 그려진 딱지로 싸운다는 의미이다.

花(화)는 '꽃 화'이다. 그런데 꽃은 아름답기 때문에 '아름답다'는 의미로까지 확대되어 쓰이고 있다. 꽃이 피는 풀을 '풀 초(草)'를 써서 화초(花草)라 하고 꽃동산을 '동산 원(園)'을 써서 화원(花園)이라 하며 꽃이 피는 소식을 '신호 신(信)'을 써서 화신(花信)이라 한다. 축하나 애도를 표현할 때에 사용하는, 생화(生花)나 조화(造花)

관련어휘

• 화초
• 화원
• 화신

를 고리처럼 모아 둥글게 만든 물건을 '고리 환(環)'을 써서 화환(花環)이라 한다. 결혼식을 '촛불 촉(燭)'을 써서 '화촉(華燭=花燭)을 밝히다'라고 하는데 이는 결혼식 때 촛불을 밝히는 데에서 유래된 표현이다. 미인의 모습을 형용하여 '화용월태(花容月態)'라 하는데 '얼굴 용(容)' '모양 태(態)'로 꽃 같은 얼굴과 달 같은 모양이라는 의미이다.

鬪(싸움 투)는 싸우고자 하는 굳센 의지를 '뜻 지(志)'를 써서 투지(鬪志)라 하고, 상대방을 이기기 위해 다투는 것을 '다툴 쟁(爭)'을 써서 투쟁(鬪爭)이라 한다. '굳셀 건(健)'의 '건투(健鬪)'는 씩씩하게 잘 해 나감을 일컫고, '몰래 암(暗)'의 '암투(暗鬪)'는 서로 적의를 품고 몰래 다투는 것을 일컫는다. '암중모색(暗中摸索)'이라는 말이 있다. 어둠 속에서 더듬어 찾는다는 뜻으로 어림짐작으로 알아내려 하거나 은밀한 가운데 일의 실마리나 해결책을 찾아내려 하는 일을 일컫는다.

'붉을 홍(紅)'자를 쓴 '화무십일홍(花無十日紅)'이라는 말이 있다. 열흘 동안 계속 붉은 꽃은 없다는 의미로 한 번 번성(繁盛)하면 반드시 쇠퇴(衰頹)하기 마련이라는 말이다. 세상만사가 마음대로 되지 않음을 '화발다풍우(花發多風雨)'라 하는데 꽃이 피어 있을 무렵에는 바람과 비가 많아져서 모처럼 핀 꽃도 헛되이 떨어지고 만다는 의미이다.

恥 · 부끄러울 **치**
部 · 부분 **부**

'치부(恥部)를 드러냈다' '치부(恥部)를 감추기 위해 노력 하였다'라고도 한다. 치부(恥部)는 '부끄러울 치(恥)' '부 분 부(部)'으로 '부끄러운 부분, 남에게 알리고 싶지 않 은 부끄러운 부분'이라는 의미이다. 음부(陰部)를 가리 키기는 말이기도 하다.

恥(치)는 '부끄럽다'는 의미이다. '부끄러울 수(羞)'를 쓴 '수치(羞恥)'는 당당하지 못하고 떳떳하지 못하여 느끼 는 부끄러움이라는 의미이고, '욕될 욕(辱)'을 쓴 '치욕(恥 辱)'은 수치(羞恥)와 모욕(侮辱)이라는 의미이다. '청렴할 렴 (廉)'에 '부끄러울 치(恥)'를 쓴 '염치(廉恥)'는 결백하고 정 직하며 부끄러움을 아는 마음이라는 의미이고 '깨뜨릴 파(破)'가 더해진 '파렴치(破廉恥)'는 염치를 깨뜨렸다는 의 미로 '염치가 없는 뻔뻔스러움'이라는 말이다.

'후안무치(厚顔無恥)'라는 말이 있다. '두터울 후(厚)' '얼 굴 안(顔)'으로 얼굴이 두꺼워서 부끄러움이 없다는 의 미이다. 8월 29일을 '국치일(國恥日)'이라 하는데 '나라 의 부끄러운 날'이라는 의미로 1910년(경술년) 8월 22일

🏠 관련어휘

• 음부

• 수치
• 치욕
• 염치
• 파렴치

• 후안무치
• 국치일

에 조인된 대한제국과 일본 사이에 이루어진 '을사늑약(乙巳勒約)'은 대한제국의 내각총리대신 이완용과 제3대 한국 통감 데라우치 마사타케가 내용에 대한 보고나 알림도 없이 형식적인 절차만을 거쳐 통과시켰으며, 8월 29일 불평등의 '을사늑약'을 공포함으로써 일본 제국에 강제 합병된 치욕의 날을 잊지 않기 위하여 정한 날이다. 이를 경술국치(庚戌國恥)라고 부르기도 한다. '불치하문(不恥下問)'이라는 말이 있다. '아랫사람 하(下)' '물을 문(問)'으로 자기보다 아랫사람에게 묻는 것을 부끄럽게 여기지 아니한다는 의미이다.

部(부)는 '떼' '분류' '거느리다'는 의미로 쓰인다. 군대의 일부를 이루는 한 단위를 '무리 대(隊)'를 써서 '부대(部隊)'라 하고, 전체를 갈라놓아 분류한 하나하나의 부분을 '부문(部門)'이라 하며, 전체의 모든 부문 곧, '모조리'를 '모두 전(全)'을 써서 '전부(全部)'라 한다.

『논어(論語)』에 '군자치기언이과기행(君子恥其言而過其行)'이라는 말이 나온다. '군자는 자기가 말한 것이 실행하는 것보다 지나치면 부끄러워한다.'는 의미이다. '치지어인대의(恥之於人大矣)'라고 하였다. '사람에게 있어 부끄러운 마음이 차지하는 가치가 매우 크다는 의미인데, 부정과 불의를 부끄러워하면 성현(聖賢)과 같은 사람이 될 수도 있지만 부끄러움을 알지 못하면 최하의 사람이 된다는 말이다.

공 사 다 망
公 私 多 忙

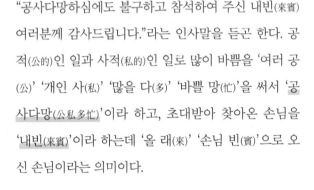

公 · 여러 **공**

私 · 개인 **사**

多 · 많을 **다**

忙 · 바쁠 **망**

"공사다망하심에도 불구하고 참석하여 주신 내빈(來賓) 여러분께 감사드립니다."라는 인사말을 듣곤 한다. 공적(公的)인 일과 사적(私的)인 일로 많이 바쁨을 '여러 공(公)' '개인 사(私)' '많을 다(多)' '바쁠 망(忙)'을 써서 '공사다망(公私多忙)'이라 하고, 초대받아 찾아온 손님을 '내빈(來賓)'이라 하는데 '올 래(來)' '손님 빈(賓)'으로 오신 손님이라는 의미이다.

공(公)은 공정(公正)에서는 '공평하다', 공공(公共)에서는 '여러', 공직(公職)에서는 '벼슬', 그리고 충무공 이순신처럼 충무공(忠武公)에서는 '상대를 높이는 접미사'이다. 국가나 사회에 영향을 미치는 사람을 공인(公人)이라 하고,

공적으로 정해진 휴일을 공휴일(公休日)이라 하며, 공무(公務)를 처리하는 데 드는 비용 또는 그런 명목으로 주는 돈을 '힘쓸 판(辦)' '비용 비(費)'를 써서 판공비(辦公

![관련어휘]

관 련 어 휘

• 내빈

• 공정
• 공공
• 공직
• 충무공
• 공인
• 공휴일
• 공무
• 판공비

費)라 한다.

'공(公)'과 상대되는 글자인 **'사사로이 할 사(私)'**는 자기 혼자의 의견인 '생각할 견(見)'의 사견(私見), 자기 혼자의 마음인 '마음 심(心)'의 사심(私心), 개인이 부담하는 비용인 '비용 비(費)'의 사비(私費), 사사로운 이익과 사사로운 욕심을 일컫는 '이익 이(利)' '욕심 욕(慾)'의 사리사욕(私利私慾), 관복이나 제복이 아닌 보통 옷인 '옷 복(服)'의 사복(私服) 등에 쓰인다. 부부(夫婦)가 아닌 남녀 사이에 태어난 아이를 사생아(私生兒)라 하는데 이때의 '사(私)'는 '사사로운 욕망'이라는 의미이다. 직접 가르침을 받지 아니하지만 그 사람을 사모하며 본받아서 도(道)나 학문(學問) 닦음을 사숙(私淑)이라 하는데 '사(私)'는 '홀로'라는 의미이고 '숙(淑)'은 '사모하다'는 의미이다.

많을 다(多)는 여러 가지 일도 많고 어려움도 많다는 다사다난(多事多難), 성급하고 인내력(忍耐力)이 부족한 기질인 다혈질(多血質), 정이 많다는 다정(多情) 등에 쓰인다. 바쁜 가운데도 어쩌다가 있는 한가한 시간을 '바쁠 망(忙)' '가운데 중(中)'을 써서 망중한(忙中閑)이라 하고, 바쁜 중에도 여유 즐김을 '바쁠 망(忙)' '속 리(裏)' '훔칠 투(偸)' '한가할 한(閑)'을 써서 망리투한(忙裏偸閑)이라 하는데 한가로움을 도둑질한다는 의미이다.

모 험
冒 險

ㄱ

冒 · 무릅쓸 **모**
險 · 위험할 **험**

'모험을 두려워하는 삶은 희망이 없는 삶과 같다. 아무런 희망도 기대도 없는 삶을 살고 싶은가? 그렇다면 모험을 두려워하라. 하지만 세상은 모험을 두려워하지 않고 위험을 감수(甘受)하고자 하는 사람의 것이다'라는 말이 있다. 위험을 무릅쓰고, 될까 안 될까를 고민하지 않고 무조건 시작하고 보는 것을 '무릅쓸 모(冒)' '위험할 험(險)'을 써서 '모험(冒險)'이라 한다.

모(冒)는 '무릅쓰다' '범하다'는 의미이다. 이 '모(冒)'에 '더럽힐 독(瀆)'을 쓴 모독(冒瀆)은 침범하여 더럽게 만든다는 의미이고, '더럽힐 독(瀆)'에 '직권 직(職)'을 쓴 '독직(瀆職)'은 직권을 더럽혔다는 의미이다. 공무원이 직권을 남용(濫用)하여 비행(非行)을 저질렀을 때 많이 쓴다. 말이나 글의 첫머리를 '모두(冒頭)'라 하는데 이때의 '모(冒)'는 '모자'라는 의미이다. '모몰염치(冒沒廉恥)'라는 말이 있는데, 염치를 무릅쓰고 없애버렸다는 의미로

 관련어휘

• 모독
• 독직
• 모두
• 모몰염치

염치없는 줄 알면서도 했다는 말이다.

험(險)은 '위태롭다' '음흉하다'는 의미로 쓰인다. 위험하고 어려워서 고생이 된다는 '어려울 난(難)'의 험난(險難), 지세나 기후 등이 위험하고 나쁘다는 '나쁠 악(惡)'의 험악(險惡), 거칠고 모질게 생긴 모양이나 상태라는 '모양 상(狀)'의 험상(險狀), 위험한 상황에 대비하여 그 사고의 위험성이 있는 사람들이 돈을 적립해 두었다가 사고 당한 사람에게 손해를 보상해 주는 '보호할 보(保)'의 보험(保險) 등에서는 '위태롭다'는 의미이고, 남의 흠을 찾아내어 하는 말인 '말씀 담(談)'의 험담(險談)이나 겉보기는 천연스러우나 속으로는 우악스럽다는 '몰래 음(陰)'의 음험(陰險)에서는 '음흉하다'는 의미이다. 길이나 지세(地勢), 천기(天氣)나 형세(形勢) 등이 거칠고 사나움, 또는 마음씨가 험하고 악(惡)함을 험악(險惡)이라 하고, 위험이 천 번 만 번이라는 의미로 몹시 위험함을 '위태로울 위(危)'를 써서 위험천만(危險千萬)이라한다.

『사기(史記)』 오기열전편(吳起列傳篇)에 '재덕부재험(在德不在險)'이라는 말이 나온다. 나라의 안전(安全)은 임금의 덕(德)에 있는 것이지 지형의 험준(險峻)함에 있는 것이 아니라는 의미이다.

타 락
墮 落

墮 · 떨어질 타
落 · 떨어질 락

몇 년 전, 법관(法官)들이 타락(墮落)하면 이 사회는 갈 곳이 없다면서 부장 판사들과 어울려 단란주점에서 스트립쇼를 보며 술을 먹은 판사인 남편을 고발(告發)했던 한 젊은 판사 부인의 이야기가 우리 사회에 적잖은 충격을 준 바 있다. '떨어질 타(墮)' '떨어질 락(落)'의 타락(墮落)은 품행이 바르지 못하고 나쁜 길로 떨어진다는 의미이다.

떨어질 락(落)(단어의 첫머리에 올 때는 두음법칙에 의하여 '낙'으로 발음됨)이라고 하는데 '락(落)'은 '떨어지다'는 의미뿐 아니라 '완성하다'는 의미와 '쓸쓸하다'는 의미로도 쓰인다. 육지에서 멀리 떨어진 섬을 낙도(落島)라 하고, 시험에 떨어짐을 낙제(落第)라 한다. 대오(隊伍)에서 떨어지거나 시대의 진보에서 떨어짐을 낙오(落伍)라 하고, 떨어져서 다침을 낙상(落傷)이라 하며, 떨어진 나뭇잎을 낙엽(落葉)이라 한다. 공사의 목적물이 완성됨을 준공(竣工) 또는 낙성(落成)이라 하고, 크게 기대하던 일이 실패되어 갑자기 기운이 풀림을 낙담(落膽)이라 하며, 소망이 없어져 실망함을 낙심(落心)이라 한다. 비슷한 글자

관련 어휘

• 낙도
• 낙제
• 낙오
• 낙상
• 낙엽
• 낙성
• 낙담
• 낙심

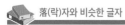
에 '물이름 락(洛)' '이을 락(絡)' '목걸이 락(珞)' '소젖 락(酪)' '지질 락(烙)' 등이 있다.

공격(攻擊)하기 어려워서 좀처럼 떨어뜨릴 수 없음을 '어려울 난(難)' '칠 공(攻)' '떨어뜨릴 락(落)'을 써서 난공불락(難攻不落)이라 하고, 까마귀 날자 배 떨어진다는 속담의 한역(漢譯)으로 아무런 관계없이 한 일이 공교롭게도 다른 일과 일치해 오해를 받는 경우를 오비이락(烏飛梨落)이라 한다.

'공중(公衆)의 마음을 타락시키는 자는 그 죄가 공금(公金)을 횡령하는 것과 다름없다'라는 말이 있고, '만물이 창조하는 신의 손 안에 있을 때 모든 것은 선(善)하지만 인간의 손에 넘어 오면 모든 것은 타락(墮落)한다'는 말도 있다. 평생 고독(孤獨)과 청렴(淸廉)의 길을 걸어 법조인의 사표(師表)로 꼽히는 김병로 선생은 '법관(法官)이 국민으로부터 의심(疑心)을 받는다면 그 자체가 최대의 명예 손상'이라며 법관들에게 '몸조심'을 당부하였다고 한다.

성 역
聖 域

聖 · 성스러울 성

域 · 구역 역

'성역(聖域) 없는 수사(搜査)를 하라' 이야기하고, '성역 없는 수사를 하겠노라'고 약속은 하면서도 지금도 여전히 '성역 없는 수사'는 이루어지지 못하고 있다는 생각이 드는 사람은 나뿐만이 아닐 것이다. '성스러울 성(聖)' '구역 역(域)'의 성역(聖域)은 원래 종교 생활과 관련된 '거룩하고 신성한 지역'이라는 의미였다. 그래서 삼한(三韓) 시대의 '소도(蘇塗)'와 같은 성역(聖域)에는 비록 죄인이 들어와도 잡아가지 못하였던 것이다. 그런데 현재는 이 말이 '성스러운 지역에서 벌어지는 사건'이라는 의미로 '문제 삼지 않기로 한, 문제 삼아서는 안 되는 사항'이라는 말로 쓰이고 있다.

성(聖)은 '성스럽다' '성인(聖人:지덕이 뛰어나고 사리에 통하지 않는 바가 없는 사람)' '황제' 등의 의미로 쓰인다. 성스럽고 깨끗하다는 '깨끗할 결(潔)'의 성결(聖潔), 도덕 높은 어진 임금을 일컫는 '임금 군(君)'의 성군(聖君), 성인(聖人)이신 예수님께서 태어나신 날이라는 '태어날 탄(誕)' '경사스러운 날 절(節)'의 성탄절(聖誕節), 임금님의 은혜를 일컫는 '은혜 은(恩)'의 성은(聖恩) 등이 그것이

관련어휘

• 성인
• 성결
• 성군
• 성탄절
• 성은

다. 신성한 지역, 또는 문제 삼지 않기로 되어 있거나 또는 문제 삼아서는 안 되는 사항을 **'지경 역(域)'**을 써서 '성역(聖域)'이라 하고, 신과 같고 성인과 같다는 의미로 함부로 가까이할 수 없을 만큼 고결하고 거룩함을 신성(神聖)이라 하며, 성인(聖人)과 현인(賢人)을 아울러서 성현(聖賢)이라 한다.

삼위일체(三位一體)라는 말이 있다. 세 가지 것이 하나로 통일되는 것을 일컫는 말인데, 기독교에서는 성부(聖父)인 하나님과 성자(聖子)인 예수님, 그리고 신자의 영적 생활의 근본이 되며 교회를 세우고 다스리는 힘의 원천으로서 인격화된 초자연적인 존재인 성령(聖靈)이 원래는 한 몸이라는 생각을 나타낸 말이다.

'노자(老子)'는 '성인무상심 이백성심위심(聖人無常心以百姓心爲心)'이라고 하였다. '성인(聖人)에게는 항상 이렇게 해야만 한다는 따위의 고집스러운 마음은 없고 백성의 마음으로써 자기 마음을 삼는 것만 있을 뿐이다'는 의미로 백성의 마음을 따르는 사람이 성인(聖人)이라는 말이다.

안 전 사 고
安 全 事 故

安 · 편안 **안**

全 · 온전 **전**

事 · 사건 **사**

故 · 사고 **고**

 관 련 어 휘

• 안전소홀사고
• 안전거리
• 안전수칙

• 안식
• 위안
• 안부

 安(안)자가 들어간 글자

按 살필, 어루만질 안
案 책상, 생각할, 계획할 안
鞍 안장 안

주의를 소홀히 하여 사람과 재산에 피해를 끼치는 사고를 '편안할 안(安)' '온전 전(全)' '사건 사(事)' '사고 고(故)'를 써서 안전사고(安全事故)라 하는데 백 번 생각해도 잘못 만들어진 이름임이 분명하다. 안전수칙을 지키지 않음으로써 일어나는 사고이기에 '안전소홀사고(安全疏忽事故)'라 이름 붙여야 옳기 때문이다. 음절 수를 줄이는 것보다 중요한 것은 올바른 표현이어야 하기 때문이다. 탈이나 위험성이 없음을 '안전(安全)'이라 하고, 운전 중 브레이크를 밟았을 때 앞차와의 충돌을 피할 수 있는 충분한 거리를 안전거리(安全距離)라 하며, 작업자의 신체 안전과 사고 방지를 위하여 정해 놓은 규칙을 안전수칙(安全守則)이라 한다.

편안하게 쉼을 '쉴 식(息)'을 써서 안식(安息)이라 하고, 위로하여 안심시킴을 '위로할 위(慰)'를 써서 위안(慰安)이라 하며, 편안함과 편안하지 않음이라는 의미로 편안히 잘 있는지를 묻는 인사를 '아닐 부(否)'를 써서 '안부(安否)'라 한다. 참고로 편안 안(安)자가 들어간 한자로 '按'은 '살필 안' '어루만질 안'이고, '案'은 '책상 안' '생각할 안' '계획할 안'이며, '鞍'은 '안장 안'이다.

'사고'의 동음이의어는 매우 많다. 뜻밖에 일어난 사건을 일컫는 '사건 사(事)' '연고 고(故)'의 사고(事故), 역사에 관한 기록이나 중요한 서적을 보관하던 정부의 창고인 '역사 사(史)' '창고 고(庫)'의 사고(史庫), 회사에서 내는 광고(廣告)인 '회사 사(社)' '알릴 고(告)'의 사고(社告), '생각'의 또 다른 표현인 '생각 사(思)' '생각 고(考)'의 사고(思考), 사람이 한 평생에 겪는 생(生) 노(老) 병(病) 사(死) 네 가지 괴로움을 일컫는 '넉 사(四)' '괴로워할

▲ 다큐 <생로병사의 비밀> 중 인간의 생애
출처 KBS

고(苦)'의 사고(四苦) 등이 그것이다.

『한비자(韓非子)』에 '안위재시비 부재어강약(安危在是非不在於强弱)'이란 말이 있다. 한 나라가 편안할 것인가 위태로울 것인가는 옳고 그름을 분명히 하는 것에 있지 강하느냐 약하느냐에 있는 것이 아니라는 의미이다. 또한 『장자([莊子]』에 안시이처순 애락불능입야(安時而處順 哀樂不能入也)라는 말도 있는데, 때에 따라 편안하게 행동하고 일을 순리에 맞게 처리하면 슬픔이나 기쁨 등의 감정이 끼어들지 않는다는 의미이다.

감 청
監 聽

監 · 단속할 **감**
聽 · 들을 **청**

군사독재 시대의 잔
재(殘滓)를 청산(淸
算)하기 위한 노력
이 꾸준하게 이어져
왔기 때문에 오늘날

은 감청이라는 단어가 낯설 수 있지만 한때 우리 사회
에서는 도청(盜聽)이나 감청(監聽)이 적지 않았었다. '도
적질할 도(盜)'에 '들을 청(聽)'을 쓴 '도청(盜聽)'은 '몰래
엿듣는 일'이라는 의미이고, '단속할 감(監)'을 쓴 '감청
(監聽)'은 '보안(保安) 조처로서 단속하고 감독(監督)하기
위하여 통화 내용을 엿듣는 일'이라는 의미이다. '살피
다' '경계하다'는 의미를 가지고 있는 '감(監)'은 보살피
고 지도 단속하는 일이나 그런 일을 하는 사람인 '살펴
볼 독(督)'의 감독(監督), 감독하고 검사하는 일인 '조사
할 사(査)'의 감사(監査), 기숙사(寄宿舍)에서 기숙생의 생
활을 감독하는 사람인 '집 사(舍)'의 사감(舍監) 등에 쓰
인다.

관련어휘

• 도청

• 감독
• 감사
• 사감

국회(國會)가 국정(國政) 전반(全般)에 관하여 행하는 감

사를 국정감사(國政監査)라 하고, 특별시와 광역시 및 각 도의 교육위원회의 사무를 관장하는 책임자를 교육을 감독하는 사람이라는 의미로 교육감(敎育監)이라 하며, 법률에 의하지 않고 사람을 감시하고 행동을 못하게 함을 불법감금(不法監禁)이라 한다.

수형자(受刑者)를 수용하는 기관을 '잘못된 사람을 바로잡아 올바른 길로 이끄는 장소'라는 의미로 '바로잡을 교(矯)' '인도할 도(導)' '장소 소(所)'를 써서 '교도소(矯導所)'라 하는데, 옛날에는 죄인을 단속하고 옥살이하게 한다는 의미로 '옥살이 옥(獄)'을 써서 '감옥(監獄)'이라 하였고, 형벌의 의무를 하도록 하는 장소라는 의미로 '형벌 형(刑)' '힘쓸 무(務)'를 써서 형무소(刑務所)라고도 하였다. 비슷한 글자에 '거울 감(鑑)' '섭섭해할 감(憾)' '쪽빛 람(藍)' 넘칠 람(濫) '대바구니 람(籃)' '번성할 성(盛)'이 있다.

監(감)자와 비슷한 글자

鑑 거울 감
憾 섭섭해할 감
藍 쪽빛 람
濫 넘칠 람
籃 대바구니 람
盛 번성할 성

『서경(書經)』에 '인무어수감 당어민감(人無於水監 當於民監)'이라는 말이 나온다. 사람은 물을 거울로 삼지 말고 마땅히 백성을 거울로 삼아야 된다는 의미로 백성의 말에 제 몸을 반성할 수 있어야 한다는 의미이다. 감히 청(請)하지는 못하였으나 본래부터 바라던 바였다는 말이 '불감청고소원(不敢請固所願)'인데 여기에서의 '감청(敢請)'은 '감히 감(敢)' '청할 청(請)'으로 '감히 청한다.'는 의미이다.

공 채
公 採

公 · 여러 공
採 · 가려낼 채

공채(公採)는 공개채용(公開採用)의 준말이다. 공개(公開)는 누구라도 참여, 관람, 사용이 가능하도록 널리 허용한다는 의미이고, 채용(採用)은 가려 뽑아서 쓴다는 의미이니까, 공채(公採)는 여러 사람에게 널리 알리어 공개적으로 사람을 채용하는 일을 가리킨다.

여러 사람에게 널리 터놓는다는 '열 개(開)'의 공개(公開)는 일반 사람들에게 널리 알리어 도움을 구하면서 하는 수사인 공개수사(公開搜査), 자유롭게 상품을 팔고 살 수 있는 시장인 공개시장(公開市場), 투표하는 내용을 남들도 알 수 있게 하는 투표인 공개투표(公開投票) 등에 쓰인다. 사회에 널리 알리면서 하는 소송(訴訟)의 심리(審理)와 판결(判決)을 '살필 심(審)' '재판할 리(理)'를 써서 공개심리(公開審理)라 하고, 나라 또는 지방 공공단체의 사무를 맡아보는 사람을 '힘쓸 무(務)' '사람 원(員)'을 써서 공무원(公務員)이라 하는데 공공의 일을 맡아 힘쓰는 사람이라는 의미이다.

'캐다' '가려내다'는 의미의 '채(採)'는 골라서 쓴다는

관련 어휘

• 공개채용
• 공개
• 채용

• 공개수사
• 공개시장
• 공개투표
• 공개심리
• 공무원

採(채)자와 비슷한 글자

菜 나물 채
彩 채색 채
綵 비단 채

'가릴 택(擇)'자의 채택(採擇), 캐거나 찾아서 모은다는 '모을 집(集)'의 채집(採集), '민요를 채록했다'처럼 채집하여 기록한다는 '기록할 록(錄)'의 채록(採錄), 땅을 파서 광물 따위를 파내는 일인 '파낼 굴(掘)'의 채굴(採掘), 가려내어 계산한다는 의미로 수입과 지출을 맞추어 보는 계산인 '계산할 산(算)'의 채산(採算) 등에 쓰인다. 건축이나 토목, 비석, 조각 따위에 쓰일 돌을 떠 내는 곳을 채석장(採石場)이라 하고, 질병의 검사나 수혈 등

을 위해 피를 뽑는 일을 채혈(採血)이라 하며, 건물에 창 따위를 내서 햇빛이 들도록 함을 채광(採光)이라 한다. 비슷한 글자로는 나물 채(菜), 채색 채(彩), 비단 채(綵)자 등이 있다.

진(晉)나라의 시인 도연명(365-427)이 국화를 찬양한 시(詩)에 '채국동리하 유연견남산(採菊東籬下 悠然見南山)'이라는 시구(詩句)가 있다. 동쪽 울타리 밑에 핀 국화를 따고 유연히 남산을 바라본다는 의미인데 은자(隱者)로서의 여유 있는 삶을 노래한 시구이다. 동음이의어에 국가나 공공단체가 일정한 목적을 달성하는 데 필요한 재원을 조달하기 위해 지는 빚을 일컫는 '공채(公債)'도 있는데 이는 '관청 공(公)' '빚 채(債)'로 '관청에서 진 빚'이라는 의미이다.

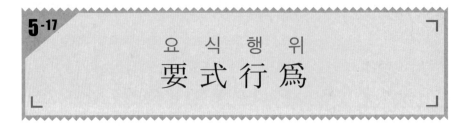
요 식 행 위
要 式 行 爲

要 · 필요할 요

式 · 형식 식

일정한 규정에 따라야 할 양식을 '필요할 요(要)' '형식 식(式)'을 써서 필요한 형식이라는 의미로 '요식(要式)'이라 하고, 신청(申請) 출원(出願) 기소(起訴) 그 밖에 다른 법률행위를 함에 있어 일정한 형식을 좇는 것을 필요로 하는 행위를 '요식행위(要式行爲)'라 한다. 일정한 규정에 따라야 할 양식, 그러니까 형식(式)을 필요(要)로 하는 행위라는 의미이다.

관련어휘

• 요식
• 요강
• 요인

요(要)는 '중요하다' '하여야 한다' '구하다'는 의미를 지니고 있다. 요약된 중요한 사항을 '벼리(중요한 부분) 강(綱)'을 써서 요강(要綱)이라 하고, 중요한 자리에 있는 사람을 요인(要人)이라 한다. 중요한 원인이라는 '원인인(因)'의 요인(要因), 필요하고도 중요한 지위에 있는 임원인 '사람 원(員)'의 요원(要員) 등에서는 '중요하다'는 의미이고, 주의를 요한다는 요주의(要注意), 꼭 소용 있는 것이라는 필요(必要)에서는 '하여야 한다'는 의미이다. 어떻게 해주기를 바란다는 요망(要望), 달라고 청한다는 요구(要求)에서는 '구하다'는 의미이다. '요람(要覽)'이라 쓰인 얇은 책을 보게 되는 경우가 많은데 '살펴볼 람(覽)'으로 중요한 것만 살펴볼 수 있도록 간추려 만든 책이라는 의미이다.

식(式)은 '법' '제도' '의식' '형식'이라는 의미를 지니고 있다. 의례를 갖추어 베푸는 행사는 '거동 의(儀)'의 의식(儀式)이고, 의식을 거행하는 곳은 '장소 장(場)'의 식장(式場)이며, 일정한 모양과 형식은 '모양 양(樣)'의 양식(樣式)이다. 조선시대에는 3년에 한 번씩, 그러니까 자(子), 묘(卯), 오(午), 유(酉)인 해에 호적을 조사하고 과거 시험을 치렀는데 그 해를 '식년(式年)'이라 하였다. '요부지제비막위(要不知除非莫爲)'라는 말이 있다. 남에게 알려지지 않기를 원한다면 나쁜 일을 저지르지 말아야 함은 물론 어떤 행위도 해서는 안 된다는 말이다. 『논어』 학이(學而)편에 행유여력즉이학문(行有餘力則以學文)이라는 말도 있다. 사람으로서 실천해야 할 일을 실행하고 남은 힘이 있다면 곧 그것으로써 글을 배워야 한다는 의미로 글 배우는 일보다 올바른 인성(人性)을 갖는 것이 더 중요하다는 말이다.

決 · 끊어질 **결**
裂 · 찢어질 **렬**

▲ 노사협상 결렬에 따른 파업

남북간(南北間), 여야간(與野間), 노사간(勞使間)의 회담이 결렬(決裂)되었다는 뉴스를 만난다. '끊어질 결(決)' '찢어질 렬(裂)'의 '결렬(決裂)'의 글자 그대로의 뜻은 끊어지고 찢어졌다는 의미이지만 일반적으로는 교섭이나 회의 등에서 의견이 합쳐지지 아니하여 각각 갈라서게 되었다는 의미로 많이 쓰인다.

결(決)은 마음을 정한다는 '마음 심(心)'의 결심(決心), 우승을 결정한다는 '이길 승(勝)'의 결승(決勝), 결단하여 정한다는 '정할 정(定)'의 결정(決定), 옳고 그름 따위를 판단하여 결정하는 일인 '판단할 판(判)'의 판결(判決) 등에서처럼 대부분 '정하다'는 의미로 쓰인다. 죽음을 각오하는 것을 결사(決死)라 하고, 목숨을 걸고 반대하는 것을 결사반대(決死反對), 어떤 일을 위하여 죽음을 각오한 사람들의 무리를 '무리 대(隊)'를 써서 결사대(決死隊)

관련어휘

• 결심
• 결승
• 결정
• 판결
• 결사
• 결사반대
• 결사대

라 하는 것도 같은 경우이다. 그런데 둑이 끊어지고 무너진다는 '무너질 궤(潰)'의 결궤(決潰)나, 끊어지고 나누어진다는 결렬(決裂)에서는 '끊어지다'는 의미이다. 죽고 사는 것을 가리지 않고 끝장을 내려고 덤벼드는 것을 사생결단(死生決斷)이라 하고, 싸움을 오래 끌지 않고 될 수 있는 대로 재빨리 싸워 싸움의 상황을 결정(決定)함을 속전속결(速戰速決)이라 하며, 회의에서 많은 사람의 의견에 따라 안건의 가부를 결정하는 일을 다수결(多數決)이라 한다. 민족자결(民族自決)은 한 민족이 다른 민족이나 국가의 간섭을 받지 않고 자신의 정치적 운명을 스스로 결정하는 일을 일컫는다.

裂(렬)자와 비슷한 글자

列 벌릴 렬
烈 매울 렬
例 법식 례
裝 꾸밀 장
袋 자루 대

렬(裂)은 '옷(衣)을 벌리면(列) 찢어진다'에서 나왔다고 볼 수 있고 '찢다' '터지다'는 의미를 지니고 있는데 피부에 입은 찢어진 상처인 '상처 상(傷)'의 열상(裂傷), 거북 등의 껍데기처럼 갈라져서 터진다는 '틀 균(龜)'의 균열(龜裂), 깨져서 갈라진다는 '깨뜨릴 파(破)'의 파열(破裂), 여러 갈래로 찢어지거나 흩어진다는 사분오열(四分五裂) 등에 쓰인다. 비슷한 글자로는 벌릴 렬(列), 매울 렬(烈), 법식 례(例), 꾸밀 장(裝), 자루 대(袋) 등이 있다. '결궤수어천인지제(決潰水於千刃之堤)'라는 말이 있다. 천 길이나 되는 높은 둑을 무너뜨리고 물을 터놓았다는 뜻으로 기세(氣勢)가 맹렬(猛烈)하여 당해 낼 수 없음을 일컫는 말이다.

결 식
缺 食

缺 · 모자랄 **결**

食 · 먹을 **식**(사)

춥고 배고프다는 말이 있고, 배부르고 등 따습다는 말이 있는 것을 보면 인간에게 필요하고 중요한 것은 숙식(宿食)이라는 생각을 해본다. 방학이 마냥 즐거울 수만은 없는 아이들이 있는데 학원을 삥삥 돌아야 하는 아이들과 결식(缺食) 아이들이 그들이다. 어른들의 생각 전환과 보살핌이 절대적으로 필요하다는 생각을 해본다.

살림이 어려워 끼니를 거름을 '빌 결(缺)' '먹을 식(食)'을 서서 결식(缺食)이라 하는데 먹는 것이 비었다는 의미이다. **'결(缺)'**은 '이지러지다' '흠 있다' '모자라다' '비다'는 의미로 많이 쓰인다. 근무처를 비웠다 해서 결근(缺勤)이고, 자리를 비웠다고 해서 결석(缺席)이다. 흠이 있어 완전하지 못함을 결함(缺陷)이라 하고, 정해진 인원에서 사람이 모자람을 결원(缺員)이라 한다. 마땅히 있어야 할 것이 모자라거나 없음을 결여(缺如)라 하고 잘못되거나 완전하지 못함을 결점(缺點)이라 한다.

성경(聖經)에 '너는 형제의 눈 속에 든 티는 보면서도 어

관련 어휘

• 결근
• 결석
• 결함
• 결원
• 결여
• 결점

째서 제 눈 속에 들어 있는 들보는 깨닫지 못하느냐?' 라고 쓰여 있고, '가장 나쁜 결점(缺點)은 결점을 모르는 것이다'는 격언도 있다. 파스칼은 '결함(缺陷)투성이로 있는 것도 하나의 악이지만 결함투성이이면서 그것을 인정하려고 하지 않는 것은 더 큰 악이다.'라 말하기도 하였다.

식(食)은 '먹다'와 '밥'이라는 의미로 쓰인다. 남의 집에 들러붙어 얻어먹고 지내는 사람을 식객(食客)이라 하고, 여러 가지 음식을 먹어 보는 일을 재미나 취미로 하는 일을 식도락(食道樂)이라 하며, 음식을 먹기 위한 모임을 회식(會食)이라 한다. 채소 반찬뿐인 음식을 소사(蔬食)라 하고, 청빈한 생활을 단사표음(簞食瓢飮)이라 하는데 이때의 '食'은 '밥'이라는 의미이고, '밥'과 '먹이다'는 의미로 쓰일 때의 '食'은 '사'로 발음한다.

'열흘 순(旬)'을 쓴 삼순구식(三旬九食)이라는 말이 있다. 한 달에 아홉 번 밥을 먹을 만큼 가난하다는 의미이다. 이집 저집 돌아다니며 빌어먹음을 문전걸식(門前乞食)이라 하고, 좋은 옷과 좋은 음식, 또는 잘 입고 잘 먹음을 호의호식(好衣好食)이라 한다. 약한 자는 강한 자에게 먹힌다는 뜻으로 생존경쟁(生存競爭)의 살벌함을 약육강식(弱肉强食)이라 한다.

남 발
濫 發

濫 · 넘칠 **람**
發 · 발표할 **발**

선거(選擧)에 이기기 위해 공약(公約)을 남발(濫發)하는 경우가 적지 않다. '넘칠 람(濫)' '발표할 발(發)'자의 남발(濫發)은 지나치고 넘치게 공포(公布)하거나 함부로 발표하는 것을 일컫는다.

'물 수(氵=水)'자에 '살필 감(監)'자가 합해진 **'넘칠 람(濫)'**은 '물(水)을 살펴야(監) 할 때는 넘칠(濫) 때이다'에서 나왔다고 추측해 볼 수 있다. 사물의 시작을 남상(濫觴)이라 하는데 이는 술잔이 넘친다는 뜻으로 중국의 양자강과 같은 큰 강도 술잔이 넘칠 정도의 작은 샘에서부터 시작되었다는 데에서 나왔다. 돈이나 물건이나 곡식 따위를 규정에서 벗어나게 함부로 징수함을 남징(濫徵)이라 하고, 나무를 함부로 베는 일을 남벌(濫伐)이라 한다. 정해진 규정이나 범위를 벗어나서 함부로 쓰거나 행사함을 남용(濫用)이라 하고, 법령 지폐 증서 따위를 함부로 공포하거나 발행하는 것을 남발(濫發)이라 하며, 짐승이나 물고기 등을 마구 잡는 일을 남획(濫獲)이라 한다.

 관련 어휘

• 남상
• 남징
• 남벌
• 남용
• 남발
• 남획

'피다' '쏘다' '떠나다' '보내다' '일어나다' '일으키다' '드러내다' '밝히다' 등 여러 의미를 지닌 **'발(發)'**은 생겨나고 일어난다는 의미의 발생(發生), 포탄을 쏜다는 발포(發砲), 물건이나 서류 같은 것을 부친다는 발송(發送), 새로운 일을 꾸며내어 일으킨다는 발기(發起), 전기를 일으킨다는 발전(發電), 인쇄하여 세상에 내놓는다는 발간(發刊), 슬기와 재능을 열어 깨우쳐 준다는 계발(啓發) 등이 그 예이다. 새싹이 나오는 일을 발아(發芽)라 하고 상여가 집에서 떠나는 일을 발인(發靷)이라 한다.

식물의 발아

한 번 닿기만 하여도 곧 폭발한다는 뜻으로 조그만 자극에도 큰 일이 벌어질 것 같은 아슬아슬한 상태를 일촉즉발(一觸卽發)이라 하고, 먼저 일을 발생시키면(시작하면) 다른 사람을 제압할 수 있음을 선발제인(先發制人)이라 하며, 죽은 사람이 다시 살아난다는 의미로 고목에서도 꽃이 피는 일을 고목발영(枯木發榮)이라 한다. 백 번 쏘아서 백 번 맞힌다는 의미로 무슨 일이든지 생각대로 들어맞음을 백발백중(百發百中)이라 하고, 분노를 일으켜서 먹는 일까지 잊어버리고 열심히 하는 것을 '발분망식(發憤忘食)'이라 한다.

축 구
蹴 球

蹴·찰 축
球·공 구

축구(蹴球)는 '찰 축(蹴)' '공 구(球)'로 공을 찬다는 의미이다. 그러기 때문에 '축구(蹴球)찬다'는 표현은 '역전(驛前) 앞'처럼 중복된 표현이기에 '축구하다'나 '공차다'로 표현하는 것이 옳다.

농구(籠球)는 '바구니 농(籠)'으로 바구니에 공을 넣는 경기이고, 배구(排球)는 '밀칠 배(排)'로 공을 밀쳐내는 경기이며, 탁구(卓球)는 '탁자 탁(卓)'으로 탁자 위에서 하는 공놀이이다. 야구(野球)는 '들 야(野)'로 들판에서 하는 공놀이이고, 태권도(跆拳道)는 '밟을 태(跆)' '주먹 권(拳)' '도 도(道)'로 발차기와 손놀림으로 도를 닦는 운동이다. 공을 피하는 경기라 해서 '피할 피(避)'의 피구(避球)이고 물에서 헤엄치기에 '물 수(水)' '헤엄칠 영(泳)'의 수영(水泳)이다. 나비처럼 헤엄친다 해서 '나비 접(蝶)'의 접영(蝶泳)이고, 등으로 헤엄친다 해서 '등 배(背)'의 배영(背泳)이다. 이어 달린다 해서 '이을 계(繼)'

관 련 어 휘

· 농구
· 배구
· 탁구
· 야구
· 태권도
· 피구
· 수영
· 접영
· 배영

'달릴 주(走)'의 계주(繼走)이고, 역(驛, 지정된 곳)에서 바통을 전(傳)해주면서 이어 달리기 때문에 역전(驛傳)마라톤이다.

오프사이드(offside)는 반칙(off) 쪽·위치(side)에 있었다는 의미이고, 페널티킥(penalty kick)은 벌칙(penalty)으로 차도록(kick)한다는 의미이며, 오버헤드킥(overhead kick)은 자기의 머리(head) 위(over)로 넘겨 차는 것을 가리킨다. 중심이 되는 심판이기에 주심(主審)이고 버금가는 심판이기에 '버금 부(副)'의 부심(副審)이다. 부심을 선심(線審)이라고도 하는데 '줄 선(線)'으로 줄에 관한 규칙 위반을 살피는 심판이라는 의미이다.

중국의 고전 『손자병법(孫子兵法)』에 '승패병가지상사(勝敗兵家之常事)'라 하였다. 승리와 패배는 싸움하는 집(운동선수)에게는 항상 있을 수 있는 일이라는 의미이다. 그리고 운동경기는 실수에 의해 승패가 결정되는 경우가 대부분이다. 누구라도 실수를 한다는 말이고, 실수를 비난하지 말아야 한다는 말이기도 하다. 잘했다고 박수 보내고 이겼다고 즐거워하는 것은 좋은 일이지만, 실수하고 패배하였다는 이유로 비난하고 미워하고 야단쳐서는 안 된다. 실수나 패배로 가장 힘든 사람은 선수 자신이라는 사실을 아는 현명함이 필요하다는 이야기이다.

競 · 나툴 경
輪 · 바퀴 륜

일정한 거리를 자전거를 타고 달려 빠르기를 겨루는 경기나 가장 빨리 달릴 것이라고 예상하는 자전거에 돈을 걸어 내기를 하는 오락을 '다툴 경(競)' '바퀴 륜(輪)'을 써서 경륜(競輪)이라 하는데 보통은 자전거 앞바퀴가 먼저 들어오는 것으로 순위를 가린다.

경(競)은 '다투다' '겨루다'는 의미로 재주나 운동 능력의 낫고 못함을 다툰다는 '재주 기(技)'의 경기(競技), 말을 타고 빨리 달리기를 겨루는 경기인 '말 마(馬)'의 경마(競馬) 등에 쓰인다. 대통령과 국회의원 선거 전에 각 당에서는 경선을 먼저 하는데 '다툴 경(競)'에 '뽑을 선(選)'을 쓴 '경선(競選)'은 글자 그대로 '겨룸을 통해 뽑는다'는 의미이다. 사겠다는 사람이 여럿 있을 때 값을 가장 많이 부르는 사람에게 파는 일을 '팔 매(賣)'를 써서

관련어휘

· 경기
· 경마
· 경선
· 경매
· 경쟁
· 경연

경매(競賣)라 하고, 같은 목적을 두고 서로 이기거나 앞서려는 다툼을 '다툴 쟁(爭)'을 써서 경쟁(競爭)이라 한다. 개인이나 단체가 모여 예술이나 기능 따위를 겨룸을 경연(競演)이라 하고, 둘 이상의 사람이나 단체 등이 거의 비등하게 서로 실력이나 승부를 겨루는 일을 경합(競合)이라 한다.

'수레 거(車)'에 '모일 륜(侖)'이 더해진 **'륜(輪)'**은 '바퀴'라는 의미 외에 '순서에 따라 교대로 돌다'와 '둘레'라는 의미로도 쓰인다. 올림픽 경기의 다른 이름인 오륜대회(五輪大會), 차례로 돌아간다는 '돌 회(廻)'의 윤회(輪廻), 돌아가는 차례인 '차례 번(番)'의 윤번(輪番), 회전하는 롤러 사이에 종이를 끼워 인쇄하는 기계인 '구를 전(轉)' '기계 기(機)'의 윤전기(輪轉機), 책이나 글을 여러 사람이 돌아가면서 읽는다는 윤독(輪讀), 테두리나 겉모양이나 사물의 대강을 일컫는 '울타리 곽(廓)'의 윤곽(輪廓) 등이 그 예이다. '재앙 화(禍)'의 윤화(輪禍)는 수레바퀴에 의하여 입은 모든 교통사고를 일컫고, '지을 작(作)'의 윤작(輪作)은 일정한 토지에 여러 작물을 순번으로 재배하는 것을 일컫는다. 수레바퀴가 끊임없이 구르는 것과 같이 중생이 번뇌와 업에 의하여 생사세계가 그치지 아니하고 돌고 도는 일을 윤회(輪廻)라 한다. 비슷한 글자에 모일 륜(侖), 인륜 륜(倫), 빠질 륜(淪), 논의할 론(論), 다스릴 륜(綸) 등이 있다.

輪(륜)자와 비슷한 글자

侖 모일 륜
倫 인륜 륜
淪 빠질 륜
論 논의할 론
綸 다스릴 륜

내 신 성 적
內 申 成 績

內 · 안 내

申 · 알릴 신

成 · 이룰 성

績 · 길쌈(공적) 적

'내신성적(內申成績)'. 결코 아름답지 않는 이름인데.......
'내신(內申)'은 '안 내(內)' '알릴 신(申)'으로 '안(內)에서 알리는(申) 내용'이라는 의미이고, '이룰 성(成)' '길쌈(성과,공적) 적(績)'의 성적(成績)은 '(성과를) 이루어 놓은 것'을 의미한다. 학생들이 다니고 있는 학교에서 치르는 시험 성적, 생활 태도, 출결 상황 등을 평가하여 종합한 내용이 내신성적(內申成績)이다. '내신(內申)'이 '남모르게 비밀스럽게 상신(上申)하거나 보고함'이라는 의미도 있기 때문에 진학이나 취직 등을 위하여 학업 성적이나 인물 평가 등을 적어 출신 학교에서 상급 학교나 회사 등에 보내는 보고서를 '내신서(內申書)'라 하기도 한다.

'바깥'이라는 의미의 '外'와 상대되는 '안'이라는 의미의 '內(내)'는 '나라 안' '대궐' '조정' '아내' '부녀자' 그리고 '드러나지 않음'이라는 의미로 쓰인다. 국가의 행정권을 담당하는 최고 기관을 내각(內閣)이라 하고, 나라 안이나 조정에서 일어나는 반란이나 소동을 '어지러울 란(亂)'을 써서 '내란(內亂)'이라 한다. 내부에서 저희들끼리 일으키는 분쟁은 '어지러울 분(紛)'의 내분(內

관련어휘

• 내신
• 내신서

• 내각
• 내란

紛) 또는 '어지러울 홍(訌)'의 내홍(內訌)이고, 바다에서 멀리 떨어진 지역은 '뭍 육(陸)'의 내륙(內陸)이다.

◀ 옛날 길쌈하는 모습

'績(적)'은 '길쌈 적' '공적 적'이다. 동식물의 섬유를 가공하여 실을 뽑는 일을 '실 뽑을 방(紡)'을 써서 방적(紡績)이라 하고, 공로의 실적 그러니까 수고한 보람을 '공로 공(功)'을 써서 공적(功績)이라 하며, 어떤 일에서 이룬 실제의 공적이나 업적을 '열매 실(實)'을 써서 실적(實績)이라 한다. '糸'가 들어 간 글자는 '실'과 관계가 있는데 '실 사(絲)' '맺을 결(結)' '이을 계(繼)' '종이 지(紙)' '가늘 세(細)' '짤 조(組)'가 그 예이다.

내신(內申)과 수능(修能)과 논술(論述)을 따로따로 준비해야 하는 것으로 알고 있는 사람들이 많은데 사실은 그 실력이 그 실력이기에 하나를 잘 하면 다른 것 역시 잘 할 수 있다. 또 공부가 중요한 것은 맞지만 행복을 만들어주는 것은 아니고, 공부만 중요한 것이 아니라는 사실도 분명히 알 필요가 있다.

점 심
點 心

點 · 점찍을 **점**

心 · 마음 **심**

동양에서는 농경문화의 특성으로 하루에 서너 번 식사하는 것이 보통이었으며 서양과 달리 아침을 주된 식사로 삼고 점심과 저녁은 가볍게 먹는 것이 일반적이었다. 낮에 먹는 끼니인 '점심(點心)'이라는 말은 '점찍을 점(點)'자와 '마음 심(心)'자로 '먹을 것이 많지 않으니 마음(心)에 점(點)을 찍듯이 가볍게 먹는 음식이란 의미이며, 중국에서 만든 단어이다.

점(點) 역시 다양한 의미로 쓰이지만 모두 '점찍다'는 의미에서 파생되었다. 점을 찍어가면서 검사한다 해서 '검사할 검(檢)'의 '점검(點檢)'이고, 심지에 점찍듯이 불을 붙인다고 해서 '등불 등(燈)'의 점등(點燈), '불 화(火)'의 점화(點火)이며, 점찍듯이 일일이 부른다 해서 '부를 호(呼)'의 점호(點呼)이다. 가장 요긴한 부분을 마치어 일을 끝냄을 '화룡점정(畵龍點睛)'이라 하는데 '그림 그릴 화(畵)' '용 용(龍)' '눈동자 정(睛)'으로, 용을 그릴 때에 마지막에 눈을 점찍어서 완성시켰다는 데에서 나온 말이다. 또한 '점(點)'은 '동양화 다섯 점'처럼 물건의 개수를 나타내기도 하고, '시내버스 종점'처럼 장소를 나타

관련어휘

· 점검
· 점등
· 점화
· 점호
· 화룡점정

내기도 한다.

心(심)도 '마음'이라는 의미만 있는 것이 아니다. 물론 심경(心境) 심정(心情)에서처럼 '마음'이라는 의미로 많이 쓰이지만, 심장(心臟)에서는 신체의 일부분으로서 '염통'이라는 의미이고, 도심(都心) 중심(中心) 호심(湖心)에서는 '가운데'라는 의미이다. 마음속에 생긴 인상을 '모양 상(象)'을 써서 심상(心象)이라 하고, 정신과 육체의 모든 것이라는 의미로 최대의 정성(精誠)과 정력(精力)을 '피 혈(血)'을 써서 심혈(心血)이라 한다. '인면수심 (人面獸心)'이라는 말이 있다. '얼굴 면(面)' '짐승 수(獸)'로 얼굴은 사람의 모습을 하였으나 마음은 짐승과 같다는 뜻으로 남의 은혜를 모르거나 마음이 몹시 흉악함을 일컫는 말이다. '견물생심(見物生心)'은 물건을 보면 욕심이 생기게 된다는 인간의 속성을 일컫는다.

▲ 군대의 내부반 점호

마음과 마음이 서로 통함을 '서로 상(相)' '도장 찍을 인 (印)'을 써서 '심심상인(心心相印)'이라 하는데 마음과 마음이 서로 도장 찍었다는 의미이다. '써 이(以)' '전할 전 (傳)'을 쓴 이심전심(以心傳心)은 '마음으로써 마음을 전한다'는 의미이다. '심자형지군(心者形之君)'이라는 말이 있다. 마음이라는 것이 모양 있는 것(육체)의 임금이 된다는 의미로 어떤 일에 있어서나 마음이 중요하다는 이야기이다.

잠 언
箴 言

箴 · 경계할 **잠**

言 · 말씀 **언**

사람이 살아가는 데 교훈이 되고 경계가 되는 짧은 말을 '경계할 잠(箴)' '말씀 언(言)'을 써서 잠언(箴言)이라 하는데 경계로 삼는데 도움이 되는 말이라는 의미이다. 원래는 구약성서(舊約聖書) 중의 한 권으로 고대 이스라

엘 사람들 사이에서 전해지던 여러 가지 교훈과 격언을 모아 총 31장으로 편집해서 만든

구약성서의 잠언편 ▶

책 이름이었다. 전체적으로 인간에게 지혜를 얻게 하는 것을 목적으로 하고 있으며 단순한 인생 교훈집을 초월한 종교사상의 특색이 엿보이는 책이다.

인간을 '언어적 동물'이라 정의하는 만큼 '말'은 우리와 매우 밀접한 관계를 맺고 있기에 '언(言)'은 매우 많이 쓰이고 있다. 말의 길이 끊어졌다는 의미로 어이가 없어 말이 나오지 않을 지경을 일컫는 '말씀 어(語)' '길 도(道)' '끊을 단(斷)'의 언어도단(言語道斷), 말과 행동이 서로 일치한다는 '행동 행(行)' '이를 치(致)'의 언행일치(言

관련 어휘

• 언어도단
• 언행일치

行一致), 남의 비위를 맞추기 위한 달콤한 말과 이로운 조건들만 들어 그럴듯하게 꾸민 말인 '달 감(甘)' '이로울 이(利)'의 감언이설(甘言利說), 듣기에는 쓰지만(거슬리지만) 사실은 유익한 충고의 말이라는 '쓸 고(苦)'의 고언(苦言), 말을 먹어 버린다는 의미로 약속한 말을 지키지 않는 일인 '먹을 식(食)'의 식언(食言) 등이 그것이다. '불언장단(不言長短)'이라고 하였는데 남의 장점(長點)과 단점(短點)을 말하지 않아야 한다는 의미이다. 했던 말을 되풀이 하는 것을 '겹칠 중(重)' '다시 부(復)'를 써서 중언부언(重言復言)이라 한다.

잠언집(箴言集)에는 '진보는 노력에 의해 얻어진다.' '말하기는 쉽고 행동하기는 어렵다'와 같이 평범한 진리도 있고, '눈물 속에는 감쪽같이 남을 속이고 나서 한참 지난 뒤에 곧잘 자신마저 속이는 것이 있다'와 같이 인간 관찰의 예리성을 보여 주는 내용도 있으며, '늙는 방법을 아는 사람은 거의 없다'나 '태양도 죽음도 직시할 수 없다'와 같이 인간의 한계를 냉철하게 꿰뚫어 보는 통찰력(洞察力)을 제시한 내용도 있다. '밤이 깊을수록 별은 더욱 빛난다는 사실보다 더 따뜻한 위로는 없습니다' '우리는 누군가의 제자이면서 동시에 누군가의 스승으로 살아갑니다.'는 신영복 교수님의 말씀도 잠언이 될 수 있을 것이다.

배 수 진
背 水 陣

配 · 등 배
水 · 물 수
陣 · 진칠 진

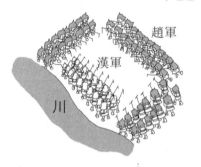

▲ 배수의 진

어떤 일에 실패하면 다시는 일어설 수 없다는 마음을 가지고 죽기 살기로 덤비는 모습을 '배수진(背水陣)을 쳤다'라고 한다. '등 배(配)' '물 수(水)' '진칠 신(陣)'의 배수진은 물을 등지고 진을 친다는 의미로 적을 상대할 때에 절대로 후퇴할 수 없도록 만든 결사(決死)의 태세를 말하는데 조나라를 공격하였던 한신(韓信)의 전략(戰略)이었다고 한다. 당시 한신은 '병법(兵法)에 죽을 땅에 빠뜨려 두어야 사는 길이 있다고 하지 않았던가? 그리고 우리 군사는 아직 오합지졸(烏合之卒)이다. 이들을 결사적으로 싸우게 하려면 죽을 곳을 뒤에 두지 않으면 안 된다.'라고 하였다 한다. 강을 등지고 진을 친 상태에서 싸우다가 한 발짝이라도 물러서게 되면 강물에 빠져 죽게 되기 때문에 열심히 싸울 수밖에 없어 승리할 확률이 높다는 말이었다.

관련어휘

· 배후
· 배경

등 배(背)라 하였다. 뒤쪽 또는 사건 따위의 표면에 드러나지 않는 부분을 '배후(背後)'라 하고, 뒤쪽의 경치 또는 뒤에서 돌보아 주는 힘을 '배경(背景)'이라 한다.

▲ 배영

물건을 담아서 등에 질 수 있도록 헝겊이나 가죽 따위로 네모지게 만든 주머니를 '주머니 낭(囊)'을 써서 배낭(背囊)이라 하고, 수면에 대고 누워서 치는 헤엄을 '헤엄칠 영(泳)'을 써서 배영(背泳)이라 한다.

배(背)는 '배반하다'는 의미로도 쓰인다. 신의(信義)를 저버리고 돌아서는 것을 '배반할 반(叛)'을 써서 배반(背叛)이라 하고, 은혜를 배반하고 덕스러움을 잊어버리는 것을 '은혜 은(恩)' '잊을 망(忘)' '덕 덕(德)'을 써서 배은망덕(背恩忘德)이라 한다. 자기가 맡은 임무를 저버리는 것을 배임(背任)이라 하고, 어떤 대상에 대하여 믿음과 의리를 저버림을 '믿을 신(信)'을 써서 배신(背信)이라 한다. 겉으로는 순종하는 체하고 속으로는 딴 마음을 먹음을 '면종복배(面從腹背)'라 하는데 '얼굴을 보고서는 복종하는 체하고 배(속)로는 배반한다'는 의미이다. 두 가지 규율이 서로 반대된다는 뜻으로 서로 모순되어 양립할 수 없는 두 개의 명제를 '이율배반(二律背反)'이라 한다.

『장자』에 '수지적야불후 즉부대주야무력(水之積也不厚 則負大舟也無力)'이라는 말이 있다. 물이 모인 곳이 두텁지 않으면 곧 큰 배를 띄울 만큼 힘이 없다는 의미로 충분한 학문과 수양을 쌓지 아니하면 중요한 임무를 맡아 큰일을 할 수 없다는 이야기이다.

국 치 일
國 恥 日

國 · 나라 **국**

恥 · 부끄러울 **치**

日 · 날 **일**

1910년 8월 29일, 일본의 강압(强壓)에 의해 한국의 통치권(統治權)을 일본에 넘겨주고 합병을 수락(受諾)한다는 전문 8개조로 된 한일합병조약(韓日合併條約)이 발표되었는데 역사는 이날을 국치일(國恥日)이라 한다. 한일합방(韓日合邦)을 당한 나라의 부끄러운 날이라는 의미이다. '합할 합(合)' '나라 방(邦)'의 합방(合邦)은 나라를 합하였다는 말이다. 이 해가 경술년(庚戌年)이었기에 경술국치(庚戌國恥)라고도 한다.

나라 국(國)은 나라의 기록인 '기록할 기(記)'의 국기(國記), 나라의 기초인 '기초 기(基)'의 국기(國基), 한 나라를 상징하는 깃발인 '깃발 기(旗)'의 국기(國旗), 나라의 보배인 '보배 보(寶)'의 국보(國寶), 나라에서 경영한다는 국영(國營), 나라의 재난인 국난(國難), 나라가 태평(泰平)하고 국민의 생활이 평안하다는 국태민안(國泰民安), 충성을 다하여 나라의 은혜를 갚는다는 '다할 진(盡)' '충성 충(忠)' '보답할 보(報)'의 진충보국(盡忠報國) 등에 쓰인다.

관 련 어 휘

• 국기
• 국기
• 국기

• 국보
• 국영
• 국난
• 국태민안
• 진충보국

국가가 옳다고 내세운 정책상의 기본 방향을 '옳을 시(是)'를 써서 국시(國是)라 하고, 국가 소유의 현금을 관리하는 기관을 '창고 고(庫)'를 써서 국고(國庫)라 하며, 나라의 귀한 손님으로 우대를 받는 외국 사람을 '손님 빈(賓)'을 써서 국빈(國賓)이라 한다. 국수주의(國粹主義)에 빠져서는 안 된다는 말을 하는데 '순수할 수(粹)'를 쓴 국수주의는 자기 나라의 전통적 순수성(특수성)만을 가장 우수한 것으로 믿는 배타적(排他的)이고 보수적(保守的)인 생각을 일컫는다.

일(日)은 '날' '해' '낮' 그리고 '일본(日本)'의 의미로 쓰인다. 날마다 일정하게 하는 일의 과정인 '과정 과(課)'의 일과(日課), 날마다 나아가고 달마다 넓혀간다는 의미로 자라거나 발전해 간다는 '나아갈 취(就)' '달 월(月)' '넓힐 장(張)'의 일취월장(日就月將), 하루를 단위로 계산하여 주는 보수인 '줄 급(給)'의 일급(日給)에서는 '날'이라는 의미이지만, 햇빛의 다른 이름인 '빛 광(光)'의 일광(日光), 달이 일광(日光)을 좀먹어버리는(가로막는) '좀먹을 식(蝕)'의 일식(日蝕), 해가 지는 일인 '빠질 몰(沒)'의 일몰(日沒)에서는 '태양'이라는 의미이다. 일어(日語) 일식(日食) 일인(日人) 등에서의 '일(日)'은 '일본'이라는 의미이다.

▲ 경술국치 한일병합조약 문서

▲ 국보1호 숭례문

경 조 사
慶弔事

慶 · 경사로울 **경**

弔 · 조문할 **조**

事 · 일 **사**

우리 사회의 바로잡아야 할 문화 중 하나는 경조문화(慶弔文化)이다. 신랑 신부의 얼굴 한 번 본 적이 없으면서 그 먼 길을 오가다니. 망인(亡人)의 이름조차도 모르는 사람이 4시간 5시간의 밤길을 오고 가다니. 잘못 되어도 엄청 잘못된, 빠른 시일 내에 바로잡아야 할 문화임이 분명하지 않는가?

'문화(文化)'는 자연 상태에서 벗어나 일정한 목적 또는 생활 이상을 실현하고자 사회 구성원에 의하여 습득, 공유, 전달되는 행동 양식이나 생활양식의 과정 및 그 과정에서 이루어 낸 물질적·정신적 소득을 통틀어 일컫는데 의식주를 비롯하여 언어, 풍습, 종교, 학문, 예술, 제도 따위를 모두 포함한다. 그렇기 때문에 '경사 경(慶)' '조상할 조(弔)' '일 사(事)'의 경조사(慶弔事)는 경사스러운 일과 불행한 일을 당했을 때의 인간의 활동이라는 의미이다.

축하할 만한 기쁜 일을 경사(慶事)라 하고, 경사로운 일에 대하여 기쁜 뜻을 드러냄을 경하(慶賀)라 하며, 슬픈 일과

관련어휘

· 경조문화

· 경사
· 경하

322

기쁜 일을 아울러 애경사(哀慶事)라 한다. '적선지가필유여경(積善之家必有餘慶)'이라는 말이 있다. 착함을 쌓는 집에는 반드시 경사스러운 일이 있다는 의미이다.

'조상하다' '위문하다'는 의미의 **조(弔)**는 죽은 이를 애도하는 마음인 '뜻 의(意)'의 조의(弔意), 상가(喪家)에 가서 위문한다는 '방문할 문(問)'의 조문(弔問), 조상(弔喪)하는 뜻으로 바친 꽃인 조화(弔花) 등에 쓰인다. 죽은 이를 조상하고 유족을 위문하는 뜻으로 내는 돈을 '위로할 위(慰)'를 써서 조위금(弔慰金)이라 하고, 부러뜨린 바늘에 대한 작자의 슬픈 심회를 제문(祭文) 형식으로 쓴 글을 '바늘 침(針)'을 써서 조침문(弔針文)이라 한다. 양쪽 언덕에 줄을 건너질러 거기에 의지하여 매달아 놓은 다리를 조교(弔橋)라 하는데 이때의 조(弔)는 '매달다'는 의미이다. 비슷한 글자에 활 궁(弓), 아니 불(弗), 아우 제(弟), 이를 조(早)가 있다.

중국 주나라 때의 유학자 순자(荀子)는 '경자재당조자재려(慶者在堂弔者在閭)'라는 말이 있다. 경사스러운 일을 축하하는 사람이 집에 있는데 그때 이미 슬픈 일을 위문하려는 사람이 동네 문 앞에 있다는 뜻으로 행복 뒤에는 재화(災禍)가 따를 수 있는 경우가 많기 때문에 항상 조심해야 한다는 이야기이다.

방 침
方 針

方 · 방향 방
針 · 바늘 침

경영 방침(經營 方針)이 좋았노라 하고, 행동 방침을 잘 세우는 일이 필요하다고도 하며, 영업 방침(營業 方針)의 잘못 때문이라는 말도 듣는다. 무슨 일을 처리해 나가는 계획과 방향을 '방침(方針)'이라 하는데 '방향 방(方)' '바늘 침(針)'으로 '방향을 가리키는 바늘'이라는 의미이다.

흔히 '모 방'이라 일컫는 **방(方)**은 '네모'라는 의미로만 쓰이는 것은 아니다. 방위(方位)에서는 '방향', 근방(近方)에서는 '장소', 방안(方案)에서는 '방법', 방정(方正)에서는 '바르다', 방금(方今)에서는 '바야흐로'라는 의미이다. 도표나 도안을 그리는 데 쓰는 모눈종이를 '방안지(方眼紙)'라 하는데 이는 '네모진 눈들이 그려져 있는 종이'라는 의미이다.

침(針)은 '옷을 꿰매는 데 사용하는 바늘'이라는 의미와 '한방에서 혈(穴)을 찔러 병을 다스리는 데 쓰는 바늘'이라는 의미로 함께 쓰이는데 '병을 다스리는 데 쓰는 바늘'이라는 의미로 쓰일 때에는 '鍼(침 침)'으로 쓰

관련어휘

· 방위
· 근방
· 방안
· 방정
· 방금
· 방안지

는 것이 일반적이다. 침질과 뜸질을 침구(鍼灸)라 하고, 바늘과 실 또는 바느질을 침선(針線)이라 한다. 벌이나 개미 등이 독액을 쏘아 넣는 기관 또는 남을 해치기 위하여 독을 바른 바늘이나 침을 독침(毒針)이라 한다. 바늘 만한 작은 것을 몽둥이만 하다고 이야기한다는 뜻으로 '심하게 과장하여 말함'을 '몽둥이 봉(棒)'을 써서 침소봉대(針小棒大)라 하고, 도끼를 갈아 바늘을 만든다는 뜻으로 아무리 이루기 힘든 일도 끊임없는 노력하면 성공할 수 있음을 '갈 마(磨)' '도끼 부(斧)' '만들 위(爲)'를 써서 마부위침(磨斧爲針)이라 한다.

중국 당나라의 의학자 손사막(孫思邈 581~682)의 『당서, 은일열전(唐書, 隱逸列傳)』에 '지욕원이행욕방(智欲圓而行欲方)'이라는 말이 있다. 지혜나 지식은 원만하게 둥글둥글 만사에 응할 수 있기를 원하고 행동은 모가 지게 반듯하고 엄격하여 예(禮)에 합당하기를 바란다는 의미로, 둥글고 모난 것이 아울러 필요함을 이야기할 때에 쓴다. 또한 『논어』에서 '방장부절(方長不折)'이라 하였다. '바야흐로 방(方)' '자라날 장(長)' '아니 부(不)' '꺾을 절(折)'로 바야흐로 자라나는 초목을 꺾지 아니한다는 의미로 전도(前途)가 양양(洋洋)한 사람이나 사업에는 훼방을 놓아서는 안 된다는 이야기이다.

월 권
越 權

越 · 넘을 **월**
權 · 권리 **권**

자기 권한 밖의 일에 간여하여 남의 직권을 침범하는 행위를 월권행위(越權行爲)라 하는데 '넘을 월(越)' '권리 권(權)'의 월권(越權)은 자기 권리를 뛰어넘는 행동을 하였다는 의미이다.

월(越)은 '넘다' '건너다' '넘치다' 그리고 '뛰어나다'는 의미를 지닌다. 겨울을 넘긴다는 '겨울 동(冬)'의 월동(越冬)이나 경계(국경)를 넘는다는 '경계 경(境)'의 월경(越境)에서는 '넘다'는 의미이지만, 평균을 뛰어넘는다는 의미로 정도의 차이가 대단히 크다는 '등급 등(等)'의 월등(越等), 남보다 뛰어나게 낫다는 '뛰어날 우(優)'의 우월(優越), 남보다 훨씬 뛰어나다는 '뛰어날 탁(卓)'의 탁월(卓越)에서는 '뛰어나다'는 의미인 것이다. 겨울철을 잘 뛰어넘기(지내기) 위한 준비를 월동준비(越冬準備)라 한다.

▲ 수목의 월동준비

🏠 관련어휘

• 월권행위

• 월동
• 월경
• 월등
• 우월
• 탁월
• 월동준비

권세 있는 집안을 '가문 문(門)' '세력 세(勢)'를 써서 권세 있는 가문, 세력 있는 집안이라는 의미로 '권문세가(權門勢家)'라 하고, 권력과 위엄을 '위엄 위(威)'를 써서 권위(權威)라 하며, 단체나 국가 등을 대표하여 맡겨진 일을 처리할 수 있는 일체의 권한을 '모두 전(全)'을 써서 전권(全權)이라 한다. 하늘이 선천적으로 평등하게 부여한(준) 인간의 권리를 '줄 부(賦)'를 써서 천부인권(天賦人權)이라 하고, 외국에 있으면서 그 나라의 법률 작용을 받지 않고 자기 나라의 주권을 행사할 수 있는 권리를 통치권 밖의 법 적용을 받을 권리라는 의미로 '다스릴 치(治)'를 써서 치외법권(治外法權)이라 한다. 목적을 위해 남을 교묘하게 속이는 권세(權勢)나 모략(謀略)이나 술수(術數)를 '술책 모(謀)' '꾀 술(術)' '계산할 수(數)'를 써서 '권모술수(權謀術數)'라 한다.

『채근담』에 '권귀용양 영웅호전 이냉안시지 여의취전 여승경혈(權貴龍驤 英雄虎戰 以冷眼視之 如蟻聚羶 如蠅競血)'이라는 말이 나온다. 권세 있는 자가 서로 겨루고 영웅호걸이 으르렁거리는 것도 냉정한 눈으로 보면 개미가 비린 것에 모이는 것이나 파리가 다투어 피를 빠는 것과 같다는 의미이다.

양복
洋服

洋 · 서양 **양**

服 · 옷 **복**

양복 입은 개화파 정객들 ▶

양복(洋服)은 '서양 양(洋)' '옷 복(服)'으로 서양식의 남자 옷을 가리키는데, 오늘날 전 세계의 남성들이 입는 신사복은 모더니즘의 산물이고 시각적으로 강력한 남성의 힘을 상징하기 위하여 만들어졌다고 한다. 우리나라에서 양복의 착용(着用)은 1900년 칙령(勅令)으로, 문관 대례복제를 고쳐 관복(官服)으로 입은 것에서 비롯되었다고 한다. 국내 최초의 양복쟁이는 일본에서 양복을 입은 개화파 정객(政客)들이었다. 서양식 여자옷을 '꾸밀 장(裝)'을 써서 양장(洋裝)이라 하고, 한국 고유의 의복을 '한국 한(韓)'을 써서 한복(韓服)이라 한다.

양(洋)은 대양(大洋) 태평양(太平洋) 원양어업(遠洋漁業)에서는 '큰 바다'라는 의미이지만 실생활에서는 '서양'이라는 의미로 더 많이 쓰인다. 서양식으로 지은 집이라 해서 '집 옥(屋)'의 양옥(洋屋)이고, 서양 요리의 영향을 받은 음식이나 식사라 해서 '음식 식(食)'의 양식(洋食)

관련 어휘

• 양장
• 한복

• 대양
• 태평양
• 원양어업

• 양옥
• 양식

이며, 서양에서 나온 술이라서 '술 주(酒)'의 양주(洋酒)이다. 안팎에 주석을 입힌 얇은 철판을 '쇠 철(鐵)'을 써서 양철(洋鐵)이라 하는 이유도 '서양에서 온 쇠'이기 때문이고, '버선 말(襪)'을 쓴 양말(洋襪)도 '서양에서 온 버선'이기 때문이다. 양배추, 양동이, 양상추, 양파, 양탄자 등에서의 '양' 역시 '서양'이라는 의미이다. 서양식 활쏘기를 양궁(洋弓)이라 하고, 정통 서양요리가 아닌 가벼운 서양식 음식(햄버그스테이크, 오므라이스, 돈가스, 하이라이스 등)을 경양식(輕洋食)이라 하며, 서양식 집을 양옥(洋屋)이라 한다. 걸터앉아서 대변을 보도록 만든 수세식(水洗式) 서양 변기를 양변기(洋便器)라 한다.

대표적인 제약회사인 유한양행처럼 과거에는 회사 이름에 '양행(洋行)'이라는 이름이 많이 붙여졌는데 이때의 '행(行)'은 '가다'는 의미가 아니라 '은행(銀行)'에서처럼 '상점'이라는 의미이다. '전도(前途)가 양양(洋洋)하다'라는 말을 듣는 경우가 있는데 이는 앞으로 뻗어나갈 길이 '바다처럼 넓다'는 의미이다.

중국 노나라의 좌구명(左丘明)이 지은 『좌전(左傳)』에 보면 '복지불충 신지재야(服之不衷身之災也)'라는 말이 나온다. 옷이 가운데 있지 않으면(몸에 맞지 않으면) 몸이 재난을 당할 것이라는 의미로 합당하고 알맞은 옷을 입지 않고 자기의 분수에 전혀 맞지 않게 생활하는 것은 재앙을 자초하는 것이나 다름없다는 이야기이다.

경 기 전
慶 基 殿

慶 · 경사 **경**

基 · 터 **기**

殿 · 집 **전**

전주 한옥마을을 둘러볼 때마다 더 잘 가꾸고 보존해서 다시 오고 싶은 관광 명소가 되도록 노력해야 한다는 생각을 해보곤 한다. 한옥마을에서 빼놓을 수 없는 곳인 경기전은 '경사 경(慶)' '터 기(基)' '집 전(殿)'으로 조선왕조 경사(慶事)로운 일의 터를 잡았던 집이라는 의미인데, 조선을 건국한 태조 이성계의 영정을 봉안한 곳이다. 태종 10년인 1410년 창건되었고, 당시에는 어용전(御容殿)이라는 이름으로 지어졌는데 세종 24년에 경기전(慶基殿)으로 개칭(改稱)하였다고 한다.

축하할 만한 기쁜 일이라는 의미를 지니고 있는 '**경(慶)**'은 경사스러운 잔치인 경연(慶宴), 경사스러운 일에 대하여 기쁜 뜻을 표한다는 경하(慶賀), 경사스러운 일과 궂은일을 아울러 이르는 경조사(慶弔事) 등에 쓰인다. 경사스럽게 여겨 기뻐하고 축하함을 경축(慶祝)이라 하고, 나라의 경사를 축하하기 위하여 국가에서 법률로 정해 놓은 날을 국경일(國慶日)이라 하는데, 우리나라에는 3.1절(3월 1일), 제헌절(7월 17일), 광복절(8월 15일), 개천절(10월 3일), 한글날(10월 9일), 제헌절(7월 17일)이 국경일

관련 어휘

· 경연
· 경하
· 경조사
· 경축
· 국경일

- 기금
- 기지
- 기조
- 기단
- 기본권

- 전당
- 내전
- 영전
- 어전

- 적선여경
- 기간산업
- 전하

▲ 전주 한옥마을 내 경기전
사적 제339호

로 지정되어 있다.

기(基)는 '토대' '터전' '근본' 등의 의미로 쓰인다. 어떤 사업이나 계획을 위하여 적립하거나 준비하여 두는 자금을 기금(基金)이라 하고, 군대나 탐험대 따위의 활동의 기점이 되는 근거지를 기지(基地)라 하며, 작품 행동 사상 등의 바탕에 깔려 있는 주된 흐름이나 방향을 기조(基調)라 한다. 건축물이나 비석 따위의 기초가 되는 단을 기단(基壇)이라 하고, 인간이 태어날 때부터 가지고 있는 기본적인 권리를 기본권(基本權)이라 한다.

전(殿)은 궁성(宮城)이나 불각(佛閣) 등 커다란 집을 일컫는다. 신불(神佛)을 모시는 집, 또는 크고 화려한 집, 또는 어떤 분야에 있어서 가장 권위 있는 기관을 일컫는 전당(殿堂)이나, 왕비(王妃)를 높이어 일컫는 내전(內殿), 혼령을 모신 사당인 영전(靈殿), 임금이 있는 곳인 어전(御殿) 등에 쓰인다.

'적선여경(積善餘慶)'이라는 말이 있는데 선(善)을 쌓으면(積) 경사스러움(慶)이 남아돈다(餘)는 의미이다. 시멘트 철강 전력 등 한 나라 산업의 바탕이 되는 주요 산업을 '기간산업(基幹産業)'이라 하고 왕족을 높이어 '전하(殿下)'라 한다. '지금 저는 당신이 있는 대궐 아래에 있습니다.'라는 뜻이다.

한 시 적
限 時 的

限 · 한계 **한**

時 · 시간 **시**

的 · 어조사 **적**

여야(與野)가 한시적으로 국회를 열기로 합의를 도출하였다 하고, 어떤 단체가 한시적으로 활동을 중단하였다고도 하며, 어떠한 제도가 한시적으로 운영된다고도 한다. '한정할 한(限)' '시간 시(時)' '어조사 적(的)'의 한시적(限時的)은 시간이 한정(限定)되어 있다는 의미이다.

한(限)은 '한계' '한정하다'는 의미이다. 정하여 놓은 범위를 '한계(限界)'라 하고, 사물을 제한하여 정함을 '한정(限定)', 사물이 더 이상 나아갈 수 없는 한계를 '극한(極限)'이라 한다. 더 이상 올라갈 수 없는 가장 위쪽의 한계선을 상한선(上限線)이라 하고, 제한하여 정해짐이 없음을 무한정(無限定)이라 하며, 한없이 크거나 많음을 무한대(無限大)라 한다. 일정하게 정한 시기가 없음을 무기한(無期限)이라 하고, 정해진 범위나 한계가 없음을 무제한(無制限)이라 하며, 개별 종목의 주가가 하루에 오를 수 있는 최고 한도의 가격을 상한가(上限價)라 한다.

시(時)는 당면한 국내 및 국제적인 정세(政勢)를 일컫는 시국(時局), 한 시대의 여론(輿論)인 시론(時論), 일이나 상

관련 어휘

• 한계
• 한정
• 극한
• 상한선
• 무한정
• 무한대
• 무기한
• 무제한
• 상한가

태 등을 때때로 알리는 일이나 라디오나 텔레비전에서 표준 시각을 알리는 일인 시보(時報), 때가 절박하여 몹시 급하다는 시급(時急), 어떤 때의 형세, 세상의 형편, 어떤 때의 물건값이라는 시세(時勢), 하늘의 도움이 있는 시기인 천시(天時), 뜻하지 아니한 때인 불시(不時), 자꾸자꾸 시간 가는 대로라는 시시각각(時時刻刻), 이것도 한때요 저것도 한때라는 의미로 이때 한 일과 저때 한 일이 서로 사정이 다르다는 차일시피일시(此一時彼一時) 등에서처럼 대부분 '때' '시각'이라는 의미로 쓰이지만, 한 시간에 달리는 속도를 일컫는 시속(時速)이나 시간을 가리키는 바늘인 시침(時針)에서는 '시간'이라는 의미이다.

『사기(史記)』 회음후열전(淮陰侯列傳)에 보면 '시자난득이이실(時者難得而易失)'이라는 말이 있다. 좋은 때(기회)는 얻기는 어려우나 잃기는 쉽다는 의미이다. 또 『孟子(맹자)』에 '천시불여지리(天時不如地利)'라는 말도 있다. 하늘의 때는 지형이 주는 이익만 같지 못하다는 뜻으로 전쟁을 함에 있어 설령 때가 아군(我軍)에게 유리하다고 할지라도 적(敵)이 유리한 지형을 차지하고 있으면 승리하기 어렵다는 말이다.

신 승
辛 勝

辛 · 매울 **신**

勝 · 이길 **승**

신승(辛勝)을 거두었다 하고 낙승(樂勝)을 거두었다고도 한다. '매울 신(辛)' '이길 승(勝)'의 신승(辛勝)은 맵게 이겼다는 의미로 힘들게 이겼다는 말이고 '즐거울 락(樂)'의 낙승(樂勝)은 즐겁게 이겼다는 의미로 큰 점수 차이로 쉽게 이겼다는 말이다. 승승장구(乘勝長驅)는 '탈 승(乘)' '이길 승(勝)' '길 장(長)' '달릴 구(驅)'로 이기는 기운을 타고 오래 달린다는 의미로 경기에 지지 않고 계속 이겨나간다는 말이다. 선수나 팀이 일취월장(日就月將)하고 있다고도 하는데 '나아갈 취(就)' '넓힐 장(張)'으로 날마다 앞으로 나아가고 달마다 힘을 넓혀간다는 의미이다.

복병(伏兵)을 만났다고 하는데 '숨을(엎드릴) 복(伏)' '병사 병(兵)'의 복병은 숨어 있어서 잘 알려지지 않았던 선수나 팀을 가리키고, 맹활약을 하였다는 말은 '사나울 맹(猛)'으로 사납게 활약하였다는 의미이다. 선전(善戰)을 다짐하였다고도 하는데 '높을 선(善)' '싸울 전(戰)'으로 높은 수준의 싸움이라는 의미이고, 주전(主戰)은 '주인 주(主)' '싸울 전(戰)'으로 주인이 되어 싸우는(경기하는)

관련 어휘

• 낙승
• 승승장구
• 일취월장

• 복병
• 선전
• 주전

선수를 가리킨다.

넓은 벌판에서 하는 공놀이이기에 '들 야(野)' '공 구
(球)'의 야구(野球)이고, 던지는 선수이니까 '던질 투(投)'
'사람 수(手)'의 투수(投手)이며, 공을 사로잡는 선수이니
까 '사로잡을 포(捕)'의 포수(捕手)이다. 야구에서 본루, 1
루, 2루, 3루를 연결한 선의 안쪽을 내야(內野)라 하고,
내야 밖을 외야(外野)라 하며, 내야에서 공을 잡는 선수
이기에 내야수(內野手)이고, 외야에서 공을 받는 선수이
기에 외야수(外野手)이다. 안전하게 갈 수 있도록 쳤다
해서 '안전할 안(安)'의 안타(安打)이고, 잘 치지 못하고
평범하게 쳤다 해서 '평범할 범(凡)'의 범타(凡打)이며,
Home(본루)까지 뛸 수 있게 쳤다 해서 홈런(Home Run)
이다. 타자(打者)가 세 번 떨었다(무서워했다) 해서 '떨 진
(振)'의 삼진(三振)이고, 루(壘)를 도둑질했다 해서 '도둑
질 할 도(盜)'의 도루(盜壘)이며, 함께 죽었다 해서 '함께
병(並)'의 병살(並殺)이다.

'신라면'의 '신'도 '신 맛'의 '신'이 아니라 '매울 신(辛)'
이기에 매운 라면이고, '매울 랄(辣)'의 '신랄(辛辣)하다'
역시 맛이 맵다, 수단이 몹시 가혹하다는 의미이다. 몹
시 괴롭고 어렵고 맵고 쓰다는 뜻으로 몹시 힘든 고생
을 '괴로울 간(艱)' '어려울 난(難)' '매울 신(辛)' '쓸 고
(苦)'를 써서 '간난신고(艱難辛苦)'라 한다.

과 외
課 外

課 · 과목 **과**

外 · 바깥 **외**

◀ 전봇대에 부착된 과외 전단 ▶

대한민국의 교육 현실이 우리를 힘들고 짜증나게 하고 있다. 누구 한 사람의 잘못이 아니지만 과외(課外)를 받아야만 공부를 잘 할 수 있다고 생각하는 사람들의 잘못이 가장 크다고 할 수 있다. 배우는 것이 중요한 일이긴 하지만 잘 가르치는 선생님에게서 배워야만 공부를 잘하게 된다는 생각은 옳지 못한 생각이다. 학습의 주체가 선생이 아닌 학생이고 학습에 결정적인 역할을 하는 것 역시 학생의 노력과 의지이기 때문이다. 공부는 학생이 하는 것이고 책으로 하는 것임을 알아야 한다. 정하여진 교육 과정 밖의 가르침과 배움을 '과목 과(課)' '바깥 외(外)'자를 써서 과외(課外)라 한다.

과(課)는 세금을 매긴다는 '세금 세(稅)'의 과세(課稅), 주어진 임무나 문제인 '글 쓸 제(題)'의 과제(課題), 세금이나 물릴 돈을 매겨서 부담하게 하는 일인 '조세 부(賦)'

관련 어휘

· 과세
· 과제

의 부과(賦課)에서는 '매기다'는 의미이지만, 날마다 하는 규칙적인 일인 일과(日課)에서는 '일·몫', 전체적이며 일반적인 사무를 보는 부서인 총무과(總務課)에서는 '부서'라는 의미이다. 인원 배치, 품삯 책정 등에 참고하기 위하여 종업원들의 능력과 성적이나 태도를 평가하는 일을 '살필 고(考)'를 써서 인사고과(人事考課)라 하는데 사람(직원)이 하는 일을 살펴서 매긴다(평가한다)는 의미이다.

외(外)는 '바깥'과 '외국' 그리고 '외가'의 의미로 쓰인다. 자기가 사는 곳 밖의 땅을 일컫는 외지(外地)에서는 '바깥'이라는 의미이고, 외국 사람의 자본을 일컫는 '자본 자(資)'의 외자(外資), 외국의 돈을 일컫는 '재화 화(貨)'의 외화(外貨), 그리고 외국의 세력인 외세(外勢)와 외국으로부터의 통신인 '소식 신(信)'의 외신(外信), 외국과의 교제인 외교(外交)에서는 '외국'이라는 의미이며, 어머니의 친정인 외가(外家), 외가 쪽의 친척인 외척(外戚)에서는 '외가'라는 의미이다. 겉으로는 부드럽게 보이나 마음속은 단단하고 굳셈을 '부드러울 유(柔)' '굳셀 강(剛)'을 써서 외유내강(外柔內剛)이라 하고, 외국 여행은 '놀 유(遊)'를 써서 외유(外遊)라 하며, 나라 안의 근심과 나라 밖의 근심 걱정은 '근심 우(憂)' '근심 환(患)'을 써서 내우외환(內憂外患)이라 한다.

동 족 상 잔
同 族 相 殘

同 · 같을 동
族 · 겨레 족
相 · 서로 상
殘 · 잔인할 잔

1950년 6월 25일에 시작된 한국전쟁을 동족상잔(同族相殘)이라 하는데, 67년이 지난 현재까지도 같은 겨레가 적(敵)이 되어서 대치(對峙)하고 있음이 많이 안타깝다. '같을 동(同)' '겨레 족(族)' '서로 상(相)' '잔인할 잔(殘)'의 동족상잔(同族相殘)은 같은 겨레끼리 서로 잔인하게 하였다는 의미로 같은 민족끼리 서로 싸우고 죽이는 일을 일컫는다.

서로 상(相)은 '서로'라는 의미 외에 '보다' '돕다' '모양' '재상'의 의미도 지니고 있다. 서로 마주 보거나 서로 맞선다는 상대(相對), 서로 만나 본다는 상면(相面) 상봉(相逢), 다음 차례에 이어준다는 상속(相續), 이성(異性)끼리 서로 생각하고 못 잊어서 나는 병인 상사병(相思病)에서의 '상(相)'은 '서로'라는 의미이지만, 사물의 참된 내용이나 모습을 일컫는 진상(眞相), 사람의 얼굴을 보고 그 사람의 운명을 판단한다는 관상(觀相)에서는

관련어휘

· 상대
· 상면
· 상봉
· 상속
· 상사병
· 진상
· 관상

'모양'이라는 의미이고, 왕을 보필하여 백관(百官)을 지휘 감독하는 벼슬인 재상(宰相)에서는 '벼슬'이라는 의미이다. 상반되는 것이 서로 영향을 주어 효과가 없어지는 일, 또는 채무자와 채권자가 같은 종류의 채무와 채권을 가지는 경우에 일방적 의사 표시로 서로의 채무와 채권을 같은 액수만큼 소멸시키는 일을 상쇄(相殺)라 하는데 '서로 상(相)' '덜 쇄(殺)'로 서로 덜어내어 비긴다는 의미이다.

잔(殘)이 상잔(相殘)에서는 '상하게 하다' '죽이다'는 의미로 쓰였지만 '남다' '모질다'는 의미로도 사용된다. 나머지 돈의 액수를 잔액(殘額)이라 하고, 부서지거나 못 쓰게 되어 남아 있는 물체를 '뼈 해(骸)'를 써서 잔해(殘骸)라 하며, 남은 찌꺼기를 '찌끼 재(滓)'를 써서 잔재(殘滓)라 한다. 잔인하고 포악함은 '사나울 학(虐)'의 잔학(殘虐)이고, 잔인하고 혹독함은 '독할 혹(酷)'의 잔혹(殘酷)이며, 몹시 모질고 도(道)가 없음은 '잔인할 인(忍)'의 잔인무도(殘忍無道)이다.

싸움의 원인 중 가장 큰 것은 욕심(慾心)일 것이다. 욕심을 버려야 하는 이유이다. 사람은 언젠가 죽는다는 사실을 잊지 않으면 좋겠고, 우리의 삶은 빈손으로 왔다가 빈손으로 간다는 '공수래공수거(空手來空手去)'임도 읊조릴 수 있으면 좋겠다.

置重

置 · 둘 **치**

重 · 중요할 **중**

이떤 것이 중요하다고 판단되어 그 일에 중점을 두는 일을 '둘 치(置)' '중요할 중(重)'을 써서 '치중(置重)'이라 하는데 같은 비중을 두지 아니하고 한쪽을 중요하게 둔다(생각한다)는 의미이다. 바둑에서의 '치중'은 '가운데 중(中)'으로 가운데에 둔다는 의미이고 '상대의 말이 에워 싼 가운데에 두 집이 못 나도록 바둑알을 놓는 일'을 가리킨다.

치(置)는 '두다'는 의미이다. 그대로 버려두는 것을 '놓을 방(放)'을 써서 방치(放置)라 하고, 갖추어 두는 것을 '갖출 비(備)'를 써서 비치(備置)라 하며, 기계나 설비 따위를 마련하여 두는 것을 '세울 설(設)'을 써서 설치(設置)라 한다. 위치나 처소 또는 사회적 자리나 지위를 '자리 위(位)'를 써서 위치(位置)라 하고, 차례나 위치 등이 뒤바뀌는 것을 '뒤집을 도(倒)'를 써서 도치(倒置)라고 한다. 영문법에서 'in' 'on'처럼 명사나 대명사 앞에 놓여 다른 명사나 대명사와의 관계를 나타내는 품사를 '앞에 놓인 말'이라는 의미로 전치사(前置詞)라 하고, 구속(拘束)된 사람을 판결이 내려질 때까지 수용하

관련어휘

• 방치
• 비치
• 설치
• 위치
• 도치
• 전치사

는 시설을 '구속하여 두는 장소'라는 의미로 구치소(拘置所)라 한다.

중(重)은 '무겁다'는 의미뿐 아니라 '심하다' '중요하다' 그리고 '겹치다'는 의미로 쓰인다. 몸의 무게를 체중(體重)이라 하고, 가벼움과 무거움을 경중(輕重)이라 한다. 심하게 다침을 중상(重傷)이라 하고, 농업이 모든 산업의 근본이 된다고 생각하여 중요하게 여기는 것을 '중농(重農)'이라 한다. 겹치는 것을 '중복(重複)'이라 하고, 겹겹으로 쌓인 깊은 대궐을 '구중궁궐(九重宮闕)'이라 하며, 한 단어에 두 가지 이상의 뜻을 곁들여서 표현함을 중의법(重意法)이라 한다.

중국 당나라 때의 정치가이자 문인이었던 한유(韓愈)는 '고지군자기책기야중이주 기대인야경이약(古之君子其責己也重以周 其待人也輕以約)'라고 말하였다. 즉 옛날의 군자는 스스로를 책망함에는 엄중하고 주도면밀하였으나 다른 사람을 대함에 있어서는 관대하고 간략하였다는 의미이다. '중상하필용부(重賞下必勇夫)'라고도 하였는데 아랫사람에게 상을 무겁게(후하게) 주면 반드시 용감한 사나이가 된다는 의미이다. 부하에게 잘 해주어야 목숨을 아끼지 않고 죽을힘을 다하여 충성하게 된다는 이야기이다.

생 애
生 涯

生 · 날 생

涯 · 끝 애

관련 어휘

• 생산
• 생일
• 생육

• 생명
• 생리
• 생존
• 생활

• 생장

• 생소
• 생경

• 생기
• 생동
• 생선

• 선생
• 학생
• 소생

• 천애

'우리들의 생애(生涯)가 짧은 것이 아니라 우리들이 스스로 짧게 하고 있다. 또 우리들에게 그것이 모자라는 것이 아니라 우리들이 그것을 낭비하고 있다.'라는 말이 있다. '날 생(生)' '끝 애(涯)'의 생애(生涯)는 태어나서 죽을 때까지라는 의미로 살아 있는 한평생 동안을 일컫는 말이다.

날 생이라고 일컬어지는 '생(生)'은 생산(生産) 생일(生日) 생육(生育)에서는 '출생하다'는 의미이지만, 생명(生命) 생리(生理) 생존(生存) 생활(生活)에서는 '삶'이라는 의미이고, 생장(生長)에서는 '자라다'는 의미이다. 생소(生疎) 생경(生硬)에서는 '서투르다', 생기(生氣) 생동(生動) 생선(生鮮)에서는 '싱싱하다', 선생(先生) 학생(學生) 소생(小生)에서는 '선비나 자기의 겸칭' 또는 '사람'을 나타내는 접미사이다. '천애(天涯)의 고아(孤兒)'라는 말을 듣는데 이때의 '천애(天涯)'는 하늘의 끝, 아득히 멀리 떨어진

낯선 곳이라는 의미이다. '厓(애)'는 '언덕 애', '崖(애)'는
'낭떠러지 애'이다.

'사생취의(捨生取義)'라는 말이 있다. '버릴 사(捨)' '취할
취(取)'로 삶을 버리고 의로움을 취한다는 의미이다. 목
숨을 버릴지라도 옳은 일을 하겠다는 의지의 표현인
것이다. '구사일생(九死一生)'은 아홉 번 죽을 뻔하였다
가 한 번 살아났다는 의미로 여러 차례 죽을 고비를 겪
고 간신히 목숨을 건지게 되는 일을 일컫는다.

공자(孔子)는 효(孝)를 이야기하면서 '생즉친안지(生則親
安之)'라고 하였다. 살아 계신 동안에 어버이를 편안하
게 모셔야 한다는 의미였다. 중국의 문선(文選) 고시(古
詩)에 '생년불만백 상회천세우(生年不滿百常懷千歲憂)'라는
시구(詩句)가 있다. 살아서 백세를 채우지 못하면서도
항상 천 년의 근심을 가슴에 품고 있다는 의미이다. 실
제로 물건을 보게 되면 욕심이 생기게 됨을 '날 생(生)'
'욕심 심(心)'을 써서 '견물생심(見物生心)'이라 한다.

'인간의 생애(生涯)란 세월의 한 순간에 불과하다. 그러
므로 세월이 존속하는 동안은 그것을 향락하도록 하자.
그리고 무모하게 낭비하지 말자'라고 하였다. 『플루타
르크 영웅전』에 나오는 말이다.

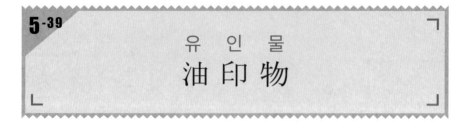

유 인 물
油 印 物

油 · 기름 유
印 · 찍을 인
物 · 사물 물

유인물로 대체하겠노라 하고 유인물이 발견되어 검찰에 수사를 요구하였다는 이야기도 듣는다. '기름 유(油)' '찍을 인(印)' '사물 물(物)'자의 유인물(油印物)은 등사(謄寫)한 인쇄물을 가리킨다. 등사(謄寫)란 '베낄 등(謄)' '베낄 사(寫)'자로 '원판(原板)을 그대로 베끼고 베낀 것'이라는 의미이다. '말씀 언(言)' 대신에 '말 마(馬)'자가 들어간 '등(謄)'은 '오를 등'이다. 유인물을 다른 말로 전단지(傳單紙)라고도 하는데 이는 전달을 위한 작은 종이라는 의미로 선전(宣傳)하기 위하여 사람들에게 돌리거나 눈에 잘 띄는 곳에 붙이거나 하는 종이이기 때문이다.

 관련 어휘

• 등사
• 전단지

• 휘발유
• 등유
• 석유
• 유전
• 유지
• 식용유
• 유과
• 유밀과

유(油)는 '기름 유'이고 '乳'는 '젖 유'이다. '油'는 휘발유(揮發油), 등유(燈油), 석유(石油)는 물론 석유가 나는 곳인 유전(油田), 동물이나 식물에서 짜낸 기름의 총칭인 '기름 지(脂)'의 유지(油脂), 먹을 것으로 쓰는 기름인 식용유(食用油) 등에 쓰인다. '유과(油果)'라는 전통 과자가 있다. 유밀과(油蜜果)의 준말인데 쌀가루나 밀가루를 반죽하여 밀어서 여러 가지 모양으로 조각을 내고 기름

에 흠뻑 지져서 꿀이
나 조청에 잰 과자를
일컫는다.

物(물)은 '물건' '일'
'살피다'는 의미로 쓰인다. 만물(萬物) 사물(事物) 물심양면(物心兩面)에서는 '물건'이라는 의미이고, 이러저러한 실정이나 형편 또는 사람들의 인심(人心)이나 심정(心情)을 일컫는 물정(物情)에서는 '일'이라는 의미이며, 어떤 표준에서 사람이나 물건을 찾아 고른다는 물색(物色)이나 여러 사람이 우러러보는 명망을 일컫는 물망(物望)에서는 '살피다'는 의미이다. '물아일체(物我一體)'라는 말을 듣기도 하는데 '나 아(我)' '몸 체(體)'로 사물과 내가 하나가 된다는 의미로 대상과 그것을 마주한 주체 사이에 어떠한 구별도 없는 상황을 일컫는 말이다.

송나라 때의 문인인 소식(蘇軾, 소동파)의 『범증론(范增論)』에 '물필선부야 이후충생지(物必先腐也 而後蟲生之)'라는 말이 나온다. 사물은 반드시 먼저 부패한 다음에 벌레가 생긴다는 의미로 남을 의심하면 그 틈을 타서 그를 헐뜯는 말이 끼어들기 마련이라는 말이다. 벌레가 생기지 않게 하려면 부패(腐敗)부터 막아야 한다는 의미이기도 하다.

철 학
哲 學

哲 · 밝을 **철**

學 · 학문 **학**

▲ 생각하는 사람, 로댕 作

세상을 사는 이치, 무엇이 내 인생을 진솔하게 만드는 가, 직장에서 성공하는 방법은 무엇인가에 대해 이야기 하며, 요즈음의 세태를 한탄하는 의미를 제목으로 삼 은 『도둑질에도 철학이 있다』라는 책이 있다. 작가는 '눈만 뜨면 높은 자리에 있는 사람들이 남의 돈 도둑질 하다가 사법기관에 불려가는 기사가 그칠 새 없다. 도 둑질에 무슨 양심이나 철학이 있지는 않겠지만 답답한 심경을 이렇게 표현했고 어쭙잖은 경험을 다른 사람 과 나누고 싶어 이 책을 엮었다'라고 회고했는데 '밝을 철(哲)'자를 쓴 철학(哲學)의 글자 그대로의 의미는 '사 람을 밝게(지혜롭게)하는 학문'이지만 일반적으로는 '생 각' '가치관'의 의미로 쓰인다. 영어로는 philosophy 인데 이는 '지혜에 대한 사랑'이라는 뜻의 그리스어 philosophia에서 유래되었다고 한다.

인간이 살아가는 데 있어 중요한 인생관, 세계관 등을 탐구하는 학문을 가리켜 철학이라 하는데 원래는 진리 인식(眞理認識)의 학문 일반을 가리켰으나, 중세에는 종 교가, 근세에는 과학이 여기에서 독립하였다. 형이상학, 논리학, 윤리학, 미학 등은 철학의 하위 부문이라 할 수 있다.

관련 어휘

• 명철보신
• 정치철학
• 비판철학
• 법철학
• 철학자
• 철학관

철(哲)은 '밝다' '언동(言動)이 지혜롭고 총명하다'는 의미인데 총명하고 사리에 밝아서 일을 잘 처리하여 몸을 잘 보전한다는 '명철보신(明哲保身)'이나 사람의 이름 정도에만 쓰일 뿐이다. '철학(哲學)'은 다른 단어와 결합하여 합성어를 만들기도 하는데 정치에 관한 원리를 연구하고 정치의 본질, 가치, 방법 등을 논하는 학문인 정치철학(政治哲學), 인간의 인식을 비판하는 문제를 중심으로 하는 철학인 비판철학(批判哲學), 법의 본질, 이념, 효력 따위의 근본적인 원리에 대하여 연구하는 철학인 법철학(法哲學) 등이 그것이다. '철학자(哲學者)'는 인간, 세계, 인생, 진리에 대한 지혜와 근본 원리를 탐구하는 학문에 조예가 깊은 사람을 가리킨다.

철학을 사랑하면 인간다움에 가까이 갈 수 있다는 사실을 인식할 수 있으면 좋을 것 같다. 칸트, 소크라테스, 공자, 맹자 같은 사람만 철학을 이야기할 수 있는 것 아니라 누구라도 깊이 생각하여 진리를 알아내고 그 과정에서 기쁨을 맛볼 수 있다면 그 사람 역시 철학자라 할 수 있을 것이다. 돈을 받고 운세 사주 궁합 등을 보는 집을 에둘러 철학관(哲學館)이라 일컫는데 한동안 어울리지 않는 이름이라 생각했었는데 언제부터인가 맞는 이름이라는 생각도 해본다.

6장

교양 지식을
쌓는 사자성어

등 고 자 비
登 高 自 卑

登 · 오를 등
高 · 높을 고
自 · ~부터 자
卑 · 낮을 비

무슨 일이든 순서를 밟지 않고 한꺼번에 할 수는 없기에 차례를 밟아서 해야지 서둘러서는 안 된다는 말이 '등고자비(登高自卑)'인데, '오를 등(登)' '높을 고(高)' '~부터 자(自)' '낮을 비(卑)'로 높은 곳에 오르기 위해서는 낮은 곳부터 시작하여야 한다는 의미이다. 자신을 수양하는 일이 모든 일의 근본이라는 의미로 쓰이기도 한다.

▲ 등고선

등(登)이 '오르다'는 의미만을 지니는 것은 아니다. 등교(登校) 등장(登場) 등청(登廳)에서는 '나가다', 등기(登記) 등록(登錄) 등재(登載)에서는 '기재하다'는 의미이다.

임금의 지위에 오르거나 최고의 자리에 오름을 등극(登極)이라 하는데 '다할 극(極)'으로 다함이 있는 곳까지 올랐다는 의미이다. 투수가 마운드의 던지는 판에 올라섰다고 해서 등판(登板)이고, 문단(文壇) 등 특수한 분야

관련어휘

· 등교
· 등장
· 등청

· 등기
· 등록
· 등재

· 등극
· 등판

에 처음으로 오르는 것을 등단(登壇)이라 한다. 표준 해면으로부터 같은 지점들을 연결한 곡선을 등고선(等高線)이라 하고, 매우 높거나 험한 산 등에 오름을 등반(登攀)이라 하며, 용문에 오른다는 뜻으로 입신출세(立身出世)에 연결되는 어려운 관문을 등용문(登龍門)이라 한다.

높을 고(高)자는 숭엄하고 고상하다는 숭고(崇高), 속되지 아니하고 거룩하다는 고상(高尙), 뛰어나 의견이나 생각이라는 의미로 상대편을 높이어 그의 의견을 이르는 말인 고견(高見), 땅 위에 높게 가로지른 시렁이라는 고가(高架), 값이 비싸다는 고가(高價), 고상하고 깨끗하다는 고결(高潔), 높은 곳에 올라가면 떨어질 것 같이 느껴지는 공포증인 고소공포증(高所恐怖症) 등에 쓰인다. 소리를 높이고 노래를 멋대로 부르는 일을 고성방가(高聲放歌)라 하고, 베개를 높게 하고 자면 수명이 짧아지게 됨을 고침단명(高枕短命)이라 하며, 지극히 고결하고 지극히 순수함을 지고지순(至高至純)이라 한다.

서두르지 말아야 하고 기다릴 줄 알아야 하며 모르는 것을 모른다고 말할 수 있어야 한다. 그리고 기초를 튼튼히 하고 끊임없이 노력하는 것이 중요하다는 사실을 알아야 한다. 세상일이 어떻게 욕심대로 되겠는가?

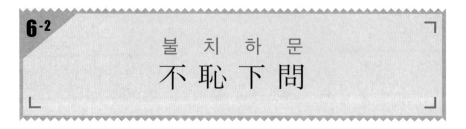

不 · 아니 **불(부)**

恥 · 부끄러워할 **치**

下 · 아랫사람 **하**

問 · 물을 **문**

관련 어휘

• 부동액
• 부동항
• 부동산
• 부정
• 부정사
• 부정대명사
• 부정관사
• 부정방정식
• 불문가지

보다 멋진 삶을 살기 위한 방법 중의 하나는 지식과 지혜를 쌓는 일인데 지식과 지혜를 쌓기 위해서는 배우는 일을 마다하지 말아야 하고 미루지도 말아야 한다. 그리고 나이 어린 사람에게 묻는 것을 부끄러워하지 않는 태도도 필요한데 이를 '아니 불(不)' '부끄러워할 치(恥)' '아랫사람 하(下)' '물을 문(問)'자를 써서 '불치하문(不恥下問)'이라 한다.

한자어의 머리에 얹혀 '아니다' '못하다' '없다'는 부정(否定)의 뜻을 더해주는 **'不(불/부)'**자는 다음에 ㄷ, ㅈ을 첫소리로 하는 글자가 오면 '불'이 아니라 '부'로 발음하여야 한다. 얼지 않도록 하는 액체를 부동액(不凍液)이라 하고, 겨울에도 해면이 얼지 않는 항구를 부동항(不凍港)이라 하며, 토지나 집처럼 움직일 수 없는 재산을 부동산(不動産)이라 한다. 정하여지지 않음을 '정할 정(定)'자를 써서 부정(不定)이라 하는데 부정사(不定詞), 부정대명사(不定代名詞), 부정관사(不定冠詞), 부정방정식(不定方程式) 등에 쓰인다. 묻지 않아도 가히 알 수 있음을 불문가지(不問可知)라 하고, 피할 수 없음을 '피할 피(避)'자를 써서 불가피(不可避)라 하며, 나누려고 해도 나눌 수 없는 상태를 '나눌 분(分)'자를 써서 불가분(不可分)이라 한다.

'자신의 잘못을 귀(耳)로 들으면 마음(心)이 부끄럽다'에서 온 **'부끄러울 치(恥)'**는 부끄러움의 다른 이름인 수치(羞恥), 나라의 수치인 국치(國恥), 부끄러운 일인 치사(恥事) 등에 쓰인다. 청렴하여 부끄러움을 아는 마음을 염치(廉恥)라 하고, 염치를 깨뜨려 뻔뻔스러움을 '깨뜨릴 파(破)'를 써서 파렴치(破廉恥)라 한다.

아래 하(下)의 쓰임은 매우 다양하다. 아래로 향한다는 하향(下向)에서는 '아래'라는 의미이고, 다음에 이어지는 글이나 말을 줄인다는 하략(下略)에서는 '다음' '나중'이라는 의미이다. 관직에서 물러난다는 하야(下野)에서는 '내려가다'는 의미이고, 물리친다는 각하(却下)에서는 '물리치다'는 의미이다. 또 물건값이 떨어진다는 하락(下落)에서는 '떨어지다' '값이나 등급 등이 낮아지다'는 의미이다. 정세하(政勢下)에서처럼 한자어 명사 밑에 쓰이어 그 한자어 명사가 '조건' '환경' 등이 된다는 의미를 나타내기도 한다. 가령, "밖으로는 요동치는 국제정세하에서, 특히 한반도와 동북아 정세가 극히 불안정한 상황"처럼 쓰일 수 있다.

과 유 불 급
過 猶 不 及

過 · 지나칠 **과**

猶 · 같을 **유**

不 · 아니 **불**

及 · 미칠 **급**

자공(子貢)이 공자(孔子)에게 '자장과 자하 두 사람 중 누가 더 어집니까?'라고 묻자 공자는 '자장은 지나치고 자하는 미치지 못한다'라고 대답하였다. '그럼 누가 낫단 말입니까?'라고 다시 묻자 '지나친 것은 미치지 못한 것과 같다(過猶不及)'라고 말하였다고 하는데 '과유불급(過猶不及)'이라는 말은 여기에서 나왔다고 한다. 자장은 기상(氣象)이 활달하고 생각이 진보적이었고, 자하는 만사에 조심을 하며 모든 일을 현실적으로 생각하였다고 한다. 배부른 것이 배고픈 것보다 물론 좋은 일이지만 배가 너무 부르면 병이 나게 된다. 얼굴도 마찬가지인데 '박색(薄色) 소박은 없어도 일색(一色) 소박은 있다'고 하였으니 얼굴도 너무 예쁜 것보다는 못난 편이 오히려 낫다는 결론을 내릴 수도 있을 것이다.

지나치지도 않고 미치지 못한 것도 아닌 것을 '치우치지 않을 중(中)' '쓸 용(庸)'을 써서 '중용(中庸)'이라 하는데 중용(中庸)은 다시 '시중(時中)'이라는 말로 표현하기도 한다. 그때그때 맞게 한다는 뜻이다. 공자는 중용의 어려움을 '천하도 바로잡을 수 있고 벼슬도 사양할 수

있고 칼날도 밟을 수 있지만 중용(中庸)만은 할 수 없다'
라는 말로 표현하였다고 한다. 소문은 매우 빨리 퍼지
기 때문에 말조심해야 함을 일러 사불급설(駟不及舌)이
라 하는데 '네 마리 말이 끄는 수레 사(駟)' '혀 설(舌)'로
네 마리 말이 끄는 빠른 수레도 사람의 혀에는 미치지
못한다는 의미이다.

예정된 수효나 필요한 수효에서 남음을 '남을 잉(剩)'을
써서 '과잉(過剩)'이라 하고, 정도에 지나친 말을 '말씀
언(言)'을 써서 '과언(過言)'이라 하며, 필요 이상으로 많
이 먹음을 '먹을 식(食)'을 써서 '과식(過食)'이라 한다.

널리 펴서 알리거나 사용하게 함을 '널리 보(普)'를 써
서 '보급(普及)'이라 하고, 어떤 일의 영향이나 여파가
차차 전하여 먼 데까지 미침을 '물결 파(波)'를 써서 '파
급(波及)'이라 하며, 시험의 합격선에 미치거나 과거에
합격함을 '차례 제(第)'를 써서 '급제(及第)'라 한다. 가르
치는 것은 좋은데 처음부터 끝까지 지나치게 많이 가
르치는 것은 오히려 좋지 않은 결과를 가져온다는 사
실을 알 필요가 있다. 적당히, 아니면 조금만 가르쳐야
아이가 스스로 생각하고 탐구할 수 있게 된다는 이야
기이다.

견 리 사 의
見 利 思 義

6-4

見 · 볼 견(현)

利 · 이로울 리

思 · 생각 사

義 · 의로울 의

▶ 안중근 의사 유묵: 견리사의
견위수명(見利思義 見危授命)
이익을 보면 의를 생각하고, 위태
로움을 보면 목숨을 바친다.

돈의 노예가 되어 버린 오늘날 우리들의 자화상을 보면서 '견리사의(見利思義)'하는 태도가 필요함을 생각해 본다. 이익을 보거든 먼저 그것이 의(義)에 맞는가 안 맞는가를 먼저 생각하여서 할 것인가 하지 않을 것인가를 결정하라는 말이 '볼 견(見)' '이로울 리(利)' '생각 사(思)' '의로울 의(義)'의 견리사의(見利思義)이다.

'사람(人)의 눈(目)은 세상을 잘 보아야(見)한다는 것이다'에서 나왔다고 생각되는 **'견(見)'**은 여러 번 말로만 듣는 것보다 직접 한 번 보는 것이 더 낫다는 '들을 문(聞)' '같을 여(如)'의 '백문불여일견(百聞不如一見)', 뱀의 머리를 보면 그 몸의 길고 짧음을 알게 된다는 '뱀 사(蛇)' '머리 수(首)' '긴 장(長)' '짧을 단(短)'의 '견사수지장단(見蛇首知長短)', 남이 하는 일을 실지로 보면서 익힌다는 '익힐 습(習)'의 견습(見習), 실지로 보고 그 일에 관한 지식을 넓힌다는 '배울 학(學)'의 견학(見學), 어떤 사물에 관한 자신의

 관련 어휘

• 백문불여일견
• 견사수지장단
• 견습
• 견학

356

見(견)자가 들어간 글자

視 볼 시
觀 볼 관
覽 볼 람
覲 뵈올 근
覓 찾을 멱

• 견해
• 견적
• 알현

• 이익
• 예리
• 이뇨
• 이자

• 독서백편의자현
• 견물생심
• 고견

의견이나 평가인 '해석할 해(解)'의 견해(見解), 어떤 일에 소요되는 비용 등을 미리 어림잡아 계산한다는 '결과 적(積)'의 견적(見積) 등에 쓰인다. 지체가 높고 귀한 사람을 찾아가 뵙는 일을 알현(謁見)이라 하는데 이때에는 '현'으로 발음한다. '견(見)'이 들어간 글자는 대부분 '보다'는 의미를 지니고 있는데 볼 시(視), 볼 관(觀), 볼 람(覽), 뵈올 근(覲), 찾을 멱(覓) 등이 그것이다.

리(利)는 '이롭다' '날카롭다' '통하다' '이자'라는 의미로 많이 쓰인다. 이롭고 유익한 일, 또는 물질적으로 수입이 생기는 일을 이익(利益)이라 하고, 날카로움을 예리(銳利)라 한다. 오줌을 통하게(잘 나오게)하는 것을 이뇨(利尿)라 하고, 남에게 돈을 빌려 쓴 대가로 치르는 일정한 비율의 돈을 이자(利子)라 한다.

『삼국지(三國志)』 '위서(魏書)'에서 비롯된 것으로 전해지는 '독서백편의자현(讀書百遍義自見)'이라는 말이 있다. '읽을 독(讀)' '글 서(書)' '일백 백(百)' '두루 편(遍)' '뜻 의(義)' '스스로 자(自)' '나타날 현(見)'으로 글을 백 번 두루(반복해서) 읽으면 뜻이 저절로 드러난다는 의미로 어려운 글도 많이 읽으면 그 뜻을 스스로 깨우치게 된다는 말이다. 실지로 물건을 보게 되면 욕심이 생긴다는 말은 견물생심(見物生心)이고, 뛰어난 의견이라는 의미로 남의 생각을 높이어 이르는 말은 '높을 고(高)'의 고견(高見)이다.

고 진 감 래
苦 盡 甘 來

苦 · 고통 고

盡 · 다할 진

甘 · 달 감

來 · 올 래

고진감래(苦盡甘來)를 중얼거리고 고진감래를 노래하는 사람이 많다. '고통 고(苦)' '다할 진(盡)' '달 감(甘)' '올 래(來)'자로, 고통(苦痛)이 다하면 기쁨이 온다는 의미이다. 대구(對句)를 이루는 말에 흥(興)이 다하면 슬픔(悲)이 온다는 '홍진비래(興盡悲來)'가 있다.

다할 진(盡)이다. 아직 다하지 못하였음을 미진(未盡)이라 하고, 있는 힘을 다함을 진력(盡力)이라 하며, 모두 다 팔림을 매진(賣盡)이라 한다. 모두 사라져 없어짐을 소진(消盡)이라 하고, 재물 따위를 모두 써서 없애버림을 탕진(蕩盡)이라 하며, 힘이나 마음을 다함을 극진(極盡)이라 한다. 끝이 없고 다함이 없음을 무궁무진(無窮無盡)이라 하고, 한번 그물을 쳐서 때려 없애버린다는 의미로 한꺼번에 몽땅 잡아 없애버림을 일망타진(一網打盡)이라 하며, 기운이 없어지고 맥이 풀렸다는 뜻으로 온몸의 힘이 다 빠져 버림을 기진맥진(氣盡脈盡)이라 한다. '진인사대천명(盡人事待天命)'이라는 말이 있다. '다할 진(盡)' '사람 인(人)' '일 사(事)' '기다릴 대(待)' '하늘 천(天)' '명령 명(命)'으로 사람으로서 해야 할 일을 다 한

다음에 하늘의 뜻을 기다려야 한다는 말이다. '사(事)'는 '모든 일은 반드시 정의(바름)로 돌아간다'는 '사필귀정 (事必歸正)'에서처럼 일반적으로는 '일'이라는 의미로 많이 쓰이지만 '섬기다'는 의미로도 많이 쓰인다. 사대주의(事大主義), 사군이충(事君以忠), 사친이효(事親以孝)가 그 예이다.

감(甘)은 달게 받아들인다는 '감수(甘受)', 남의 비위에 맞도록 꾸미는 말과 이로운 조건을 내세워 꾀는 말인 '감언이설(甘言利說)', 달면 삼키고 쓰면 뱉는다는 말로 이기적 처세나 야박한 세태를 비유한 '감탄고토(甘吞苦吐)' 등에 쓰인다. 단맛을 내는 조미료를 '달 감(甘)'을 써서 감미료(甘味料)라 하고, 무슨 일이나 빠짐없이 끼는 사람을 '약방(藥房)의 감초(甘草)'에 비유한다. 한약을 조제할 때에 감초가 빠지지 않기 때문이다.

▲ 감초

살다보면 어떻게 즐거운 일만 있겠는가? 그리고 사탕을 먹고 나서 단 음식을 먹으면 그 음식의 단맛을 알기 어려운 것처럼 기쁜 일만 계속되다 보면 기쁨의 맛을 알기도 어렵지 않겠는가?

대 기 만 성
大 器 晚 成

大 · 큰 대
器 · 그릇 기
晚 · 늦을 만
成 · 이룰 성

큰 그릇은 오랜 시간과 많은 노력을 들인 뒤에라야 완성될 수 있음을 '큰 대(大)' '그릇 기(器)' '늦을 만(晚)' '이룰 성(成)'을 써서 대기만성(大器晚成)이라 한다. 물론 그릇에 대한 이야기는 아니고 사업에 실패하거나 불운에 빠져있는 사람을 위로하기 위해서 만든 말이다. "……크게 모난 것은 귀가 없고, 큰 그릇은 늦게 이루어지며, 큰 소리는 울림이 잘 들리지 않고, 큰 모양은 형체가 없다."라는 노자의 말에서 나왔다고 한다.

그릇 기(器)인데 '그릇'이라는 의미뿐 아니라 '도구'라는 의미로도 많이 쓰인다. 싸울 때에 공격이나 방어의 수단으로 쓰이는 도구나 어떤 일을 이루는 데 힘이나 방패가 되는 수단을 비유적으로 일컬어 '전쟁 무(武)'를 써서 무기(武器)라 하고, 전화기에서 음성을 받고 보내는 부분을 '받을 수(受)' '말씀 화(話)'를 써서 수화기(受話器)라 하며, 사람을 위협하거나 살상할 목적으로 쓰는 갖가지 연장을 '흉할 흉(凶)'자를 써서 흉기(凶器)라고 한다.

관련 어휘

• 무기
• 수화기
• 흉기
• 만찬

늦을 만(晩)이다. 저녁 식사를 늦게 먹는 밥이라 해서 만찬(晩餐)이라 하고, 늙어서 낳은 자식을 만득(晩得) 또는 만생자(晩生子)라 한다. '조만간(早晩間)'이 글자 그대로는 '이른 것과 늦은 것 사이'라는 의미이지만 일반적으로는 '멀지 아니하여'라는 의미로 더 많이 쓰인다. 늦가을을 만추(晩秋)라 하고, 나이가 들어서 뒤늦게 하는 공부를 만학(晩學)이라 하며, 벼나 양파, 사과 같은 작물 가운데서 성장이나 성숙이 보통보다 느린 품종을 만생종(晩生種)이라 한다. 이에 대응하는 말로 보통보다 일찍 성숙하는 품종을 조생종(早生種)이라고 한다. 시기에 늦었음을 안타까워하는 탄식을 '만시지탄(晩時之歎)'이라 하는데 비슷한 말에 '사후약방문(死後藥方文)'과 '망양보뢰(亡羊補牢)'가 있다.

초반의 승리가 영원한 승리일 수 없고 초반의 실패가 영원한 실패가 될 수 없다. 마찬가지로 중·고등학교 때 앞서간다고 해서 삶 전체가 앞서 간다고 할 수 없다. 그럼에도 불구하고 대부분의 사람들은 중·고등학교 시절이 인생을 좌우한다는 생각에 얽매어 있다. 위대한 사람들은 대부분 대기만성(大器晩成)하였음을 명심할 필요가 있다. 여유를 가지고 기다릴 줄 아는 사람이 아름다워 보이지 않던가? '문득 40여 년 전 방망이 깎던 노인의 모습이 떠오른다'라고 했던 윤오영의 수필이 다시 한 번 읽어보고 싶어진다. "끓을 만큼 끓어야 밥이 되지, 생쌀이 재촉한다고 밥이 되나."

근 묵 자 흑
近墨者黑

近 · 가까이할 **근**
墨 · 먹 **묵**
者 · 사람 **자**
黑 · 검을 **흑**

관련어휘

- 근시
- 근친
- 근간
- 원근법
- 원친불여근린

'근묵 자흑'이라 발음하는 사람이 많은데 '가까이할 근(近)' '먹 묵(墨)' '사람 자(者)' '검을 흑(黑)'으로 '먹을 가까이 하는 자는 검어진다'는 의미이니까 '근묵자 흑'이라 발음해야 옳다. 마찬가지로 기파랑을 추모(追慕)하는 노래이니까 '찬기 파랑가'로가 아니라 '찬(讚) 기파랑가(耆婆郎歌)'로 읽어야 한다. 기파랑은 사람 이름으로 고유명사이니까 굳이 한자로 설명하거나 이해할 필요가 없다. 마찬가지로 죽은(亡) 누이(妹)를 제사(祭)지내는 노래(歌)이니까 '제망 매가'로가 아니라 '제(祭) 망매(亡妹)가(歌)'로 읽어야 옳은 것이다.

가까울 근(近)이다. 먼 데 있는 것은 보지 못하고 가까운 곳에 있는 것만 볼 수 있는 시력을 '근시(近視)'라 하고, 촌수가 가까운 일가를 '근친(近親)', 곧 나올 책을 '근간(近刊)'이라 하며, 화면에서 멀고 가까움을 나타내어 그림의 현실감이나 입체감을 강하게 하는 기법을 원근법(遠近法)'이라 한다. 『명심보감』에 '원친불여근린(遠親不如近隣)'이라는 말이 있다. 멀리 있는 친척이 가까이 있는 이웃만 같지 못하다는 의미이다. 곁 측(側)의 측근

(側近)은 곁의 친한 사람을 일컫는다.

흑(黑)은 '검다'는 의미로 많이 쓰이지만 '어둡다' '나쁘다' '사악하다'는 의미로도 많이 쓰인다. 검은 장막, 겉으로 드러나지 않은 음흉한 내막을 '흑막(黑幕)'이라 하고, 검은빛과 흰빛, 악과 선, 옳음과 그름을 '흑백(黑白)', 검은 마음, 음흉하고 부정한 마음을 '흑심(黑心)'이라 한다. 흑자(黑字)는 먹 등으로 쓴 검은 글자라는 의미이지만 일반적으로는 수입이 지출보다 많아 잉여나 이익이 생기는 일을 가리키는데 이 말은 장부에 수입 초과액을 쓸 때 흑색 잉크를 쓰는 데에서 유래하였다고 한다.

토끼 묘(猫)를 쓴 흑묘백묘(黑猫白描)라는 말이 있는데 이는 실용주의(實用主義)를 지칭하는 말로 중국 등소평(덩샤오핑)이 했던 말이다. 흰 고양이건 검은 고양이건 쥐만 잘 잡으면 된다는 의미로 시장경제냐 아니냐가 아니라 백성들이 잘 먹고 잘사느냐가 중요하다는 주장이었다.

'검을 흑(黑)'에 '흙 토(土)'를 더한 '墨'은 '먹 묵'이다. 글씨를 쓰거나 그림을 그리는 사람을 '묵객(墨客)', 먹으로 그린 동양화를 '묵화(墨畵)'라 한다. 세상 모든 말이 그렇듯 '근묵자흑(近墨者黑)' 역시 진리는 아니다. 먹을 가까이 한다고 반드시 검어지는 것은 아니기 때문이다.

독 서 기 가 지 본
讀書起家之本

起 · 일으킬 기
家 · 집 가
之 · ~의 지
本 · 근본 본

운동(運動)은 육체 건강에 도움을 주고 독서(讀書)는 정신 건강에 도움을 준다. 독서(讀書)는 지식과 지혜를 쌓아 내일을 준비하는 즐거움도 주지만 새로운 사실을 깨달아가는 기쁨까지 주는 매우 행복한 작업이다. 독서의 즐거움은 문학 작품에서만 얻을 수 있는 것이 아니라 어느 책에서나 가능하다고 할 수 있는데 그것을 '알아 가는 기쁨'이라고 이야기하고 싶다. '독서기가지본(讀書起家之本)'은 '일으킬 기(起)' '집 가(家)' '~의 지(之)' '근본 본(本)'으로 글을 읽는 일은 집안을 일으키는 근본이 된다는 말이다.

우리가 흔히 '갈 지'라고 부르는 '之'는 한문 문장에서 자주 만나는 글자이다. 그런데 누가 붙인 이름인지 몰라도 잘못 붙인 것이 분명하다. '갈 지'의 '갈'은 '가다(go)'는 의미이고 이는 '동쪽으로 가고 서쪽으로 간다'는 의미로 '줏대 없이 이리 저리 갈팡질팡하는 것'을 일컫는 '지동지서(之東之西)' 정도에서만 쓰이기 때문이다. 사람이면 누구나 가질 수 있는 보통의 감정이라는 '보통 상(常)' '감정 정(情)'의 인지상정(人之常情), 어부의 이

관련 어휘

• 지동지서
• 인지상정

익이라는 의미로 도요새와 조개가 서로 먹겠다고 다투는 틈을 타서 제 3자인 어부가 둘을 잡았다는 어부지리(漁父之利)에서처럼 관형격 조사(~의)로 쓰이거나, 처지(處地)를 바꾸어서 그것을 생각한다는 '바꿀 역(易)' '입장 지(地)' '생각 사(思)'의 역지사지(易地思之)에서와 같이 지시대명사로 훨씬 많이 쓰이기 때문이다. 가끔씩은 주격 조사와 목적격 조사로도 쓰이기도 한다.

퇴계 이황은 '독서기택지호(讀書豈擇地乎)'라고 하였는데 이는 '책을 읽음에 어찌 장소를 가리겠느냐?'는 의미이다. 영국의 작가 J. 브라이스(Bryce James 1838~1922)는 "인생은 저질의 책을 읽기엔 너무 짧다"라고 하였고, 미국의 시인이자 문필가 콜턴(Colton, Arthur Willis, 1868~1943)은 "단지 도착하기 위한 여행이라면 불쌍한 여행이며, 그 책이 어떻게 끝을 맺을 것인가만을 알기 위한 독서라면 그것은 가련한 독서이다"라고 말하기도 하였다. 1시간 독서가 어렵다면 20분 독서는 어떨까? 그것도 자기가 읽고 싶은 책으로. 독후감 쓰기도 없다는 조건으로 말이다.

지 음
知 音

知 · 알 지
音 · 음악 음

관련어휘

• 지기지우
• 금란지계
• 관포지교
• 문경지교
• 수어지교
• 심복지교

• 지각

'음악을 진심으로 알아준다'는 의미로 매우 친한 친구를 이르는 말이 지음(知音)인데, 거문고의 명인(名人)이었던 백아(伯牙)가 마음에 두고 있는 감정을 연주하였을 때에 다른 사람은 이해하지 못할지라도 종자기(種子期)라는 친구만은 그 음악의 의미를 진실로 이해하였다고 한다. 이때부터 '상대방의 마음을 알아맞힐 정도로 마음이 통하는 친구'를 '지음(知音)'이라 하게 되었다는 것이다. 지기지우(知己之友)와 통하는 말이라 할 수 있다. 금란지계(金蘭之契), 관포지교(管鮑之交), 문경지교(刎頸之交), 수어지교(水魚之交), 심복지교(心腹之交) 등도 친한 친구를 일컫는 말이다.

백아와 종자기▶

'知'는 '알다' '분별하다' '깨닫다'는 의미로 쓰인다. 앎, 깨달음 또는 감각 기관에 의하여 외계의 사물을 인식하는 기능을 지각(知覺)이라 하고, 지식과 재능 또는 경험을 이용하여 새로운 문제를 처리해 나갈 방법을 알아내는 지적 활동 능력을 지능(知能)이라 한다. 도지사(道知事)의 준말로 한 도(道)의 행정 사무를 총괄하는 지방 장관을 '지사(知事)'라 하는데 이때의 '지(知)'는 '주관하다'는 의미이다.

'온고지신(溫故知新)'이라고 하였다. '익힐 온(溫)' '옛 고(故)' '새로울 신(新)'으로 옛것을 익히어서 그것을 바탕으로 새로운 것을 안다는 의미이다. 격물치지(格物致知)라고도 하였다. '바로잡을 격(格)'으로 사물의 기본 원리를 바로잡아 알아서 진실한 앎에 도달한다는 의미로 사물의 이치를 분명하게 알아서 지식을 확고하게 한다는 말이다.

『묵자(墨子)』에 '금 천하지군자 지소이부지대(今 天下之君子 知小而不知大)'라는 말이 나온다. 오늘날의 선비 군자들은 작은 것은 알지만 큰 것은 모른다는 의미로 정치를 하는 데 있어서나 일신의 처세에 있어서 일의 크고 작음, 가볍고 무거움을 몰라 몸을 망치고 나라를 잘못되게 한다는 의미이다. '지생지필사 즉보생지도 불필과로(知生之必死 則保生之道 不必過勞)'라고 하였다. '삶은 반드시 죽는 것임을 안다면 생을 보존하는 길에서 반드시 과로(過勞)하지 않을 것이다'는 말이다.

이 심 전 심
以 心 傳 心

以 · 써 **이**
心 · 마음 **심**
傳 · 전할 **전**
心 · 마음 **심**

말이나 글로 표현하지 않고 마음에서 마음으로 뜻을 전함을 '이심전심(以心傳心)'이라 하는데 '써 이(以)' '마음 심(心)' '전할 전(傳)' '마음 심(心)'으로 '마음으로써 마음을 전한다'는 의미이다. 같은 의미의 말에 '심심상인(心心相印)' '불립문자(不立文字)' '교외별전(敎外別傳)' 등이 있다.

심심상인(心心相印)은 '도장 인(印)'으로 '마음과 마음이 서로 도장을 찍었다'는 의미이고, 불립문자(不立文字)는 문자(말)를 세우지 않았다(말로써 하지 않았다)는 의미이며, 교외별전(敎外別傳)은 가르치는 것 외에 다른 방법으로 전한다는 의미이다.

관련 어휘

· 심심상인
· 불립문자
· 교외별전

· 심경
· 심정
· 심장
· 도심

심(心)은 '마음' '염통' '가운데'의 의미로 많이 쓰인다. 마음의 상태를 일컫는 심경(心境)과 마음속에 품은 생각과 감정을 일컫는 '심정(心情)'에서는 '마음', 심장(心臟)에서는 '염통', 도시의 중심부를 일컫는 '도심(都心)'에서는 '가운데'라는 의미이다. 어떤 일에 대하여 스스로 자기의 가치나 능력에 대해 자신감을 가지는 마음을 '질 부(負)'를 써서 '자부심(自負心)'이라 하고, 스스로 자랑하여 뽐내는 거만한 마음을 '거만할 만(慢)'을 써서 '자만심(自慢心)'이라 한다. '심광체반(心廣體胖)'이라는 말이 있다. 마음이 넓어지면 몸이 살찐다(행복해진다)는 의미이다.

전할 전(傳)이다. 사실, 사상, 이론, 지식 등을 대중에게 펼쳐서 전달하는 일을 선전(宣傳)이라 하고, 생물체 개개의 유전 형질을 발현시키는 근원이 되는 것을 유전자(遺傳子)라 하며, 전하여 널리 퍼뜨림을 전파(傳播)라 한다. 계통을 받아 전함을 전통(傳統)이라 하고, 끼치어 내려옴, 또는 조상으로부터 자손에게 몸의 형태나 성질이 전하는 현상을 유전(遺傳)이라 한다. '전가보도(傳家寶刀)'라는 말이 있다. 집안에 전해지는 보배로운 칼이라는 의미인데, 대단한 자랑거리나 어떤 어려운 문제를 해결하는 결정적 방법이나 수단을 가리키는 말로 쓰이기도 하고 곤란한 문제에서 벗어나기 위한 상투적 수단이라는 의미로 쓰이기도 한다.

'이심전심(以心傳心)'이 통하는 경우도 있지만 통하지 않는 경우도 많다. 통하지 않아 오해를 불러올 경우를 대비하여 분명한 의사를 밝히는 연습을 해 두는 일도 필요하리라는 생각을 해본다.

막 역 지 우
莫 逆 之 友

莫 · 없을 **막**

逆 · 거스를 **역**

之 · ~의 **지**

友 · 벗 **우**

더할 나위 없이 친한 친구를 '막역지우(莫逆之友)'라 하고, 그러한 사이를 '막역한 사이'니 '막역지간'이니, '막역하다'는 말을 쓴다. '막역(莫逆)'은 '없을 막(莫)' '거스를 역(逆)'으로 '마음에 조금도 거슬림이 없다'는 의미이다.

더 강한 자가 없다는 의미로 매우 강함을 '막강(莫强)'이라 하고, 더 이상 위도 없고 더 이상 아래도 없다는 의미로 차이가 거의 없음을 '막상막하(莫上莫下)'라 한다.

몹시 크거나 많음을 막대(莫大)라 하고, 더할 수 없이 중요함을 막중(莫重)이라 하며, 더 의논할 나위가 없음을 막론(莫論)이라 한다. 후회가 미치지 않는다는 의미로 일이 잘못된 뒤에는 아무리 뉘우쳐도 어찌할 수 없음을 후회막급(後悔莫及)이라 한다.

'역린(逆鱗)'이라는 말이 있는데 '비늘 린(鱗)'으로 용의 가슴에 거꾸로 난 비늘이라는 의미이다. 그것을 건드린 자는 용의 노여움을 사서 죽는다는 말이 전해졌고 이때부터 임금의 노여움이라는 뜻으로 쓰이게 되었다.

관련어휘

• 막역

• 막강
• 막상막하
• 막대
• 막중
• 막론
• 후회막급

• 역린

『논어(論語)』에 '충언역이이어행병(忠言逆耳利於行)'이라고 하였다. 충고하는 말은 귀에는 거슬리나 행동에는 이롭다는 의미이다.

'막역지우(莫逆之友)'와 함께 친한 친구를 일컫는 말에, 옛날 중국의 관중(管仲)과 포숙(鮑叔)이 아름다운 우정을 나누면서 교제하였다는 이야기에서 나온 말인 '관포지교(管鮑之交)', 간과 쓸개를 서로 보여 줄 수 있는 사귐이라는 말인 '간담상조(肝膽相照)', 나이 차를 잊고 사귀는 벗이라는 '망년교(忘年交)', 대신 목을 벨 수 있는 그러니까 서로 죽음을 같이할 수 있는 사귐이라는 '문경지교(刎頸之交)', 쇠나 돌처럼 굳은 사귐이라는 '금석지교(金石之交)' 등이 있다.

『논어(論語)』에 '유붕자원방래 불역낙호(有朋自遠方來不亦樂乎)'라는 말이 나온다. '친구가 있어서 멀리로부터 찾아오면 또한 즐겁지 아니하랴'라는 의미이다. 『채근담』에는 '용인불의각 각즉사효자거 교우불의람 람즉공유자래(用人不宜刻 刻則思效者去 交友不宜濫 濫則貢諛者來)'라는 말도 나오는데 '사람을 씀에는 마땅히 각박하지 말 것이니 각박하게 되면 공들인 보람을 생각하는 사람들은 떠나게 된다. 벗을 사귐에는 마땅히 넘치지 말 것이니 넘치면 아첨을 일삼는 자도 찾아오리라'라는 의미이다.

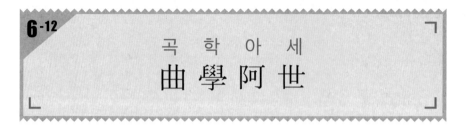

곡 학 아 세
曲 學 阿 世

曲 · 굽을 **곡**

學 · 학문 **학**

阿 · 아부할 **아**

世 · 세상 **세**

자기가 배운 것을 올바르게 펴볼 생각은 하지 않고 자기가 배운 것을 굽혀 가면서 세상의 비위를 맞추어 출세하려는 말이나 행동을 '곡학아세(曲學阿世)'라 하는데 '굽을 곡(曲)' '학문 학(學)' '아부할 아(阿)' '세상 세(世)'로 학문을 굽혀 세상에 아부한다는 의미이다.

곡(曲)은 '굽다'와 '가락'이라는 의미로 쓰인다. 몸을 구부리는 등 보통 사람이 하지 못하는 재주를 '기예 예(藝)'를 써서 '곡예(曲藝)'라 하고, 바른대로 쓰지 않고 사실을 그릇되게 쓴 글을 '붓 필(筆)'을 써서 '곡필(曲筆)'이라 하며, 사실과 어긋나게 잘못 이해함을 '풀 해(解)'를 써서 '곡해(曲解)'라 한다. '만들 작(作)'을 쓴 작곡(作曲)은 노랫가락을 만든다는 의미이다. '팔뚝 굉(肱)' '즐길 락(樂)'의 '곡굉지락(曲肱之樂)'은 베개가 없어서(가난하여) 팔을 구부려 베고 자면서 느끼는 즐거움이라는 의미로, 도(道)를 행하여 마음에 부끄러울 것이 없다면 참다운 즐거움을 그 속에서 얻을 수 있다는 말이다. 청빈(淸貧)에 만족하면서 도를 즐긴다는 의미로 해석할 수 있다.

관련어휘

· 곡예
· 곡필
· 곡해
· 곡굉지락

학식이 많은 큰 학자를 '클 석(碩)'을 써서 석학(碩學)이라 하고, 남의 가르침 없이 스스로 배우고 스스로 익힘을 자학자습(自學自習)이라 하며, 학식이 넓고(많고) 재주가 많음을 박학다재(博學多才)라 한다. 낮은 단계에서부터 배워서 높은 단계로까지 올라감을 하학상달(下學上達)이라 하고, 소년은 늙기는 쉬우나 성공하기는 어려움을 소년이로학난성(少年易老學難成)이라 한다. 학이시습지불역열호(學而時習之不亦說乎)라고 하였다. '배우고 그리고 때때로 배운 것을 익히니 또한 기쁘지 아니한가?'라는 의미이다.

전쟁이 일어나거나 하여 어지럽게 된 세상을 '어지러울 난(亂)'자를 써서 난세(亂世)라 하고, 세상에 흔히 있는 풍속이나 속되고 비열함을 세속(世俗)이라 한다. 세상 돌아가는 형편을 세태(世態)라 하고, 뜨겁다가 차가워졌다 하는 세상 돌아가는 모습이라는 의미로 권세가 있을 때에는 아첨하다가 권세가 떨어지면 무시하는 세상의 인심을 '더울 염(炎)'자 '서늘할 량(涼)'자를 써서 염량세태(炎涼世態)라고 한다. 속된 세상과는 다른 아주 좋은 세상을 '다를 별(別)'자를 써서 별세계(別世界)라고 하며, 향기가 백세에 걸쳐 흐른다는 의미로 꽃다운 이름이 후세에까지 영원히 전함을 유방백세(流芳百世)라 한다.

구 밀 복 검
口蜜腹劍

口 · 입구
蜜 · 꿀밀
腹 · 배복
劍 · 칼검

중국 역대의 간신(奸臣) 중에서도 이름이 높던 이임보(李林甫)를 상징하는 말이 '구밀복검(口蜜腹劍)'인데 이임보는 당나라 현종 때 현종 황제가 사랑하고 있는 후궁에게 잘 보임으로써 권력을 손에 쥐고 정치를 마음대로 하였고, 흥왕했던 당나라를 멸망의 위기로까지 몰고 갔던 안록산의 난을 불러일으켰던 사람이다. 그는 자기보다 잘난 사람을 가만히 두고 보지 못하는 질투 덩어리 같은 인간이었다. 혹시나 자기의 자리를 빼앗기지나 않을까 혹시 그로 인해 자기의 하는 일을 방해받지 않을까 하는 생각뿐이었다.

『십팔사략(十八史略)』에는 이임보를 다음과 같이 평가하고 있다. '어진 사람을 미워하고 재주 있는 사람을 시기하며 자기보다 나은 사람을 밀어내고 내리눌렀다. 성질이 음험해서 사람들이 말하기를 입에는 꿀이 있고 배에는 칼이 있다(口有蜜腹有劍)'라고. 여기서 나온 말이 '구밀복검(口蜜腹劍)'인데 '입 구(口)' '꿀 밀(蜜)' '배 복(腹)'

'칼 검(劍)'으로 입으로는 꿀처럼 달콤한 말을 하면서 배(마음 속)에는 무서운 칼을 품고 있다는 의미이다.

관련어휘

• 구두
• 구전
• 구전동요
• 구비문학
• 구취
• 구상유취
• 구화지문

• 복통
• 복안
• 공복
• 유복자
• 복심
• 이복

직접 입으로 하는 말을 '구두(口頭)'라 하고, 말로 전함을 구전(口傳)이라 하며, 입으로 전하는 어린이 노래를 구전동요(口傳童謠)라 한다. 문자의 힘을 빌리지 않고 입에서 입으로 전해져 온 문학을 구비문학(口碑文學)이라 하고, 입에서 나는 구린 냄새를 구취(口臭)라 한다. 입에서 아직 젖 냄새가 난다는 뜻으로 말과 하는 짓이 유치함을 구상유취(口尙乳臭)라 하고, 입은 재앙을 불러들이는 문이 된다는 뜻으로 말조심을 해야 한다고 경계하는 말은 구화지문(口禍之門)이다.

배 복(腹)이라 하였다. 배가 아픈 증세를 복통(腹痛)이라 하고, 뱃(마음)속에 품고 있는 생각이나 계획을 복안(腹案)이라 하며, 음식물이 모두 소화되어 뱃속이 비어 있는 상태를 공복(空腹)이라 한다. 자신이 태어나기 전에 이미 아버지를 여읜 자식을 '남길 유(遺)'자를 써서 유복자(遺腹子)라 하고, 겉으로 드러나지 않은 깊은 속마음을 복심(腹心)이라 하며, 아버지는 같지만 어머니가 다른 형제를 다른 배에서 태어났다는 의미로 '다를 이(異)'를 써서 '이복(異腹)'이라 한다.

맥 수 지 탄
麥秀之嘆

麥 · 보리 **맥**

秀 · 빼어날 **수**

之 · ~의 **지**

嘆 · 한탄할 **탄**

멸망한 고국에 대한 한탄을 '맥수지탄(麥秀之嘆)'이라 하는데 '보리 맥(麥)' '빼어날 수(秀)' '~의 지(之)' '한탄할 탄(嘆)'으로 '보리이삭(잡초)만 빼어난 것에 대한 탄식'이라는 의미이다. '궁궐은 이미 황폐해졌는데 그곳에 보리(잡초)만 힘차게 자라고 있었다'라는 말에서 나왔다고 한다. 은(殷)나라 주왕은 충신(忠臣) 기자(箕子)의 간언도 듣지 않고 포악한 정치를 한 결과 나라가 망하였는데, 그 후 기자(箕子)가 은(殷)나라 도읍을 지나면서 황폐한 조국을 보며 한 말이 바로 이 '맥수지탄(麥秀之嘆)'이었다고 한다.

밀가루를 '소맥분(小麥粉)'이라 하고, 보리가 익어서 거두게 된 것에 대해 고맙게 생각함을 '맥추감사(麥秋感謝)'라 한다. 어리석고 못난 사람을 '숙맥불변(菽麥不辨)'이라 하는데 '콩 숙(菽)' '분별할 변(辨)'으로 콩인지 보리인지 분별(分別)하지 못한다는 의미이다.

관련어휘

• 소맥분
• 맥추감사
• 숙맥불변

부모가 돌아가신 후 부모님께 효도할 수 없는 슬픔을 '바람 풍(風)' 나무 수(樹)'를 써서 '풍수지탄(風樹之嘆)'이라 하는데 바람이 불지 않으면 나무가 움직이고 싶어도 움직일 수 없는 것과 마찬가지로 부모님께서 살아 계시지 않으면 효도도 할 수 없다는 의미이다. 효도할 수 있느냐 없느냐를 자식이 결정할 수도 있지만 부모가 결정하기도 한다는 말인 것이다. 몹시 슬픈 마음을 일컬어 '단장심회(斷腸心懷)'라 하는데 '끊을 단(斷)' '창자 장(腸)' '생각 회(懷)'로 창자가 끊어질 것 같은 마음이라는 의미이다. 슬픔을 이기지 못하는 마음을 '이길 승(勝)' '슬플 비(悲)' '느낄 감(感)'을 써서 '불승비감(不勝悲感)'이라 하는데 슬픈 감정을 이길 수 없다는 의미이다. 망하여 없어진 나라에 대한 슬픔을 '망할 망(亡)' '나라 국(國)' '근심 우(憂)' '근심 수(愁)'를 써서 '망국우수(亡國憂愁)'라 한다.

사람은 누구나 저마다의 걱정과 설움이 있음을 이야기할 때 '쌍가마 속에도 설움은 있다'라는 속담을, 기쁨보다는 슬픔이 더 많음을 일컬을 때 '손톱은 슬플 때마다 돋고 발톱은 기쁠 때마다 돋는다'라는 속담을, 괴로운 일을 직접 경험하지 않고서는 설움을 알지 못한다는 이야기를 할 때에는 '병들어야 설움을 안다'는 속담을 쓴다.

괄 목 상 대
刮 目 相 對

刮 · 비빌 **괄**

目 · 눈 **목**

相 · 서로 **상**

對 · 대할 **대**

주로 손아랫사람의 학식이나 재주 따위가 놀랍도록 향상된 경우에 쓰는 말이 '괄목상대(刮目相對)'인데 '비빌 괄(刮)' '눈 목(目)' '서로 상(相)' '대할 대(對)'로 (너무 놀랍고 꿈인 것 같아서) 눈을 비빈 다음에 상대방을 다시 바라본다는 의미이다. 가볍게 인사함을 '경의를 표할 예(禮)'를 써서 '목례(目禮)'라 하는데 이는 눈짓으로 인사한다는, 눈을 움직여 경의(敬意)를 표시한다는 의미이다.

目(목)이 '눈'의 의미로 많이 쓰이지만 '표지 표(標)'의 목표(目標)에서는 '보다', '앞머리 제(題)'의 제목(題目)에서는 '이름', '머리 두(頭)'의 두목(頭目)에서는 '우두머리'라는 의미이다. 그 자리에서 실제로 보는 것을 '부딪칠 격(擊)'을 써서 목격(目擊)이라 하고, 어떤 물품의 이름을 일정한 순서로 적은 것을 '기록할 록(錄)'을 써서 목록(目錄)이라 하며, 눈으로 보는 것을 참을 수 없다는 의미로 몹시 딱하거나 참혹하거나 정상이 처참하여 차마 눈뜨고 볼 수 없음을 '참을 인(忍)' '볼 견(見)'을 써서 목불인견(目不忍見)이라 한다. '알 식(識)'을 쓴 목불식정(目不識丁)은 '丁'자(字), 그러니까 아주 쉬운 글자조차도

관련 어휘

· 목례

· 목표
· 제목

· 두목
· 목격
· 목록
· 목불인견
· 목불식정

알아보지 못한다는 의미로, 글자를 전혀 모르는 사람을 비유한 말이다.

대할 대(對)이다. 두 사물이 맞서 있는 상태, 또는 맞서서 거스르는 일을 반대(反對)라 하고, 어떠한 일에 대응할 준비를 대비(對備)라 하며, 서로 의견을 주고받으며 이야기하는 것을 대화(對話)라 한다. 서로 마주 대하여 버티는 것을 대치(對峙)라 하고, 둘이 서로 짝을 이루는 것을 대우(對偶)라 한다.

▲ 경찰과 시민들 간의 대치

세상의 변화가 심함을 '상전벽해(桑田碧海)'라 하는데 '뽕나무 상(桑)' '밭 전(田)' '푸를 벽(碧)' '바다 해(海)'로 뽕나무밭이 푸른 바다가 되었다는, 상상할 수 없는 변화라는 의미이다. 사람은 환경에 따라 변하게 되어 있음을 '귤화위지(橘化爲枳)'라 하는데 '변화할 화(化)' '될 위(爲)'로 강남(江南)의 귤(橘)(좋은 것)을 강북(江北)에 옮겨 심으면 탱자(枳)(나쁜 것)가 된다는 의미이다. 『한비자(韓非子)』 유로(喩老)편에 '목견호말불견기첩(目見毫末不見其睫)'이라는 말이 있다. 자기 눈으로 터럭 끝은 볼 수 있으나 자기 눈썹은 볼 수 없다는 의미로 남의 결점은 잘 볼 수 있으나 자기 결점은 알지 못한다는 말이다.

과 전 불 납 리
瓜田不納履

瓜 · 오이 **과**

田 · 밭 **전**

不 · 아니 **불**

納 · 넣을 **납**

履 · 신발 **리**

군자(君子)가 세상을 살아가는 태도를 노래한 문선(文選)의 '군자행'에 나오는 '과전불납리(瓜田不納履)'의 원문은 '군자방미연(君子防未然) 불처혐의간(不處嫌疑間) 과전불납리(瓜田不納履) 이하부정관(李下不整冠) 수숙불친수(嫂叔不親授) 장유불개견(長幼不比肩)'이다. "군자는 미연에 막아 혐의 사이에 처하지 않는다. 오이 밭에서는 신발을 들이지(손대지) 말고, 자두나무 아래에서는 갓을 바로 잡지 않는다. 형수와 시아주버니는 직접 주고받지 않고, 어른과 아이는 어깨를 가까이 하지 않는다."라는 의미이다.

하늘을 우러러 한 점 부끄럽지 않는 것이 중요하지만 남에게 의심받을 행동을 하지 않는 것도 그것만큼 중요하다는 사실을 말하고 있다. 오이 밭에서 오이를 따먹지 않아도 신발에 손대려고 허리를 구부리면 멀리 있는 사람이 오이를 따먹는 것으로 오해할 수 있다는 것이다. 마찬가지로 자두나무 아래에서 갓을 바로 쓰기 위해 손을 올리는 것도 멀리 있는 사람에게는 자두를 따먹는 것으로 오해받을 수 있으니 그런 행동을 하는 것은 어리석다는 사실을 말하고 있다. 사태를 정확하게 파악하지 않고 섣부르게 잘못 판단해 버리는 사람이 나쁜 사람임은 말할 것도 없지만 오해받을 행동을 한 사람에게도 잘못은 분명히 있다. 오해받았다고 억울해하지 말고 오해받지 않도록 처신하는 것이 현명한 것이다.

납(納)은 '받아들이다' '보내다' '수확하다' '넣다'는 의미로 쓰인다. 남의 말이나 형편 등을 잘 이해하고 긍정함을 납득(納得)이라 하고, 국가기관이나 공공단체에 세금이나 공과금 등을 내는 일을 납부(納付)라 하며, 세금을 내야 할 법률상의 의무가 있는 개인이나 법인을 납세자(納稅者)라 한다.

▲ 단말기를 이용한 공공요금 납부

리(履)가 '신발'이라는 의미로 쓰였지만 '밟다'는 의미로 더 많이 쓰인다. 지금까지 닦아온 학업이나 거쳐 온 직업 따위의 경력을 '지낼 력(歷)'을 써서 '이력(履歷)'이라 하고, 아주 위험한 행동을 살얼음을 밟는 것에 비유하여 여리박빙(如履薄氷)이라 한다. '같을 여(如)' '엷을 박(薄)' '얼음 빙(氷)'으로 얇은 얼음을 밟는 것과 같이 위험하다는 의미이다.

자 승 자 강
自 勝 者 强

自 · 자신 **자**
勝 · 이길 **승**
者 · 사람 **자**
强 · 강할 **강**

자승자강(自勝者强)은 '자기 자(自)' '이길 승(勝)' '사람 자(者)' '강할 강(强)'으로 자신을 이기는 사람이 강한 사람이라는 말이다. 『노자(老子)』에 나오는 말인데 원문은 '지인자지 자지자명(知人者智自知者明) 승인자유력 자승자강(勝人者有力自勝者强)으로, '다른 사람을 아는 사람(것)은 지혜롭고 자신을 아는 사람(것)은 현명하다. 다른 사람을 이기는 사람은 힘이 있는 사람이고 자기를 이기는 사람은 강한 사람이다'라는 의미이다.

스스로 자(自)이다. 스스로 말미암는다 해서 '말미암을 유(由)'의 자유(自由)이고, 스스로 그렇게 되었다 해서 '그러할 연(然)'의 자연(自然)이며, 스스로를 높이는 마음이라 해서 '높일 존(尊)'의 자존심(自尊心)이다. 스스로 다스린다 해서 '다스릴 치(治)'의 자치(自治)이고, 스스로 익힌다 해서 '익힐 습(習)'의 자습(自習)이며, 스스로 깨끗하게 한다고 해서 '깨끗할 정(淨)'의 자정(自淨)이다. 한 사람의 말이나 행동이 앞뒤가 서로 맞지 않고 모순됨을 자가당착(自家撞着)이라 하는데 '칠 당(撞)' '붙일 착(着)'으로 자기의 집을 쳐부수고서 또 붙인다

관련어휘

• 지인자지 자지자명
  승인자유력 자승자강

• 자유
• 자연
• 자존심
• 자치
• 자정
• 자가당착

는 의미이다.

자(者)를 흔히 '놈 자'라 하는데 원래 '놈'은 낮춤말이 아니라 평칭이었다. 그리고 '者'는 '사람'이라는 의미 뿐 아니라 물건, 시간, 장소를 나타내기도 한다.

소크라테스도 '너 자신을 알라'고 하였고 왕양명도 '파산중적이(破山中賊易) 파심중적난(破心中賊難)'이라고 하였는데 '산 속의 도적을 깨뜨리기는 쉬워도 마음속의 도적을 깨뜨리기는 어렵다'는 의미였다. 공자도 '극기복례위인(克己復禮爲仁)'이라 하였는데 '나를 이겨 자연으로 돌아가는 것이 인(仁)이다'라는 의미였다. 자신을 이긴다는 것은 인간의 육신(肉身)으로 인한 동물적인 충동과 욕망을 이긴다는 뜻이다. 외부적인 구속 없이 자기 이성(理性)으로 부당한 생각과 유혹을 물리치고 후회 없는 생활을 해 나가는 것을 '자기를 이기는 일'이라 할 수 있을 것이다.

우리에게 희망과 더불어 많은 기쁨을 주었던 골프선수 박세리도 '어차피 골프도 나 자신과의 싸움이다. 나와의 싸움에서 패하면 모든 것이 끝장이다. 항상 내 경기와 상황에 충실할 뿐이다.'라고 말한 바 있는데, 남을 이기려 애쓰기 전에 스스로를 이기려 애쓰면 세상에 두려울 것이 없을 것이라는 생각을 해본다.

易 地 思 之

역 지 사 지

易 · 바꿀 역(이)
地 · 처지 지
思 · 생각 사
之 · 그것 지

모 지방자치단체에서는 전 직원을 대상으로 '역지사지 친절 민원체험'을 실시하였다고 한다. 지자체 직원들은 평소 민원인을 대하면서 느끼지 못하던 자신의 모습을 '내 일이라면 어떻게 했을까?'라는 문제에서 시작해서 직접 민원인의 입장이 되어 업무를 처리하였는데, 그동안 자신의 민원 응대, 민원 마인드 등 자신을 되돌아 볼 수 있는 기회를 가질 수 있었던 좋은 프로그램이었노라고 하였다 한다. '바꿀 역(易)' '처지 지(地)' '생각 사(思)' '그것 지(之)'의 역지사지(易地思之)는 처지(입장)를 바꾸어서 그것을 생각한다는 뜻으로, 상대방의 처지에서 생각해본다는 의미이다.

바꿀 역(易)은 나라와 나라 사이에 서로 물품을 매매하는 일인 무역(貿易)이나 교역(交易) 그리고 성씨(姓氏)를 바꿔 천명(天命)을 혁신(革新)한다는 뜻으로 덕 있는 사람은 천명에 의해 왕위에 오르고 하늘의 뜻에 반하는 사람은 왕위를 잃는다는 고대 중국의 정치사상을 일컫는 역성혁명(易姓革命) 정도에 쓰인다. '易'은 '이'로 발음되기도 하는데 이때는 '쉽다'는 의미이고 난이도(難易

관련 어휘

• 무역
• 교역
• 역성혁명
• 난이도

• 용이

度) 용이(容易) 등에 쓰인다.

• 학이시습지불역열호
• 십인수지부득찰일적

'지(地)'는 '땅'이라는 의미로 많이 쓰이지만 '입장' '처지' '처해 있는 형편'이라는 의미로도 많이 쓰인다. '역지사지(易地思之)'에서는 '처지'라는 의미이다. '지(之)'를 보통은 '갈 지'라 하는데 사실 '지(之)'가 '가다(go)'로 쓰이는 경우는 거의 없고 대부분은 관형격조사 '~의'나 대명사 '그것' 또는 주격조사 '~이'로 많이 쓰이는데 역지사지(易地思之)에서는 '대명사'로 쓰였다. '배우고 그리고 때때로 그것(배운 것)을 익히면 또한 즐겁지 아니한가?'라는 의미의 '학이시습지불역열호(學而時習之不亦說乎)'나 '열 사람이 그것을 지켜도 한 사람의 도적을 지킬(살필) 수 없다'는 '십인수지부득찰일적(十人守之不得察一賊)'에서의 '지(之)' 역시 대명사이다.

입장을 바꾸어서 생각하면 이해가 되고 용서가 되며 분노가 사라지는 경우가 많다. 또 갈등(葛藤)과 불행(不幸)은 자기 생각만을 고집하는 데에서 생기는 경우가 많기 때문에 상대방의 생각이 옳을 수 있다는 생각이나 자신의 생각이 틀릴 수도 있다는 생각을 할 수 있어야 한다. '그 입장에서는 그렇게 할 수도 있겠구나'라는 생각을 할 수 있으면 좋다. 자기 생각을 포기하라는 이야기도 아니고 옳고 그름을 따지지 말라는 이야기도 물론 아니다.

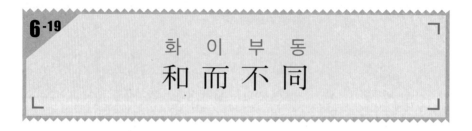

6-19

화 이 부 동
和而不同

和 · 화합할 **화**

而 · 말 이을 **이**

不 · 아니 **부**

同 · 같을 **동**

관련 어휘

• 부화뇌동(附和雷同)

『논어(論語)』에는 군자(君子)와 소인(小人)을 대비하여 그 차이에 대하여 말한 내용이 많고, 많은 사람들은 이런 말들을 잠언(箴言)으로 삼아 왔는데 '화이부동(和而不同)' 도 그 말들 중 하나이다. '화합할 화(和)' '말 이을 이(而)' '아니 부(不)' 같을 동(同)'의 화이부동(和而不同)은 융화 (融和)하긴 하지만 같게 하지는 않는다는 의미이다. 부화뇌동(附和雷同)하지는 않는다는 말인 것이다.

화(和)는 화합(和合), 즉 온화하고 협조심이 있는 것이고, '동(同)'은 뇌동(雷同)으로서 주견(主見)머리 없이 헛되 게 타인의 언행(言行)에 동조하는 것을 일컫는다. 군자 (君子)는 사심(私心)이 없으므로 언제나 마음이 편안하여 사람들과 융화하지만 그렇다고 자기 주견 없이 부화뇌 동하지 않는다. 이와 달리 소인배(小人輩)는 사리사욕(私利私慾)이 강하기 때문에 겉으로는 다른 사람과 화합하 여 그 사람과 같게 하는 듯이 보이려 하지만 심중에는 온화하고 너그러운 기운이 없다고 한다.

화(和)는 '화목하다' '화답하다' '화해하다'는 의미로 많이 쓰인다. 따뜻한 일기, 온화한 날씨, 온화한 기색, 화목한 분위기라는 화기(和氣), 서로 뜻이 맞고 정답다는 화목(和睦), 높낮이가 다른 둘 이상의 소리가 일시에 함께 어울리는 소리라는 화음(和音), 날씨나 마음씨가 부드럽고 맑다는 화창(和暢), 다툼질을 서로 그치고 푼다는 화해(和解) 등이 그 예이다.

같을 동(同)이라 하였다. 같은 병(病)이 있는 사람끼리 서로 가엾게 여긴다는 뜻으로 어려운 처지에 있는 사람끼리 서로 불쌍히 여겨 서로 돕는 일을 '불쌍히 여길 련(憐)'을 써서 동병상련(同病相憐)이라 하고, 붙어서 화목한 척하고 우렛소리와 함께한다는 의미로 뚜렷한 소신 없이 남이 하는 대로 따라 함을 '붙을 부(附)' '우레 뇌(雷)'를 써서 부화뇌동(附和雷同)이라 한다.

노자의 『도덕경』에 '화대원필유여원(和大怨必有餘怨)'이라 하였다. 큰 원한에 대해 화해하였다 하더라도 반드시 남은 원한이 있다는 말이다. 일단 남에게 큰 원한을 품게 만들었다면 그 후에 어떤 방법으로 그 원한을 풀었다 할지라도 반드시 남은 원한이 있게 되는 것이니 어떤 상황일지라도 원한 관계를 맺지 않는 것이 현명하다는 이야기인 것이다.

혼 정 신 성
昏 定 晨 省

昏 · 저녁 **혼**
定 · 정할 **정**
晨 · 새벽 **신**
省 · 살필 **성**

저녁에 잠자리를 정해주고 새벽에 자리를 돌아본다는 '저녁 혼(昏)' '정할 정(定)' '새벽 신(晨)' '살필 성(省)'의 혼정신성(昏定晨省)은 자식이 아침저녁으로 부모의 안부를 물어서 살피고 보살펴주는 효성스러움을 일컫는데 옛사람들은 이것을 효도의 기본이라 생각하였던 것 같다.

혼(昏)은 '저녁' '어두움' '어지러움'이라는 의미로 쓰인다. 사리에 어둡고 마음이 흐리멍덩함을 혼미(昏迷)라 하고, 정신없이 잠드는 것을 혼수(昏睡)라 하며, 정신이 흐리고 어지러움을 혼란(昏亂)이라 한다. '섞일 혼(混)'을 쓴 혼란(混亂)은 뒤섞여서 어지럽거나 뒤죽박죽이 되어 질서가 없다는 의미이다. 황혼(黃昏)은 해가 지고 어둑어둑한 저녁시간을 가리키기도 하지만 쇠퇴하여 종말에 이른 때를 비유하는 말로도 많이 쓰인다.

관련 어휘

· 혼미
· 혼수
· 혼란
· 황혼

정(定)은 '정하다' '안정하다' '고요하다'는 의미로 쓰이고 때로는 부사 '반드시'라는 의미로 쓰이기도 한다. 개념(槪念)의 내용을 확정해 보이는 논리적인 규정을 정의

(定義)라 하고, 일정한 규정으로 정한 인원을 정원(定員)이라 한다. '회자정리(會者定離)'라는 말이 있다. 만난 사람은 이별이 정해져 있다는 의미로 언젠가는 헤어지게 된다는 말인데 인생무상(人生無常)을 일컫는 말이면서 이별의 아쉬움을 달래기 위해 쓰는 말이기도 하다. '개관사정(蓋棺事定)'이라는 말도 있는데 '덮을 개(蓋)' '널 관(棺)' '일 사(事)'로 관 뚜껑을 덮은 뒤에라야 그 일에 대한 정당한 평가가 이루어질 수 있다는 의미이다. 섣부르게 판단하지 말라는 이야기이다.

부모 임종 때 옆에서 모시는 효성을 '종신성효(終身誠孝)'라 하고, 늙은 어버이의 마음을 위로해 드리기 위해 색동저고리를 입고 춤추었다는 의미로 늙어서까지 끊임없이 부모에게 효도함을 '얼룩질 반(斑)' '놀이 희(戲)'를 써서 '반의지희(斑衣之戲)'라 한다. 자식이 커서 어버이에게 보답하는 효성을 반포지효(反哺之孝)라 하는데 '거꾸로 반(反)' '먹일 포(哺)'로 거꾸로 먹이는 효성이라는 의미이다. 『어린왕자』로 잘 알려진 프랑스의 소설가 생텍쥐페리도 '우리 부모들은 우리들의 어린 시절을 꾸며 주셨으니 우리는 그들의 말년을 아름답게 꾸며 드려야 한다'라면서 효(孝)를 강조한 바 있다.

밀레의 〈만종〉
혼녘에 한 남자와 여자가 기도를 올리는 장면을 그린 그림

🔍 찾아보기

아

도서출판 이비컴의 실용서 브랜드 **이비락**㉱ 은 더불어 사는 삶에 긍정의 변화를
가져다 줄 유익한 책을 만들기 위해 노력합니다.

원고 및 기획안 문의 : bookbee@naver.com